중국 로봇 산업의 발전상과 **피지컬 AI 산업** 전략

휴머노이드 로봇

김종문 지음

다빈치 books

중국 휴머노이드 로봇 : 산업의 발전상과 피지컬 AI 산업 전략

| 초판 1쇄 발행 | 2026년 5월 7일

ISBN 979-11-92775-85-2

| 저　　　자 | 김종문
| 책 임 편 집 | 변문경
| 교 정 교 열 | 이수현
| 디　자　인 | 디자인 글로 오지윤
| 인　　　쇄 | 영신사
| 종　　　이 | 세종페이퍼
| 제　　　작 | ㈜메타유니버스
| 유　　　통 | 다빈치books
| 출판등록일 | 2011년 10월 6일
| 주　　　소 | 서울특별시 마포구 월드컵북로 375
| 팩　　　스 | 0504-393-5042
| 출 판 문 의 | curiomoon@naver.com
| 콘텐츠 및 강연 관련 문의 | kim@kicchina.org

피지컬 AI 시대,
대한민국의 새로운 생존 전략을 묻다!

우리는 지금 인공지능이 가상의 공간을 넘어 물리적 실체를 입고 현실 세계로 걸어 나오는 피지컬 AI 대전환의 시대를 맞이하고 있습니다. 그 중심에는 임바디드 인텔리전스(Embodied Intelligence)와 하드웨어가 결합하여 인간의 형상으로 인간의 업무를 대체하여 작동하는 휴머노이드 로봇이 있습니다. 이는 단순한 자동화의 연장이 아닌, 산업과 일상의 판도를 바꿀 것입니다. 휴머노이드 로봇은 노동력 부족, 고령화 등 인류가 직면한 구조적 문제를 해결할 강력한 대안이자, 미래 국가 경쟁력을 좌우할 새로운 산업의 패권으로 자리 잡고 있습니다.

이 거대한 물결 속에서 우리가 가장 주목해야 할 대상은 바로 중국입니다. 현재 중국의 휴머노이드 로봇 산업은 정부의 전폭적인 지원과 거대한 내수 시장, 그리고 압도적인 제조 인프라를 바탕으로 폭발적인 성장을 거듭하고 있습니다. 단순한 조립을 넘어 모터, 감속기, 센서 등 주요 핵심부품의 생태계를 내재화하였으며, 이제는 탄탄한 공급망 생태계를 무기 삼아 글로벌 시장 진출을 준비하고 있습니다.

본서는 이러한 시대적 흐름 속에서 '대한민국의 피지컬 AI 산업은 지금 어디로 향하고 있는가?'라는 무거운 질문에서 출발했습니다. 인공지능 산업, 피지컬 AI 산업을 분석하고 설명하는 것은 방대한 일이어서 그 정점에 있는 휴머노이드 로봇 산업과 핵심부품의 공급망을 분석하는 것은 향후 한중간 휴머노이드 로봇 산업 협력을 위한 인사이트를 제공할 수 있을 것입니다.

이 책은 총 5장에 걸쳐 중국 휴머노이드 로봇 산업의 과거와 현재, 미래를 분석했습니다. 동시에 이를 통해 한국의 여러 기업이 위협이자 기회인 중국 기업과의 협력 전략을 어떻게 가져갈지에 대한 방안을 제시하고자 하였습니다. 1장에서는 글로벌 휴머노이드 로봇 산업의 거시적인 개요와 진화 과정을 짚어보고, 2장에서는 폭발적으로 팽창하는 중국 로봇 시장의 현주소를 진단합니다. 3장과 4장은, 이 책의 핵심인 중국 휴머노이드 로봇 산업의 공급망을 전체적으로 조망하고, 핵심부품 기업들의 경영 현황을 심층 분석합니다. 중국이 어떻게 자체적인 공급망을 구축해 나가고 있는지 현장에서 분석한 내용을 확인하게 될 것입니다. 마지막 5장에서는 이들 기업이 어떻게 중국 내수를 넘어 글로벌 무대로 진출하고 있는지 전략을 추적했습니다.

이 책은 단순히 중국 로봇 산업의 발전상을 나열하거나 그들의 위협을 알리는 데 그치지 않습니다. 중국의 로봇 생태계를 거울삼아 대한민국 피지컬 AI 산업이 나아가야 할 현실적이고 전략적인 길을 모색하는 것입니다. 이제 우리는 중국이 이미 구축해 놓은 탄탄하고 효율적인 하드웨어 공급망과 부품 생태계를 우리의 소프트웨어적 역량 및 혁신 기술과 결합하여 시너지가 날 수 있는 전략적 레버리지(Leverage)를 수립해야 합니다. 중국의 피지컬 AI 산업 생태계와 어떻게 영리하게 협력하고, 그 틈새에서 대한민국만의 독보적인 부가가치와 글로벌 경쟁력을 확보하는 것이 다가올 미래를 위한 우리의 생존 공식입니다.

이 책이 한국의 로봇 산업 종사자, 관련 부품 소재 기업, 정책 입안자, 그리고 피지컬 AI 시대를 준비하는 모든 분에게 중국 과학기술 굴기에 대한 막연한 두려움을 넘어 실질적인 인사이트를 제공하는 나침반이 되기를 진심으로 바랍니다. 새로운 시대를 맞이할 대한민국의 도전을 응원하며, 이 책을 펼쳐 든 독자 여러분과 함께 그 혁신의 길을 걸어가고자 합니다.

2026년 4월 베이징에서 저자 **김종문**

목차

제1장. 휴머노이드 로봇 산업 개요   11

1.1. 임바디드 인텔리전스와 휴머노이드 로봇의 정의   12
   1.1.1. 임바디드 인텔리전스(Embodied Intelligence)   13
   1.1.2. 휴머노이드 로봇(Humanoid Robot)   15

1.2. 휴머노이드 로봇의 기술적 특성   20
1.3. 휴머노이드 로봇의 분류   30
1.4. 산업 발전 과정   33
   1.4.1. 초기 발전 단계(1970~2000년)   34
   1.4.2. 고도 통합 발전 단계(2001~2011년)   36
   1.4.3. 고도화된 동적 움직임 및 상호작용 능력 향상 단계(2012~2020년)   38
   1.4.4. 고도 지능화 발전 단계(2020년부터 현재까지)   39

제2장. 중국 로봇 시장의 현황   45

2.1. 시장 현황   46
   2.1.1. 글로벌 휴머노이드 로봇 시장 현황   46
   2.1.2. 중국 휴머노이드 로봇 시장 현황   68

2.2. 산업 추진 요인과 제약 요인   79
   2.2.1. 추진 요인   80
   2.2.2. 제약 요인   85

2.3. 중국 정책 지원 체계   90
   2.3.1. 중국 국가 차원   91
   2.3.2. 지방 정책 차원   101

2.4. 사용자 수요 분석   115

    2.4.1. Business End 수요 분석   115
    2.4.2. Consumer End 수요 분석   125

제3장. 중국 휴머노이드 로봇 산업 공급망 생태계 전반 분석   133

3.1. 산업 체인 구조   134

    3.1.1. 업스트림: 정밀 핵심부품   135
    3.1.2. 미드스트림: 본체 제조   153
    3.1.3. 다운스트림: 응용 시나리오 솔루션   165

3.2. 중국 핵심 공급망 단계의 산업 현황   172

    3.2.1. 핵심 관절 모듈   172
    3.2.2. 말단 실행기(End Effector)   184
    3.2.3. 제어 시스템(Controller)   187

3.3. 공급망 병목과 기술 돌파구   190

    3.3.1. 핵심부품의 기술 병목 문제와 기술적 돌파구   190
    3.3.2. 상용화 과제   196

제4장. 중국 휴머노이드 로봇 산업 공급망 주요 기업 경영 분석   203

4.1. 완성형 휴머노이드 로봇 제조 대표 기업   204

    4.1.1. 대표 기업 사례   204
    4.1.2. 딥로보틱스(DEEP Robotics)   211
    4.1.3. 유비테크(UBITECH, 优必选)   215
    4.1.4. 유니트리(Unitree Technology, 宇树科技)   220
    4.1.5. 애지봇(AGIBOT, 智元机器人)   224
    4.1.6. 갤봇(Galbot, 银河通用机器人)   229
    4.1.7. 샤오미(Xiaomi, 小米)사의 'CyberOne'모델   232
    4.1.8. 상업화 진행 상황   235

4.2. 핵심부품 공급업체   240

    4.2.1. 로봇 실행 시스템(Robot Actuation System)   240
    4.2.2. 휴머노이드 로봇 감지 시스템(Perception System)   253
    4.2.3. 제어 시스템(Control System)   269

4.3. 기술 솔루션 제공 중국의 대표 기업　　　　　　　　270

　　4.3.1. 아이플라이텍(iFLYTEK, 科大讯飞)　　　271
　　4.3.2. DJI(大疆创新)　　　274

제5장. 중국 휴머노이드 로봇 기업의 "글로벌 진출" 전략　　277

5.1. 해외로 진출하는 중국 기업의 현 상황　　　　　278

　　5.1.1. 중국 휴머노이드 로봇 기업들의 글로벌 진출　　279
　　5.1.2. 로봇 산업 규모 성장과 적용 시나리오 확대를 위한 글로벌 시장 진출　　282
　　5.1.3. 심화하는 중국 로봇 산업의 해외 협력　　284

5.2. 휴머노이드 로봇 기술의 발전 방향　　　　　286

　　5.2.1. 휴머노이드 로봇 '대뇌(Brain)' 시스템: 멀티모달과 지능형 의사결정　　287
　　5.2.2. 휴머노이드 로봇 '소뇌(Cerebellum)' 시스템:
　　　　　모델 기반에서 학습 기반으로의 전환　　289
　　5.2.3. 휴머노이드 로봇 팔다리(Limb)　　291
　　5.2.4. 시스템 통합 및 미래 기술 통합　　294

5.3. 국제화의 리스크　　　　　　　　　　　295

　　5.3.1. 제품 신뢰성 및 현지화 서비스 과제　　296
　　5.3.2. 규제 장벽과 지정학적 불확실성　　296
　　5.3.3. 윤리적 관심과 사회적 수용　　297

제6장. 결론　　　　　　　　　　　　　　299

6.1. 휴머노이드 산업의 핵심　　　　　　　300

　　6.1.1. 2026년, 규모화 상용화의 임계점　　300
　　6.1.2. 휴머노이드 로봇 산업 생태계　　302
　　6.1.3. 휴머노이드 로봇 응용 시나리오 확대　　303
　　6.1.4. 중국 휴머노이드 로봇 공급망 현지화율 60%, 2030년 90% 목표　　305

6.2. 개발 제안　　　　　　　　　　　　　308

　　6.2.1. 기술 혁신 및 연구 개발 시스템 구축 측면　　308
　　6.2.2. 산업 생태학 및 상업화 경로　　310
　　6.2.3. 정책 환경 및 리스트 관리 측면　　314
　　6.2.4. 주요 특소 소재의 글로벌 공급 제한과 대체제 개발　　316

부록. 주요 유형별 기업 소개   **321**

【기존 선도 기업】   **322**

    (1) UBITECH   322
    (2) LEJU Robot   325
    (3) ART Robot   326
    (4) Vizum   328
    (5) Dataa Robotics   330

【스타트업 기업】   **334**

    (1) DEEP Robotics   334
    (2) Unitree Robotics   336
    (3) AGIBOT   339
    (4) GALBOT   342
    (5) FOURIER   343
    (6) DAIMON Robotics   345
    (7) LimX Dynamics   347
    (8) KEPLER Robotics   349
    (9) ROBOT ERA   351

【이종 산업 참여 기업】   **352**

    (1) Xiaopeng Motors   352
    (2) Xiaomi(샤오미)   354
    (3) GAC 그룹   356
    (4) China Mobile   358

【네이티브 로봇 제조업체】   **359**

    (1) TetraBOT   359
    (2) TOPSTAR   361
    (3) DOBOT   363
    (4) AUBO   365
    (5) ESTUN CODROID   366
    (6) FDROBOT   368
    (7) Tiantai Robotics   369
    (8) BOSHIAC   370

참고 문헌   **372**

1

휴머노이드 로봇
산업 개요

1.1. 임바디드 인텔리전스(Embodied Intelligence)와 휴머노이드 로봇의 정의

1.2. 휴머노이드 로봇의 기술적 특성

1.3. 휴머노이드 로봇의 분류

1.4. 산업 발전 과정

중국 휴머노이드 로봇: 유니트리, 애지봇, 유비테크, 갤봇, 케플러 등 사업 현황 및 기업 발전 보고서

01 휴머노이드 로봇 산업 개요

1.1. 임바디드 인텔리전스와 휴머노이드 로봇의 정의

　로봇은 흔히 "제조업 왕관의 정점에 있는 보석"이라 불리며, 그 연구 개발·제조·응용 수준은 한 국가의 과학기술 혁신 능력과 첨단 제조업 발전 수준을 평가하는 중요한 지표로 여겨진다[1]. 최근 과학기술의 발전에 따라 휴머노이드 로봇(Humanoid Robots)은 공상과학 영화 속 상상의 세계에서 점차 현실이 되면서 인류의 폭넓은 관심을 끌고 있을 뿐만 아니라 세계 각국과 지역이 전략적으로 추진하는 핵심 첨단 기술 분야로 부상하고 있다.

　중국의 "제15차 5개년 계획(十五五)"에서는 임바디드 인텔리전스(Embodied Intelligence)를 미래 산업의 선도적 분야로 명확히 포함하고[1], 이를 새로운 경제 성장 동력으로 육성할 것을 제안하였다. 이는 임바디드 인텔리전스가 중국 국가 산업 체계에서 가지는 전략적 가치를 강조하는 것으로, 새로운 질적 생산력(新质生产力)의 대표적 사례로 평가된다.

　휴머노이드 로봇이라는 개념은 임바디드 인텔리전스, 임바디드 인텔리전스 로봇 등과 함께 자주 언급되지만, 개념적으로 볼 때 휴머노이드 로봇과 임바디드 인텔리전스는 본질적으로 서로 다른 개념이다.

---

1) https://www.gov.cn/zhengce/202510/content_7046050.htm

[그림 1-1] 제15차 5개년 계획에서 언급된 미래 산업

1.1.1. 임바디드 인텔리전스(Embodied Intelligence)

임바디드 인텔리전스는 새로 등장한 개념은 아니다. 이미 1950년 앨런 튜링(Alan Turing)은 인공지능 발전의 두 가지 방향을 제시했는데, 하나는 체스와 같은 추상적 활동에 초점을 맞춘 "비(非)임바디드 인텔리전스", 다른 하나는 기계에 감각 기관을 부여하고 자연어를 이해·사용하며 현실 환경에 적응하도록 하는 "임바디드 경로"였다[2]. 이후 이 두 방향은 점차 발전하여, 전자는 범용 대형 언어모델을 대표로 하는 탈신체적 인공지능(중국어로 离身智能)으로, 후자는 지능형 로봇을 대표로 하는 임바디드 인텔리전스(중국어로 具身智能)로 발전하게 되었다.

임바디드 인텔리전스는 여러 학문 분야의 교차 융합을 포함하는 개념이기 때문에, 그 정의에 대해서는 학자들별로 견해차가 존재한다. 그러나 일반적으로 공통되게 인정되는 핵심 관점은 다음과 같다. 즉, 지능의 본질은 단순히 정보를 처리하고 문제를 해결하는 능력에만 있는 것이 아니라, 물리적 실체가 환경과 동적으로 상호작용하는 과정에서 형성되고 구현된다는 점을 강조하고 있다는 것이다. 이는 전통적인 인공지능이 상징적 추론과 가상적 계산에만 의존하는 "탈신체성"의 한계를 넘어서는 개념이다[3]. 임바디드 인텔리전스는 물리적 실체가 현실 환경과 상황 기반 상호작용을 수행하는 과정에서 감지, 의사결정, 실행을 수행하고, 경험으로부터 피드백을 받아 지능을 지속적으로 향상시키는 형태를 의미한다[4]-[5].

어떤 지능체가 임바디드 인텔리전스로 불리기 위해서는 세 가지 핵심 요소를 충족해야 한다. **첫째는 구체화 된 인지능력이다.** 쉽게 말해 물리적 세계와 상호작용을 할 수 있는 물리적 매개체를 의미한다. 예를 들어 로봇 팔, 센서, 이동 플랫폼 등이 이에 해당하며, 이러한 장치는 단수한 수동적 수단이 아니라 환경을 인지·행동·감각을 결합한 상태로 감지하고 실제 동작을 수행할 수 있어야 한다. **둘째는 환경 상호작용 능력이다.** 이는 실제 환경에서 발생하는 동적이고 불확실한 물리 세계의 정보를 실시간으로 처리하여 행동을 결정하고, 지각-행동의 폐쇄 루프를 형성하며 지속적으로 학습하고 반복 개선하는 능력을 의미한다. 예를 들어 단순한 프로그램 규칙에만 의존하는 것이 아니라, 시행착오를 통해 장애물을 우회하는 방법을 학습하는 방식이다. **셋째는 지능 진화 메커니즘이다.** 환경과의 실시간 상호작용 데이터를 기반으로 알고리즘을 지속적으로 개선하여 학습과 진화를 이어가는 구조를 의미하며, 이는 "행동 속에서 사고하는" 인지 방식으로 나타난다[5].

일반적인 임바디드 인텔리전스의 구현 형태로는 로봇 팔, 사족 보행 로봇, 이동 로봇, 다관절 로봇 손, 휴머노이드 로봇 등이 있으며[6], 이 가운데 로봇 팔과 이동 로봇은 이미 산업 제조와 상업 서비스 등 다양한 분야에서 널리 활용되고 있다.

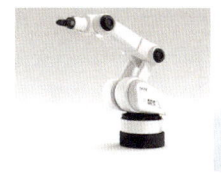 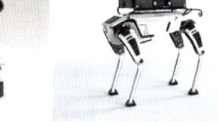  

| 로봇 팔 | 사족 보행 로봇 | 이동 로봇 | 휴머노이드 로봇 |

[그림 1-2] 휴머노이드 로봇 종류

1.1.2. 휴머노이드 로봇(Humanoid Robot)

휴머노이드 로봇은 인간형 로봇 또는 유사 인간 로봇이라고도 불리며, 인간의 외형, 구조 및 행동을 모방하도록 설계된 로봇을 의미한다. 일반적으로 인간과 유사한 신체 구조를 갖추고 있으며, 여기에는 머리, 몸통, 양팔, 양다리 등이 포함되며, 인간과 유사한 동작과 작업을 수행할 수 있다[7]. 이러한 특징 때문에 인간 사회의 다양한 환경에 도입하기에 적합하며, 인간 활동의 여러 영역을 포괄적으로 수행할 수 있는 잠재력을 가진다.

또한 기술 발전에 따라 휴머노이드 로봇은 점차 하드웨어 중심에서 소프트웨어 기반의 임바디드 인텔리전스 개체로 발전하고 있다. 중국 공업정보화부가 2024년에 발표한 「휴머노이드 로봇 혁신 발전 지도 의견」에서는 "휴머노이드 로봇은 인공지능, 첨단 제조, 신소재 등 다양한 첨단 기술이 융합된 기술 집약형 제품으로, 컴퓨터·스마트폰·신에너지 자동차에 이어 등장할 또 하나의 혁신적 제품이 될 가능성이 있으며, 인류의 생산과 생활 방식을 근본적으로 변화시키고 세계 산업 발전 구조를 재편할 것"이라고 언급하고 있다[8].

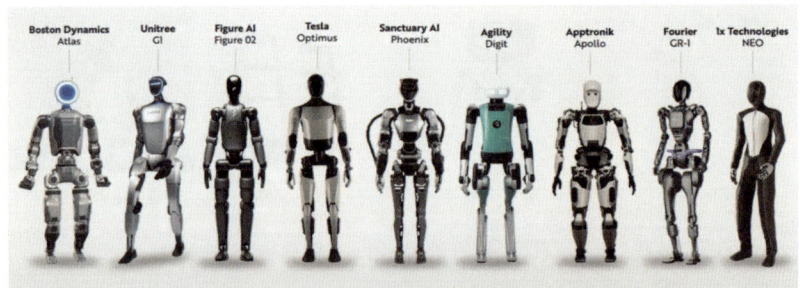

[그림 1-3] 대표적인 글로벌 휴머노이드 로봇

현 단계에서 휴머노이드 로봇의 핵심적인 장점은 크게 세 가지 특징으로 나타난다. 즉, 인간과 유사한 지능, 인간형 형태, 그리고 높은 범용성이다[2]. 먼저 인간과 유사한 지능 수준 측면에서, 휴머노이드 로봇은 일반적으로 인공지능 대형 모델의 심층적 지원을 통해 인간에 가까운 인지, 의사결정 및 제어 능력을 구현할 수 있으며, 환경 정보를 정확하게 파악하고 이에 대해 유연하게 반응할 수 있다. 동시에 클라우드 "브레인"을 기반으로 한 지능형 네트워크 연결을 통해 단일 하드웨어 몸체의 연산 능력 한계를 넘어 지능 자원의 공유와 확장을 실현하며, 더 높은 수준의 인지 및 학습 잠재력을 갖추게 된다.

둘째, 현재 사회의 도시 인프라와 생산·생활 도구는 대부분 인간의 신체 구조를 기준으로 설계되어 있다. 휴머노이드 로봇은 인간의 신체 구조를 높은 수준으로 모방함으로써 기존 인간 환경에 자연스럽게 통합될 수 있으며, 별도의 환경이나 도구 개조 없이도 복잡한 작업을 수행할 수 있다. 이러한 특성은 전통적인 산업용 로봇보다 훨씬 높은 범용성과 환경 적응성을 보여준다.

---

2) https://www.51cto.com/article/822242.html

셋째, 적용할 수 있는 활용 분야가 매우 다양하다. 인간과 비교할 때 휴머노이드 로봇은 환경에 대한 내구성과 장시간 작업 수행 능력이 더욱 뛰어나며, 다양한 환경에서 장시간 저비용으로 운영될 수 있다. 이러한 특성은 미래 노동력 부족 문제를 완화하는 데 중요한 역할을 할 수 있으며, 산업 제조, 민생 서비스, 특수 작업 등 다양한 분야에서 활용될 수 있다. 일부 상황에서는 높은 정밀성과 안정성을 바탕으로 인간을 능가하는 작업 성능을 보여줄 가능성도 있다.

산업 분야에서 로봇은 이미 수십 년 동안 자동화 생산 라인에 활용되어 왔으며 자동화 시대를 상징하는 중요한 기술로 자리 잡고 있다. 그러나 이러한 로봇은 현재 주목받고 있는 휴머노이드 로봇과 본질적으로 차이가 있으며, 그 주요 차이는 지능 구현 방식, 자율성 수준, 그리고 적용 형태에서 나타난다[3].

(1) 지능 구현 방식의 차이. 전통적인 산업용 로봇은 고정된 프로그래밍 논리와 규칙 설정에 의존하며, 본질적으로 "부분 지능 + 부분 규칙"의 결합 형태이다. 20세기 80년대 이후 이들은 주로 반복적이고 정형화된 공정을 수행해 왔으며, 최근 AI 기반 시각 검사 등의 기술이 일부 도입되었음에도 특정 공정 단계에서의 지능 보조 기능에 머무를 뿐 "부분 최적화"의 한계를 벗어나지 못하고 있다. 예를 들어 특정 공정에 고정된 산업용 로봇이 다른 작업을 수행해야 할 경우, 다시 프로그래밍과 디버깅(debugging)을 거쳐야 하며 이는 전적으로 사전에 설정된 규칙과 전문가의 경험에 의존한다. 반면 휴머노이드 로봇은 협의의 의미에서 임바디드 인텔리전스를 대표하는 기술로, 첨단 인공지능 기술이 물리적 본체 전체를 구동하는 구조를 기반으로 한다. 즉 "지각 – 인지 – 의사결정 – 행동"이 통합된 엔드투

엔드(End-to-End) 지능을 강조하며, 부분적인 규칙의 조합에 의존하지 않는다. 대신 인공지능 대형 모델의 지원과 물리적 실체와의 실시간 상호작용을 통해 전반적 수준에서의 지능적 대응을 구현한다.

(2) **자율성 수준의 차이.** 전통적인 산업용 로봇은 자율적 감지, 인지, 의사결정 및 자기 수정 능력이 부족하며, 모든 동작이 사전에 설정된 프로그램에 기반한다. 따라서 환경 변화나 작업 조건의 변동에 대응하기 어렵다. 예를 들어 생산 라인에서 공작물의 위치가 조금만 이동해도 작업이 실패할 수 있으며, 이 경우 사람이 개입하여 프로그램을 보정해야 한다. 반면 휴머노이드 로봇은 높은 수준의 자율 적응 능력을 갖추고 있다. 클라우드 "브레인"과 지능형 네트워크 연결을 통해 연산 능력의 한계를 극복하고, 다중 센서를 통해 환경 정보를 실시간으로 수집하며, 이를 기반으로 자율 학습과 자율 실행을 수행하고 전략을 동적으로 조정할 수 있다. 구조화되지 않은 환경이나 사전에 설정되지 않은 작업 상황에서도 지능적 의사결정을 통해 작업을 수행할 수 있으며, 별도로 사람이 개입하여 재프로그래밍하거나 보정 작업을 하지 않아도 된다.

(3) **적용 형태의 차이.** 전통적인 산업용 로봇의 활용 환경은 대체로 고정되어 있으며, 특정 상황을 자동화하기 위해 설계되어 범용성이 낮다. 작업 내용을 변경하려면 하드웨어와 프로그램을 수정해야 하므로 매번 비용이 발생한다. 반면에 휴머노이드 로봇은 인간과 유사한 형태를 기반으로 하여 인간을 기준으로 설계된 다양한 환경에 자연스럽게 통합될 수 있으며, 별도의 환경이나 도구 개조 없이도 다양한 작업을 수행할 수 있다. 따라서 산업 제조, 민생 서비스, 특수 작업 등 광범위한 분야에서 활용될 수 있다. 이는 임바디드 인텔리전스의 궁극적인 발전 방향을 보여주는 것으로, 완전

자율적이고 안정적으로 제어할 수 있는 범용 지능의 구현을 목표로 하며, 미래 노동력 부족 문제를 해결하는 데 중요한 역할을 할 수 있다. 또한 복잡한 환경에서도 전통적인 산업용 로봇보다 훨씬 높은 범용성과 활용 가치를 보여준다.

[그림 1-4] 산업 현장에서 전통 산업용 로봇과 휴머노이드 로봇의 차이점

종합적으로 볼 때, 현재의 휴머노이드 로봇은 단순히 인간과 유사한 외형을 가진 범용 생체 모방 로봇이 아니라, 인간 중심과 지능 협업을 강조하는 "인본 지능 제조(人本智造, Human-Centric Intelligent Manufacturing)" 개념에 기반한 임바디드 인텔리전스의 새로운 패러다임으로 발전하고 있다[9].

휴머노이드 로봇과 임바디드 인텔리전스는 서로 독립적으로 존재하는 기술이 아니라, "물리적 매개체 – 지능"을 결합하여 공생적 시스템을 형성한다. 이러한 공생 관계는 기술 발전의 필연적 결과이자 실제 응용 환경의 요구가 만들어낸 산물이다. 그 핵심은 다음과 같다. 휴머노이드 로봇은 임바디드 인텔리전스가 구현될 수 있는 물리적 "몸체"와 환경 상호작용의 "인터페이스"를 제공하며, 임바디드 인텔리전스는 휴머노이드 로봇에 자율적 감지, 의사결정, 그리고 진화 능력을 부여하는 "지능의 핵심" 역할을 한다. 두 요소는 상호 보완적으로 작용하며, 지능이 가상 세계에서 물리적 현실 세계로 확장되는 과정을 함께 추진한다[10].

1.2. 휴머노이드 로봇의 기술적 특성

휴머노이드 로봇의 본체는 크게 세 가지 핵심 기술 체계로 구성되는데, 이는 각각 "대뇌", "소뇌", 그리고 "신체"에 해당한다. 인간과 유사하게 휴머노이드 로봇의 "대뇌"는 핵심 역할을 담당하며, 주로 고차원적 인지와 의사결정을 수행한다. 멀티모달 대형 모델 기술을 활용하여 고급 인지, 창의적 상상, 정밀한 의사결정 및 감정 상호작용을 구현할 수 있으며, 이를 통해 복잡한 환경에서의 적응 능력과 작업 처리 능력을 크게 향상시킨다.

"소뇌"는 운동 제어를 담당하며, "대뇌"의 의사결정을 부드럽고 안정적인 동작 명령으로 전환한다. 강화학습과 모방학습을 통해 동작의 경직성과 불안정성을 극복하고, 휴머노이드 로봇이 다양한 일반 작업을 수행할 수 있도록 한다. "신체"는 첨단 부품으로 구성되어 있으며, 액추에이터를 통해 실제 동작을 수행한다. 기술 발전에 따라 이러한 신체 구조는 점점 더 높은 유연성과 내구성을 갖추게 되었으며, 고정밀 작업을 수행하거나 일부 영역에서는 인간을 능가하는 성능을 보이기도 한다[7]. 각 구성 요소는 상호 협력하여 감지, 인지, 의사결정, 실행 등의 과정을 통해 환경과 상호작용하며, 복잡한 환경에서 인식 및 행동 능력을 강화한다.

휴머노이드 로봇의 "대뇌"는 여러 복합적인 핵심 기술로 구성되며, 그 기능은 크게 감지, 상상, 의사결정, 감정의 네 가지 측면으로 구분할 수 있다. 이러한 능력의 구현은 멀티모달 대형 모델 기술에 의존하며, 이를 통해 로봇은 시각, 청각, 촉각 등 다양한 감각 정보를 심층적으로 분석할 수 있고, 보다 자연스럽고 지능적인 상호작용 경험을 제공할 수 있다[7].

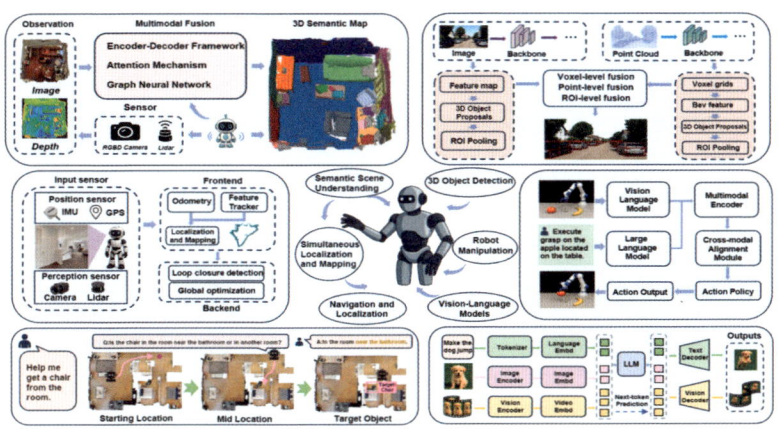

[그림 1-5] 휴머노이드 로봇에 적용된 멀티모달 대형 모델 기술[3]

 멀티모달(Multimodal) 인지 기술은 복잡한 환경에 대한 이해, 행동 의
사결정 및 상호작용 제어를 가능하게 하는 기본 기술이다. 현실 세계에서
인간은 눈으로 사물을 보고, 귀로 소리를 듣고, 피부로 촉감을 느끼며, 언
어와 문자에 대한 이해를 결합하여 다양한 정보를 종합적으로 활용해 세
계를 인식한다. 멀티모달 인지 기술은 이러한 인간의 다차원적 감지 방식
을 모방한 것으로, 심도 카메라, 라이다(LiDAR), 초음파 센서, 압력 센서
등 다양한 센서 데이터를 활용하고 다원적 영상 정보를 결합하여 주변 환
경을 스캔하고 공간 구조를 구축한다. 또한 객체 탐지와 객체 분할 기술을
통해 실제 환경과 대응되는 공간 지도를 형성하며, 다양한 모달리티의 데
이터를 통합 처리함으로써 외부 환경과 사용자의 의도를 더욱 종합적이고
정확하게 이해할 수 있게 한다[11].예를 들어 휴머노이드 로봇은 시각 피드
백 시스템, 라이다, 촉각 피드백 시스템을 결합하여 복잡한 생산 환경에서
도 물체를 정확하게 집어 들고 조작할 수 있다[3].

---

3) https://arxiv.org/pdf/2504.02477v2

휴머노이드 로봇 "대뇌" 기술 체계에서 **환경 모델링과 위치 추적 기술은 로봇의 "공간 인지"를 구축하는 핵심 모듈로**, 동적 환경에서 자율 이동, 작업 수행 및 안전한 상호작용이 가능한지를 직접적으로 결정하는 요소이다[12]. 이 기술은 멀티모달 인지 데이터를 기반으로 SLAM(동시 위치 추정 및 지도 작성), 멀티모달 융합, 의미 기반 라벨링 등의 알고리즘을 활용하여 환경의 기하 구조, 물체 종류, 동적 변화 정보를 포함하는 환경 모델을 구축하고, 동시에 로봇이 해당 환경 모델에서 자신의 정확한 위치를 실시간으로 계산한다. 쉽게 말해 로봇이 주변 환경의 "지도"를 스스로 그릴 수 있어야 하며, 동시에 그 "지도"에서 자신의 위치가 어디인지 파악할 수 있어야 한다는 의미이다. 이러한 기술이 없다면 로봇은 시각과 방향 감각을 잃은 인간과 마찬가지로 독립적으로 이동하거나 작업을 수행할 수 없으며, 단지 고정된 프로그램과 사전 설정된 환경에 의존해야 한다. 정확한 위치 추정은 로봇이 작업 과정에서 오류를 줄이도록 돕는다. 예를 들어 부품 조립 과정에서 위치 오차로 인해 부품이 손상되는 것을 방지할 수 있다. 또한 신뢰성 있는 환경 모델링은 충돌 위험을 사전에 회피하여 로봇이 사람이나 장비와 충돌하거나 접촉하는 사고를 예방할 수 있다. 이러한 기술은 센서가 수집한 원시 데이터를 구조화된 환경 정보로 변환하여 로봇 "대뇌"의 작업 계획에 필요한 중요한 입력 정보를 제공한다. 예를 들어 베이징 휴머노이드 로봇 혁신센터가 개발한 휴머노이드용 공간 점유(Humanoid Occupancy) 인지 시스템은 의미 기반 점유 표현 기술을 통해 환경 모델을 구축하며, 책상 아래나 높은 선반 등 입체 공간에 존재하는 물체의 분포를 정확하게 인식할 수 있다. 산업 환경에서는 컨베이어 벨트나 고정 장비 등을 명확하게 식별하고 분류하며, 로봇과 장비 사이의 거리를 파악하여 부품 운반을 위한 최적의 이동 경로를 계획할 수 있다. 이 시스템의 3차원 공간 의미 분할 정확도는 기존 모델보다 우수하며, 가정 환경과 산업 환경 등 다양한 장면에 적용될 수 있다[4]. 이러한 기술이 작동하지 않을 경우 이후의 경로 계획이나 동작 수행 등의 의사결정 자체가 불가능해진다.

멀티모달 계획 및 의사결정 기술은 대형 언어 모델과 세계 모델을 기반으로, 멀티모달 인지를 통해 구축된 환경의 고차원 의미 표현을 실제 물리 환경에서 실행 가능한 동작 시퀀스로 전환하는 기술이다[12]. 대형 모델은 텍스트, 이미지, 음성, 촉각 등 다양한 정보원을 통합함으로써 로봇에게 크로스모달 인지 이해, 복잡한 환경 상호작용, 자율적 의사결정 및 계획 능력을 부여한다. 이는 기존 로봇이 가진 "단일 모달 처리"와 "사전 정의된 규칙 기반 구동"의 한계를 넘어, 인간의 인지-의사결정-행동 구조에 더욱 가까운 형태를 구현하게 한다[13]. 물리적 감지와 의미 분석 결과를 기반으로 "지능형 대뇌"는 작업을 세분화하고 장기적인 계획을 수립한다. 예를 들어 대형 언어 모델은 인간의 명령을 해석하여 "화분에 물을 주기"라는 지시를 "물뿌리개 위치 확인", "집기", "이동", "물 주기"와 같은 하위 작업으로 분해한다. 동시에 멀티모달 SLAM을 활용해 기하학적 정확성과 의미 정보를 모두 포함하는 환경 지도를 구축하고, 임바디드 메모리를 통해 상호작용 경험을 지속적으로 축적하여 작업 중단 후 재개나 가치 정렬을 지원한다[12].

또한 대형 모델 기술의 발전은 휴머노이드 로봇에 고차원적인 감정 인식 능력도 부여한다. 이를 통해 로봇은 인간의 감정 상태를 정확하게 인식

---

4) https://www.51cto.com/article/822242.html

하고 반응할 수 있으며, 보다 인간 친화적인 상호작용 경험을 제공할 수 있다[14]. 예를 들어 샤오미가 개발한 휴머노이드 로봇 CyberOne은 다양한 감정 인식 엔진과 Mi-Sense 심도 시각 모듈을 탑재하여 인간의 45가지 의미적 감정을 인식하고 85가지 환경 의미 정보를 구분할 수 있다. 또한 AI 알고리즘을 결합하여 현실 세계의 3차원 가상 재구성을 수행하고, 인물 식별, 제스처 인식, 표정 인식 등의 기능을 구현할 수 있다[5].

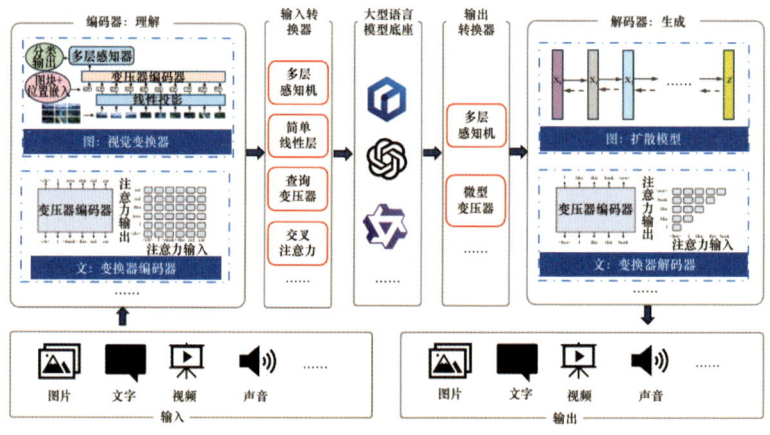

图2 多模态大模型架构

[그림 1-6] 멀티모달 대형 모델 아키텍처

휴머노이드 로봇의 "소뇌"에 해당하는 핵심 기술 체계는 의사결정을 구체적인 동작 명령으로 변환하는 중요한 역할을 수행하며, 로봇 동작의 정확성과 협응성을 보장한다. 인간이 학습을 통해 자기 행동을 지속적으로 조정하여 환경에 적응하듯이, 휴머노이드 로봇 역시 이러한 방식으로 동작 능력을 향상할 수 있다.

---

5) https://www.mi.com/cyberone

운동 제어 기술의 발전 경로는 크게 "규칙 기반—모델 기반—학습 기반"의 세 단계를 거쳐 발전해 왔으며, 최근에는 다양한 알고리즘을 결합하는 방향으로 점차 발전하고 있다[12].

규칙 기반 운동 제어 기술은 사전에 설정된 논리 규칙, 경험적 파라미터, 제약 조건 등을 핵심으로 하여 로봇이 특정 운동 작업을 수행하도록 제어하는 방식이다. 쉽게 말해 엔지니어가 로봇의 운동 요구, 작업 환경, 물리적 제약 등을 고려하여 일종의 "지침 매뉴얼"을 작성하고, 로봇은 실행 과정에서 이 지침을 엄격히 따르며 관절 회전, 경로 계획, 동작 수행 등을 수행한다. 이러한 방식의 장점은 구현이 비교적 간단하고 실시간성이 높다는 점이지만, 환경 변화에 대한 적응성과 확장성이 제한적이라는 단점이 있다.

모델 예측 제어(MPC, Model Predictive Control)는 로봇의 운동학 및 동역학 모델과 작업 환경 모델을 구축하고, 실시간 인지 데이터를 결합하여 로봇의 미래 운동 상태를 예측한 뒤 최적의 제어 명령을 계산하여 동작을 수행하도록 하는 제어 방식이다. 이러한 의사결정 과정은 인간의 사고 방식과 유사하다. 인간은 어떤 결정을 내리기 전에 그 결과를 예측하고 여러 가능성을 비교하여 가장 유리한 선택을 하듯이, 로봇도 환경 모델을 활용하여 다양한 상황을 시뮬레이션한 뒤 최적의 동작을 선택할 수 있다. 그러나 이 방식 역시 정확한 동역학 모델과 높은 연산 능력에 크게 의존하며, 개발 주기가 길다는 한계를 가지고 있다.

현재에는 보다 높은 적응성과 범용성을 갖춘 새로운 제어 방식으로 강화학습과 모방학습이 점차 휴머노이드 로봇 제어의 주요 기술로 자리 잡고 있다. 학습 기반 제어 알고리즘은 기존 제어 방식이 요구하던 정밀한 동역학 모델링과 고정된 규칙에 대한 의존에서 벗어나, 강화학습과 모방학습과 같은 머신러닝 알고리즘을 활용한다. 이를 통해 시뮬레이션 환경에서 대량의 시행착오 학습이나 인간 시범 동작 데이터 입력 등을 통해 로봇이 스스로 운동 데이터 속의 패턴을 학습하도록 한다. 예를 들어 센서가 수집한 관절 각도, 힘 피드백 등의 데이터를 분석하여 다양한 상황에 적합한 운동 전략을 도출하고, 이를 기반으로 모터 제어 명령을 직접 생성함으로써 자율적인 운동 제어를 구현한다. 이 과정은 인간이 연습과 학습을 통해 새로운 동작을 익히는 과정과 유사하며, 로봇 역시 "할 수 없는 상태"에서 "숙련된 상태"로 점차 능력을 향상할 수 있다.

모방학습은 행동 복제를 기본 구조로 하는 학습 방식으로, 환경의 상태 전이 모델을 별도로 구축할 필요 없이 인간의 행동 데이터를 활용하여 직접 정책 학습을 시행할 수 있다는 장점이 있다. 그러나 학습에 필요한 인간 행동 데이터를 수집하는 것이 어렵다는 한계도 존재한다. 반면 **강화학습**은 지능체가 환경과 상호작용 하면서 학습하는 방식으로, 로봇이 지속적인 시행착오를 통해 다양한 환경에서 목표 작업을 달성하기 위한 최적의 의사결정을 학습하도록 한다[3]. 다만 강화학습 과정에서는 로봇이 환경과 상호작용하는 비용이 높고, 실제 작업 환경에서는 온라인 방식으로 충분한 학습 데이터 수집이 어려운 경우가 많다.

이러한 문제를 해결하기 위해 기존 데이터셋을 활용한 "오프라인 강화학습"이 활용되기도 한다. 이때 사용되는 데이터는 다른 지능체가 수집한 데이터이거나 인간이 직접 수집한 데이터일 수 있다[6]. 또한 대형 모델 학습 데이터베이스를 구축하여 학습 데이터의 규모와 다양성을 지속적으로 확대하고, 고품질의 멀티모달 데이터를 확보함으로써 휴머노이드 로봇이 가상 환경에서 지속적으로 학습과 시행착오를 수행할 수 있도록 한다. 이를 통해 모델 성능과 지능 수준을 향상할 수 있으며, 결과적으로 휴머노이드 로봇이 복잡한 현실 환경에서도 더욱 높은 대응 능력을 갖추게 된다. 또한 환경을 더욱 충분히 탐색하면서 새로운 행동 전략을 발견하고, 지속적인 반복 개선과 최적화를 이루게 된다.

[그림 1-7] 베이징 산업용 휴머노이드 로봇 데이터 트레이닝 센터

휴머노이드 로봇은 높은 동적 성능, 높은 순간 출력, 그리고 높은 정밀도 등의 운동 성능을 요구한다. 그 신체 구조는 인간의 팔다리를 모방한 설계를 기반으로 하며, 보행이나 물체 파지와 같은 동작을 수행하는 핵심적인 물리적 매개체이다. 전체 구조는 크게 팔, 손, 다리, 발의 네 가지 신체 모듈로 구분되며, 각 모듈은 링크와 관절로 연결되어 있다. 여기에 모터, 감속기 등 핵심부품을 결합하여 동력을 전달하고 정밀한 동작을 수행하게 된다.

휴머노이드 로봇의 본체 설계는 높은 강도를 유지하면서도 구조적으로 컴팩트해야 하며, 동시에 인간 생활 환경의 다양한 장면에 적응할 수 있도록 유연성과 경량성을 갖추어야 한다. 현재 연구 개발 과정에서는 알루미늄 합금과 탄소섬유 복합소재와 같은 고강도 경량 소재를 활용하고, 생체 모방 설계를 적용하여 무게와 내구성의 균형을 맞추고 있다. 또한 최적화된 골격 토폴로지 구조와 다자유도 관절 설계를 통해 로봇이 인간의 자연스러운 동작을 보다 유사하게 구현할 수 있도록 하고 있다.

인간의 동작은 근육의 수축이 뼈와 관절의 움직임을 유도함으로써 이루어지지만, 휴머노이드 로봇의 "구동 시스템"은 다양한 정밀 부품의 협력 작동에 의존한다[6].

또한 로봇의 안정적인 작동을 보장하고 다양한 복잡한 기능을 구현하며 각종 센서, 액추에이터, 알고리즘 및 기타 장비와의 원활한 통합을 지원하기 위해서는 운영체제의 지원이 필요하다. 운영체제는 휴머노이드 로봇이 동작 제어, 지능형 의사결정 등의 기능을 수행하기 위한 핵심 소프트웨어 기반이다. 휴머노이드 로봇 운영체제는 실시간 제어, 멀티모듈 협력, 지능형 의사결정 등의 요구를 동시에 충족해야 하며, 현재 주요 기술 경로는 크게 범용 운영체제형과 실시간 운영체제형 두 가지로 구분된다[7].

Linux를 대표로 하는 범용 오픈소스 운영체제와 그 확장 기술은 성숙한 오픈소스 생태계를 기반으로 맞춤형 최적화를 통해 휴머노이드 로봇에 적용되며, 유연성과 호환성을 동시에 확보할 수 있다. 반면 실시간 운영체제 (RTOS)는 효율적인 작업 스케줄링과 실시간 데이터 처리가 핵심이다.

---

6) https://cloud.kepuchina.cn/h5/detail?id=7395501732144500736
7) https://wenku.csdn.net/answer/4hjaxf002s

〈표 1-1〉 휴머노이드 로봇 신체 모듈

신체 모듈	구성 요소	핵심 기능 및 구조적 특징
팔	상완, 팔뚝, 어깨 관절, 팔꿈치 관절, 손목 관절	• 팔은 신전, 굴곡, 회전 등의 동작을 수행하며, 손의 정밀 작업을 위한 자세 조정을 담당한다. 일반적으로 한 팔은 7자유도로 설계되며, 어깨는 3R 관절 조합을 통해 3자유도 구형 관절과 동일한 기능을 구현하여 전방위 동작 가능 • 팔꿈치는 1자유도 회전 관절로 전완의 굴곡과 신전을 담당하며, 손목 역시 3R 관절 조합을 통해 구형 관절 구조를 이루어 다양한 방향의 작업 각도를 지원
손	손바닥 밑부분, 여러 손가락 마디(보통 5개의 손가락), 손가락 관절	• 손은 정밀 파지와 조작을 위한 핵심 구조로, 부품을 집거나 버튼을 누르는 작업 등에 사용 • 손가락은 여러 개의 독립 관절이 직렬로 연결된 구조이며, 고급형 로봇의 경우 손의 자유도가 12개 이상에 달하며, 일부 손가락은 독립적으로 제어되는 다절 구조로 설계되어 다양한 형태의 물체를 안정적으로 잡을 수 있음
다리	허벅지, 종아리, 고관절, 무릎 관절, 발목 관절	• 로봇의 전체 무게를 지지하며 보행, 달리기, 점프 등의 이동 동작을 수행한다. 일반적으로 한 다리는 6자유도로 설계되며, 고관절은 3자유도 구형 관절로 대퇴를 다양한 방향으로 동작 가능 • 무릎 관절은 1자유도 회전 관절로 하퇴의 굴곡과 신전을 담당하며, 발목 관절은 2자유도 유니버설 조인트 구조로 발과 함께 몸의 균형을 조절
발	발바닥, 발가락 (일부 모델에서는 단순화됨), 발바닥 접촉면	• 로봇이 서 있거나 이동할 때의 안정성을 보장하며 다양한 지면 조건에 대응 • 발바닥은 일반적으로 미끄럼 방지 구조로 설계되며, 일부 모델에서는 발바닥에 하중 감지 센서를 통합하여 지면 접촉 상태를 감지 • 발가락은 지면 접촉 시 하중 분포를 조절하여 미끄러짐을 방지하는 역할

이는 로봇의 정밀한 운동 제어를 보장하는 중요한 기술로서 주로 하위 관절 제어와 같은 핵심 시스템 영역에 적용된다. 이 시스템은 우선순위 기반 스케줄링 메커니즘을 통해 모터 구동, 센서 데이터 수집과 같은 핵심 작업이 우선 실행되도록 보장하여 동작 지연이나 끊김 현상을 방지한다.

1.3. 휴머노이드 로봇의 분류

휴머노이드 로봇의 분류 체계에서 구동 방식과 구조 형태는 핵심적인 분류 기준 중 하나로, 이는 로봇의 이동 능력, 작업 환경, 기능적 범위를 직접적으로 결정한다. 산업계의 주요 기술 경로와 권위 있는 기관의 분류 기준을 종합하면, 휴머노이드 로봇은 다음과 같은 세 가지 유형으로 구분할 수 있다.

첫째, 바퀴형(휠형) 휴머노이드 로봇이다. 이 유형은 주로 바퀴 구동 방식을 사용하며, 하체는 바퀴형 플랫폼(단일 바퀴, 이중 바퀴 또는 다륜 구조)으로 구성되고 상체에는 인간형 몸통, 양팔 및 정교한 로봇 손이 장착된다. 다리 관절은 존재하지 않으며 촉각 센서와 정밀한 로봇 손을 통한 조작 기능을 강조한다. 이러한 로봇은 이동 효율이 높고 에너지 소비가 낮으며 제어 알고리즘이 비교적 단순하여 대규모 상용화에 유리하다. 그러나 지형 적응성이 낮아 계단이나 복잡한 장애물을 넘기 어렵고, 기능이 "이동 + 단순 상호작용"에 집중되어 있다. 따라서 평탄하고 구조화된 환경에서 활용되기에 적합하며, 예를 들어 음식 배달, 물류 분류 등의 작업에 사용된다.

둘째, 하반신 보행형 휴머노이드 로봇이다. 이 유형의 핵심 특징은 인간을 모방한 이족 보행 다리 구조로, 로봇의 다리 운동 능력을 중점적으로 강조한다. 일반적으로 고관절, 무릎, 발목 등 다자유도 관절을 포함하며, 상체는 경량형 양팔을 장착하거나 팔이 없는 구조를 취하기도 한다. 다리 구조가 비교적 복잡하지만 이족 보행이 가능하여 계단, 잔디, 자갈길 등 비정형 환경에서도 이동할 수 있다. 핵심 기술 장벽은 보행 계획 알고리즘과 균형 제어 기술에 있다. 그러나 전체적인 에너지 소비가 높고 이동 속도가 느리며, 상체 기능은 비교적 단순한 편으로 "이동 중심 작업" 수행에 중점을 둔다.

셋째, 전기능형 휴머노이드 로봇이다. 이 유형은 두 다리, 두 팔, 두 손과 함께 다양한 감지 기능과 인공지능 기능을 갖춘 로봇으로, 인간의 형태에 가장 가까운 유형이다. 복잡한 지형에서의 이동과 정밀한 조작을 동시에 수행할 수 있으며, 개방된 환경에서 다양한 작업을 수행할 수 있다. 따라서 산업 조립, 가정 서비스, 구조 활동 등 다양한 분야에서 활용될 수 있다. 다만 개발 비용이 높고 기술적 난도가 매우 높으며, 관절 제어 정밀도와 에너지 지속성(배터리 지속 시간) 등은 여전히 해결해야 할 과제로 남아 있다.

[그림 1-8] 바퀴형 휴머노이드 로봇, 하반신 이족 보행형
휴머노이드 로봇, 전기능형 휴머노이드 로봇

2024년 중국 국가·지방 공동 휴머노이드 로봇 혁신센터는 업계 주요 기업 및 기관과 함께 전국 최초의 휴머노이드 로봇 단체 표준인 「휴머노이드 로봇 분류 및 등급별 응용 가이드」를 발표하였다. 이 표준은 휴머노이드 로봇의 공통, 구조, 지능 관련 용어와 개념을 정의하고, 임바디드 인텔리전스 수준, 하체 이동 능력, 상지 작업 능력, 적용 환경 등을 등급 평가 요소로 삼아 휴머노이드 로봇을 L1부터 L4까지 네 가지 기술 등급으로 구분하였다[8].

〈표 1-2〉 휴머노이드 로봇 기술 등급 구분

등급	등급 개요	기술 요구사항
L1	고정된 환경에서의 임바디드 인텔리전스를 응용 리드미컬한 보행 및 큰 교란에 대한 운동 제어, 가상 현실 장비를 활용한 원격 조작 작업 능력을 갖춤	a) 간단한 인간-컴퓨터 상호작용 능력 b) 리드미컬(Rhythmical)한 보행 능력 c) 큰 교란에 대한 측면 저항과 동적 보행 조정 d) 복잡한 전신 행동 계획 능력 e) 지각 및 위치 제어의 통합적 이해
L2	임바디드 인텔리전스의 조건부 적용, 환경과 행동에 의해 구동되는 운동 패러다임의 진화 구조화된 환경에서 고정밀 파지능 구축	a) 인식-의사결정-통합 일반 대형 모델 b) 병렬 훈련 시뮬레이션과 데이터 규모 구현 c) 환경 인식 정보에 의해 구동되는 장애물 통과 패러다임을 진화시키는 능력 d) 지각과 힘 조절이 통합된 민첩한 손잡이 e) 고정 워커스테이션의 암(Arm)-핸드 협업 기능
L3	개방형 환경에서의 임바디드 인텔리전스 고도 응용 고도로 생체 모방된 고탄성 자율 운동, 그리고 고효율 자율 작업 능력을 구축	a) 지각-의사결정-계획이 융합된 범용 대형 모델 b) 복잡한 환경 하의 자율 학습 훈련 및 지능 발달 c) 인간과 고도로 유사한 생체 모방 보행 및 외란에 저항하는 적응 능력 d) 지각 - 의사결정 - 힘/위치 제어가 일체화된 인간형 정교한 파지 능력 e) 다양한 환경 및 작업에 대한 신속한 적응 작업
L4	동적 환경에서의 임바디드 인텔리전스 완전 응용 풀 엔드 투 엔드 기반의 온라인 행동 진화 멀티모달 상호작용 및 인간-로봇 협업 작업 능력 구축	a) 대규모 데이터셋 관리, 클라우드 - 엣지 - 디바이스 통합 컴퓨팅 아키텍처 b) 멀티모달 센싱 및 환경 모델링 c) 대형 모델 기반의 다종 행동 생성 및 매끄러운 전환 능력 d) 멀티모달 인간 - 로봇 혼합 행동 매핑 및 조작 e) 강 - 유연 결합 구조의 고밀도 생체 모방 상지 및 정교한 핸드 조작 f) 인간형 정교한 조작 및 인간 - 로봇 협업 능력

자료 출처: 「휴머노이드 로봇 분류 및 등급별 응용 가이드」

---

8) http://www.kepu.gov.cn/newspaper/2024-11/01/content_251325.html

또한 적용 환경에 따라 휴머노이드 로봇은 다음과 같이 분류할 수 있다.

첫째, 특수 응용 환경에서 사용되는 특수 작업형 로봇이다. 이는 주로 열악하거나 위험한 환경에서의 작업, 산악 및 원양 지역의 중요 거점 경계 임무, 민간 폭발물 처리와 긴급 구조 활동 등 특수 분야의 작업 수요를 담당한다.

둘째, 제조업 환경에서 활용되는 산업형 로봇이다. 이는 주로 3C 전자제품, 자동차 등 핵심 제조 산업의 생산 라인 작업 수요를 중심으로 활용된다. 구조화된 생산 공정에서의 조립, 운반, 검사, 유지보수 등의 작업뿐만 아니라, 비구조화된 생산 환경에서의 인간-로봇 협력 작업, 유연 맞춤형 생산 등의 작업 요구도 포함한다.

셋째, 민생 및 주요 산업 분야에서 활용되는 휴머노이드 로봇이다. 여기에는 민생 분야의 고품질 생활 서비스를 제공하는 의료용 로봇과 가정 서비스 로봇, 농업·물류 등 주요 산업에서 분류·운반·지능형 배송 작업을 수행하는 서비스 로봇, 그리고 교육 및 연구 분야에서 프로그래밍 교육이나 실험실 보조 등의 특수 요구를 충족하는 교육용 로봇 등이 포함된다[8].

1.4. 산업 발전 과정

1950년 튜링은 처음으로 임바디드 인텔리전스 개념을 제시하였다. 이는 기계가 인간처럼 환경을 인식하고, 추론과 의사결정을 수행하며, 실제 행동으로 이어질 수 있다는 개념으로, 휴머노이드 로봇 발전의 출발점이 되었다. 이후 약 한 세기에 걸쳐 휴머노이드 로봇 산업은 단일 기술 중심의 발전 단계에서 다기술 융합, 산업 생태계 협력 혁신, 그리고 다양한 분야에서의 응용 확대라는 발전 경로를 거쳐 왔다. 시기별 휴머노이드 로봇의 기술적 특징을 기준으로 산업 발전 과정은 대체로 네 단계로 구분할 수 있다[15].

1.4.1. 초기 발전 단계(1970~2000년)

이 단계의 핵심 목표는 다리의 기본적인 보행 기능과 손의 기초적인 동작 구현에 집중되어 있었다. 당시 휴머노이드 로봇은 몸통과 팔다리 형태를 갖추기 시작했지만, 전체적인 설계는 비교적 단순하고 거칠었으며, 상호작용 능력은 거의 없었고 지능화 수준도 초기 단계에 머물러 있었다. 이 시기의 기술 탐색은 일본의 SF 문화로부터 큰 영향을 받았으며, 데즈카 오사무가 1952년에 창작한 「철완 아톰」은 중요한 영감의 원천이 되어 일본의 관련 기술 발전을 간접적으로 촉진하였다[9].

1973년 일본 와세다대학교의 "휴머노이드 로봇의 아버지"로 불리는 가토 이치로 교수가 개발한 WABOT-1은 세계 최초의 전신형 휴머노이드 로봇으로 널리 인정받고 있다. 그 전신인 WL-5 이족 보행 장치는 무게 중심을 유지하기 위해 약 30kg의 균형 추를 장착하였으며, 작은 보폭의 저속 보행이 가능하였다. 이후 개발된 WABOT-1은 여기에 로봇 팔을 추가하여 전신에 총 26개의 관절을 갖추게 되었으며, 이동 능력은 약 생후 1년 반 정도의 유아 수준에 불과했지만, 휴머노이드 로봇이 단순한 개별 관절 운동에서 전신 협동 동작으로 발전하는 중요한 전환점을 의미하였다[10].

---

9) https://m.163.com/dy/article/K0MC3URA05561028.html
10) https://baike.baidu.com/item/WABOT-1/65604685

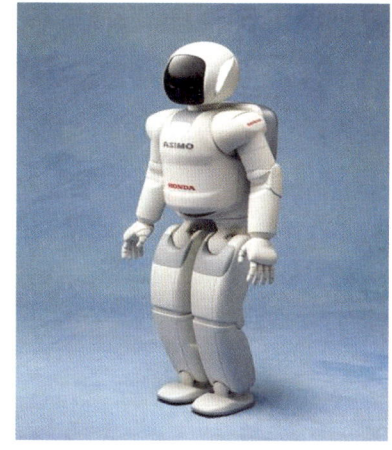

[그림 1-9] 일본을 대표하는 휴머노이드 로봇(왼쪽'WABOT-1,' 오른쪽'ASIMO')

일본 혼다의 기술 발전 과정은 이 단계에서 중요한 이정표로 평가된다. 1986년 혼다는 휴머노이드 로봇 연구 개발을 시작하여 E0부터 E6까지의 일련의 프로토타입을 차례로 발표하였다. E0 로봇은 한 걸음을 내딛는 데 약 5초가 걸렸고 자주 넘어지는 문제가 있었으며, E2는 계단을 오를 수 있게 되었고 이동 속도도 시속 1.2km까지 향상되었다. 이후 E3는 속도를 시속 3km까지 높였고, 균형 제어 기술을 지속적으로 개선하여 최종적으로 로 P 시리즈 로봇으로 발전하였다.

1993년에 발표된 P1 로봇은 키 1.9m, 무게 175kg으로, 외부 전원과 제어용 컴퓨터가 필요했지만, 문을 열고 닫거나 물건을 운반하는 등 전신 동작을 수행할 수 있었다. 이후 개발된 P2와 P3 로봇에서는 핵심부품의 내장화와 무선 원격 제어 기능이 개선되었다.

2000년 혼다는 1세대 ASIMO 모델을 공식 발표하였다. 키 1.2m의 소형화 설계와 경량화된 몸체로 세계적인 주목을 받았으며, 개선된 보행 방식과 손 동작 제어 능력은 당시 기술의 대표적인 수준으로 평가되었다. 그러나 여전히 운동 균형성이 충분하지 않았고 지능화 수준도 제한적이었으며, 단일 로봇의 제작 비용이 매우 높아 상업적 보급에는 한계가 있었다[11].

이 시기의 산업 발전은 일본이 주도하는 특징을 뚜렷하게 보였다. 1980년 일본의 로봇 수출량은 전 세계의 약 3% 수준이었지만, 1984년에는 20%로 증가하였고, 2002년에는 세계 시장 점유율이 48%에 이르렀다[12]. 이는 일본이 "로봇 왕국"으로 불리게 되는 기반을 마련한 시기였다.

1.4.2. 고도 통합 발전 단계(2001~2011년)

21세기에 들어서면서 연산 능력의 향상과 딥러닝 기술의 도입은 휴머노이드 로봇이 초기 지능화 단계로 진입하는 데 중요한 역할을 하였다. 인지 시스템과 상호작용 시스템의 기술 발전을 통해 로봇은 제한적인 환경 상호작용 능력을 갖추게 되었으며, 운동 자유도가 크게 향상되어 단순 보행을 넘어 특정 상황에서의 작업 수행이 가능해졌다. 또한 산업 참여 주체도 점차 다양해지기 시작하였다.

2003년 일본 도요타는 "뮤지컬 파트너 로봇(Musical Partner Robot)"을 발표하여 트럼펫 연주와 바이올린 연주와 같은 악기 연주 기능을 구현함으로써 로봇 팔의 정밀 제어 기술 발전을 보여주었다[13]. 동시에 혼다 ASIMO의 지속적인 기술 발전은 이 시기의 핵심적인 기술 성과로 평가된다. 2008년에는 체중 52kg, 키 1.2m의 ASIMO가 디트로이트 심포니 오케스트라에서 역사상 최초로 로봇 지휘 공연을 선보였다. 당시에는

---

11) https://36kr.com/p/3091260294871426
12) https://www.pconline.com.cn/focus/1858/18588028.html
13) https://news.ifeng.com/c/8ZrfUqQrqim

한쪽 팔을 이용한 기본적인 지휘 동작만 수행할 수 있었지만 인간과 로봇의 협업 가능성을 실증적으로 보여주었다[14].

2011년에 발표된 3세대 ASIMO는 센서를 활용하여 장애물을 자동으로 회피하고 이동 경로를 판단할 수 있게 되었으며, 다섯 손가락을 이용해 수어 표현이나 물병에서 물을 따르는 등의 정밀 작업도 수행할 수 있었다. 또한 보행 속도는 시속 약 9km에 가까운 수준으로 향상되었고, 한 발로 뛰기나 연속 회전 점프와 같은 복잡한 동작도 수행할 수 있게 되었다. 이 로봇은 미국 대통령 버락 오바마와 악수를 하거나 축구공을 차는 등의 상호작용 시연을 통해 큰 주목을 받았다[15].

이 시기의 핵심 기술 발전은 "인지–동작" 협력 최적화에 있었다. 즉 로봇은 단순한 기계적 움직임을 수행하는 단계에서 벗어나 환경 변화에 반응하는 능력을 갖추기 시작하였다. 그러나 알고리즘 수준과 하드웨어 비용의 한계로 인해 실제 활용 분야는 여전히 기술 시연이나 특정 기능 검증 중심에 머물러 있었다.

[그림 1-10] 'ASIMO'와 전 미국 대통령 오바마의 상호작용 모습

---

14) https://www.sohu.com/a/828029201_163278
15) https://www.toutiao.com/article/7078833316736336420/

1.4.3. 고도화된 동적 움직임 및 상호작용 능력 향상 단계(2012~2020년)

강화학습, 감정 인식 등 기술이 빠르게 발전하면서 이 단계에서 휴머노이드 로봇 연구 개발은 크게 "운동 능력"과 "상호작용 능력"이라는 두 가지 방향으로 분화되었다. 관련 연구 및 개발 참여 기관의 수는 많이 증가했지만, 기능 통합 부족, 실용성 한계, 높은 비용 등의 문제는 여전히 주요한 기술적·산업적 병목으로 남아 있었다.

운동 능력 분야에서는 미국 보스턴 다이내믹스가 2013년에 발표한 이족 보행 로봇 Atlas가 대표적인 기준 모델로 평가된다. 이 로봇은 키 1.88m, 무게 149kg으로, 초기 모델에 28개의 자유도 관절이 장착되었으며 유압 구동 방식을 사용하였다. 보행 속도는 초속 1.5m, 최대 이동 속도는 초속 2.5m에 달했으며, 세단뛰기, 공중제비, 360도 회전 점프와 같은 복잡한 동작을 수행할 수 있었다. 또한 4억 5천만 개 파라미터 규모의 Diffusion Transformer 구조를 기반으로 끈 묶기나 의자 뒤집기와 같은 정밀 작업도 수행할 수 있으며, 위험 환경에서의 구조 작업 등 다양한 활용 가능성을 보여주었다[16].

상호작용 능력 분야에서는 일본 소프트뱅크가 2015년에 출시한 Pepper 로봇이 일반 소비자를 대상으로 한 최초의 휴머노이드 로봇 제품으로 평가된다. 이 로봇의 핵심 기술은 감정 인식 기능

[그림 1-11] 'Atlas'의 우수한 운동 능력

---

16) https://www.toutiao.com/article/7359038338998731283/

으로, 인간의 음성 톤과 얼굴 표정을 분석하여 보다 자연스러운 의사소통을 수행할 수 있었다. 그러나 활용할 수 있는 응용 환경이 제한적이어서 시장 확산에는 일정한 한계가 있었다[17].

또한 2016년 프랑스 Inria Flower 연구소에서 개발한 오픈소스 휴머노이드 로봇 POPPY가 출시되었으며, 높은 환경 적응성을 바탕으로 교육 및 연구 분야에서 널리 활용되었다[18]. 스위스 ABB가 설계한 YuMi 로봇 팔은 2017년에 오페라 지휘 공연을 수행하여 산업용 로봇이 서비스 분야로 확장될 가능성을 보여주었다[19].

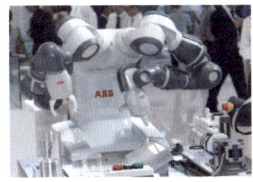

[그림 1-12] 'Pepper', 'POPPY' 및 'YuMi' 로봇 팔(왼쪽부터 오른쪽 순서로)

1.4.4. 고도 지능화 발전 단계(2020년부터 현재까지)

인공지능 대형 모델, 머신러닝, 컴퓨터 비전 기술의 획기적인 발전은 휴머노이드 로봇이 지능화 고도화와 상업화 가속 단계로 진입하는 데 중요한 역할을 하였다. 로봇은 더욱 유연한 환경 적응 능력과 일반적 이해 능력을 갖추게 되었으며, 기능적 특성에 따라 분화된 범용 모델도 등장하였다. 동시에 하드웨어 비용은 지속적으로 감소하고 있으며 실제 산업 및 생활 환경에서의 적용 속도도 빠르게 증가하고 있다.

17) https://baike.baidu.com/item/Pepper/14190114
18) https://www.163.com/dy/article/JPNIR4V7051184MS.html?spss=dy_author
19) https://www.sohu.com/a/705738562_489960

〈표 1-3〉 고도 지능형 휴머노이드 로봇 대표 사례(일부)

제품명	핵심 기술 특징	주요 장점	주요 응용 분야
중국 Xiaomi (샤오미) 사이버 온e	자체 개발 Mi-Sense 심도 시각 모듈 + AI 알고리즘; 3D 공간 인식, 인물 식별, 제스처 및 표정 인식	높은 동작 정밀도, 빠른 반응 속도, 경량화된 기계 구조와 우수한 동력 출력 균형	복잡한 인간 움직임 모방에 능숙, 다양한 환경에서 유연한 상호작용에 초점
영국 Ameca	대형 모델 기반 언어 상호작용, 최적화된 얼굴 표정 구동 시스템	뛰어난 인간형 표현 능력, 높은 언어 상호작용 유연성	현재 가장 인간형 표현력이 뛰어난 휴머노이드 로봇 중 하나로, 감정 및 언어 상호작용 경험에 중점
중국 Fourier (푸리에) GR-1	멀티모달 대형 모델 기반 개발, 인간형 운동 제어 기술	동작의 유연성이 높고, 환경 적응성이 뛰어나며, 생체 모방 설계가 인간의 운동 구조에 근접	복잡한 환경에서의 운동 수행 및 다양한 작업 환경 적응에 초점
테슬라 Optimus Gen2	자동차 산업 공급망 기반 기술 활용, 하드웨어 설계 및 생산 공정 최적화	하드웨어 비용 대폭 절감, 동작 유연성 향상, 대량 생산 가능성 확보	대량 생산에 중점을 두고 비용 효율성과 실용적 응용 환경에 중점

이 단계의 휴머노이드 로봇 산업 발전은 "기술의 실제 적용 중심화"와 "산업 배치의 글로벌화"라는 특징을 동시에 보여주고 있다. 특히 산업 현장은 휴머노이드 로봇이 가장 먼저 적용되는 분야가 되었다. 예를 들어 중국 유비테크(UBTECH)의 Walker S1 로봇은 지커(Zeekr) 자동차 공장에서 물류 협력 운반 작업을 할 때 숙련 노동자의 약 70% 수준의 작업 효율을 보여준다. 또한 러쥐(LEJU, 乐聚)의 "콰푸(Kuavo, 夸父)" 로봇은 자동차 공장에 투입되어 중량 물체 운반, 부품 분류 등 반복적인 작업을 수행하고 있다[20]. 2025년 베이징 이좡에서 개최한 하프 마라톤 대회는 처음으

로 휴머노이드 로봇 참가 부문이 신설되었고, 20개 팀이 21.0975km를 완주하여 장거리 이동 능력과 안정성이 크게 향상되었음을 보여주었다.

[그림 1-13] 2025년 베이징 이좡 로봇 하프 마라톤 대회

산업 배치 측면에서 아시아·태평양 지역(중국·일본·한국이 주도)과 북미 지역이 주요 성장 동력이 될 것으로 전망된다. 국제로봇연맹의 예측에 따르면 2021년부터 2030년까지 전 세계 휴머노이드 로봇 시장 규모의 연평균 성장률은 71%에 이를 것으로 예상된다[21]. 2035년에는 휴머노이드 로봇 산업의 시장 규모가 약 380억 달러에 달할 것으로 전망된다[22].

상용화 측면에서는 베이징, 상하이, 선전, 미국 실리콘밸리, 한국 서울 등 주요 도시에서 휴머노이드 로봇 산업을 위한 전용 산업 펀드가 조성되었으며[23], 각국 관련 기업들도 시범 공급을 시작하였다. 이에 따라 산업은 연구실 중심 단계에서 점차 대규모 생산 단계로 전환되고 있다. 중국 기업의 경우 2025년 기준 Booster Robotics(加速进化)사의 휴머노이드 로봇

20) https://politics.gmw.cn/2025-04/21/content_37980116.htm
21) https://www.toutiao.com/article/7406553599360221748/
22) https://www.toutiao.com/article/7454088412836938274/
23) https://finance.sina.com.cn/stock/relnews/hk/2025-06-16/doc-infahqxy2952653.shtml

출하량이 700대를 넘어섰으며, 해외 고객 비중이 50% 이상으로 20여 개 국가의 대학 및 연구기관에 공급되고 있다. 또한 애지봇(AGIBOT Robotics)과 유니트리(Unitree Robotics) 등 기업들도 수천 대 규모의 양산을 실현하였다.

[그림 1-14] 2026년 베이징 이쫭 로봇 하프 마라톤 대회

2026년 4월 19일에 개최된 베이징 이쫭 로봇 하프 마라톤 대회는 2025년 대회와 비교하여 기술적으로 비약적인 발전을 보여주었다. 2025년이 '원격 조종'에 의존한 시범 무대였다면, 2026년은 '자율 주행'이 본격적으로 적용된 기술 검증의 장이 되었다.

2025년과 2026년 대회의 주행 방식, 항법 기술 등의 기술적 비교를 간단히 도표를 통해 설명하면 아래와 같다. 두 대회의 가장 큰 차이는 로봇이 스스로 판단하고 달리는 '자율성'의 유무와 이를 가능하게 한 '하드웨어 내구성'이다. 별도로 이번에 우승한 중국 기업 아너(Honor)에서 제작한 휴머노이드 로봇 Lightning(闪电)의 핵심 기술을 살펴보자. Lightning 로봇은 50분 26초라는 기록으로 인간 하프 마라톤 세계 신기록(57분대)을 뛰어넘었다.

	2025년 (제1회 대회)	2026년 (제2회 대회)
주요 주행 방식	자율 주행 확대 참가 팀의 약 40%가 완전 자율 주행으로 완주	원격 조정 (리모컨) 위주 운영자가 로봇을 따라 달리며 조종
항법 기술	UWB (초광대역) 반자율: 선행하는 운영자의 신호를 따라가는 수준	복합 센서 퓨전 + 위성 항법: 라이다, 카메라, IMU, 북두위성 등을 융합하여 독자적으로 경로 탐색
성능 및 내구성	저속 주행 및 과열: 완주 시간 2시간 40분, 관절 모터 과열로 중도 포기 다수 발생	인간 기록 경신 및 액티브 쿨링: 우승 기록 50분 26초 (인간 세계 신기록 경신). 수랭식 쿨링 시스템으로 과열 해결
대회 규칙	원격 조정과 자율 주행 구분 없음	자율 주행팀 우대, 원격 조정팀 기록에 1.2배 페널티 적용

놀라운 성능을 가능하게 한 3대 핵심 기술을 살펴보면 첫째, 라이다 (LiDAR) 및 시각 센서: 로봇의 '눈'이다. 로봇이 외부 환경을 인식하고 장애물을 피하는 핵심 장치이다. Lightning 로봇은 단일 센서에 의존하지 않고, 라이다(LiDAR)와 시각 카메라를 결합하여 360도 주변 환경을 실시간으로 맵핑할 수 있다. 21km 코스에 존재하는 급커브, 경사로, 다른 로봇, 관중 등 동적/정적 장애물을 감지하고 회피 경로를 생성할 수 있다. 특히 라이다는 거리 정보를 정밀하게 제공하여 로봇이 어두운 곳이나 복잡한 지형에서도 '거리감'을 잃지 않고 달릴 수 있게 할 수 있고 중국의 라이다 기술력 향상을 보여주었다. 둘째는, 인공위성 항법 (북두 위성 시스템) 으로써 로봇의 위치 인식 보조시스템이다. 로봇이 21km라는 긴 거리를 이탈하지 않고 완주할 수 있게 해주는 '나침반' 역할을 했다. 대회 조직위원회는 모든 로봇에 북두 위성 기반의 스마트 어깨 배지를 장착했다. 일반적인 GPS가 수 미터의 오차를 보인다면 이 시스템은 센티미터(cm) 단위

의 고정밀 위치 정보를 제공할 수 있다. 이로써 장거리 주행 시 로봇이 자신의 절대적인 위치를 파악하여 코스를 벗어나지 않도록 보정해 주는 역할을 수행했다. 세 번째는 IMU (관성 측정 장치) 및 모션 컨트롤 기술로서 로봇의 '평형감각을 지원하는 기술이다. 고도화된 IMU는 로봇의 가속도, 각속도, 자세 등을 측정하여 넘어지지 않고 평행을 유지하게 한다. Lightning은 고속 주행 중에 발생하는 진동과 충격 속에서도 자신의 자세(기울기 등)를 정밀하게 파악하는 것이 가능하게 설계되었다. IMU 데이터는 모션 컨트롤 알고리즘에 실시간으로 전달되어, 로봇이 달리는 동안 발이 땅에 닿는 순간순간 균형을 잃지 않도록 관절 토크를 제어한다. 이는 앞서 설명한 위성 항법 데이터만으로는 순간적인 넘어짐을 막기 어렵기 때문에, IMU 데이터가 라이다/카메라 데이터와 결합해 로봇이 '빠르게 달리면서도 넘어지지 않는' 인간과 유사한 주법을 구현할 수 있게 하는 기술이다. 마지막으로 수랭식 쿨링 시스템이다. 2025년 대회 로봇들이 과열로 인해 자주 멈췄다면, Lightning 로봇은 고출력 액체 펌프를 탑재한 수랭식 쿨링 시스템을 적용했다. 이 시스템은 분당 4리터 이상의 열교환을 수행하여, 고속 주행으로 달궈진 모터와 관절 부위의 열을 식혀주어 50분 대의 고속 주행을 지속할 수 있게 했다.

요약하자면, 2026년 대회는 로봇이 사람의 조종 없이 북두 위성 시스템으로 위치를 확인하고, 라이다와 IMU로 균형을 잡으며 달리는 기술적 자립을 증명하는 대회였으며, 우승한 아너의 Lightning은 여기에 수랭식 쿨링이라는 내구성 기술까지 완벽하게 결합하여 승리를 거머쥐었다.

2

중국 로봇
시장의 현황

2.1. 시장 현황

2.2. 산업 추진 요인과 제약 요인

2.3. 중국 정책 지원 체계

2.4. 사용자 수요 분석

중국 휴머노이드 로봇: 유니트리, 애지봇, 유비테크, 갤봇, 케플러 등 사업 현황 및 기업 발전 보고서

02 | 중국 로봇 시장의 현황

2.1. 시장 현황

2.1.1. 글로벌 휴머노이드 로봇 시장 현황

(1) 시장 규모

글로벌 휴머노이드 로봇 시장은 현재 기술 연구 개발과 개념 검증 단계에서 초기 상업화 탐색 단계로 전환되는 중요한 과도기에 있다. 전체 시장 규모의 기반은 아직 크지 않지만 향후 성장 전망은 매우 높은 것으로 평가된다. 고공컨설팅(高工咨询)이 발표한 「2024 중국 휴머노이드 로봇 산업 발전 블루북」(이하 "《2024中国人形机器人产业发展蓝皮书》")에 따르면, 2024년 글로벌 휴머노이드 로봇 시장 규모는 약 10억 1,700만 달러이며, 2030년에는 약 150억 달러 규모에 이를 것으로 전망된다. 또한 2024년부터 2030년까지 연평균 성장률(CAGR)은 56% 이상에 달할 것으로 예상되며, 글로벌 휴머노이드 로봇 판매량 역시 1만 1,900대에서 60만 5,700대 수준으로 증가할 것으로 전망된다[24].

이러한 높은 성장 전망의 배경에는 인공지능, 정밀 구동 기술, 센서 등 핵심 기술의 빠른 발전과 함께 다양한 산업에서 자동화 솔루션에 대한 수요가 급증하고 있다는 점이 있다. 그러나 현재 시장 규모의 주요 수요는 여전히 연구기관과 대학의 장비 구매, 그리고 일부 제한된 특수 응용 환경

---

24) 출처: 高工咨询 《2024中国人形机器人产业发展蓝皮书》

(예: 고급 전시, 연구 플랫폼 등)에서의 시범적 상업 적용에서 발생하고 있다는 점을 분명히 인식할 필요가 있다. 대규모 보급을 위해서는 기술, 비용, 산업 생태계 등 여러 측면에서의 장애를 여전히 극복해야 한다.

(2) 응용 분야

기술 발전의 관점에서 볼 때 현재 휴머노이드 로봇 연구 개발은 실용성과 안정성을 기본 방향으로 하며 과도하게 복잡한 기능 구현보다는 실제 활용 가능성을 중시하고 있다. 휴머노이드 로봇 개발 초기에는 기업들이 보행이나 달리기와 같은 복잡한 운동 능력을 중심으로 설계하여 인간의 관절 구조를 그대로 모방하는 방식이 일반적이었다. 이러한 접근 방식은 로봇이 인간과 유사한 동작을 수행할 수 있도록 하는 데 기여하였다. 그러나 로봇 기술의 궁극적인 목적은 실제 생활과 산업 환경에서의 활용에 있기 때문에 현재 산업의 중심 관심은 로봇의 작업 수행 능력과 환경 적응 능력으로 점차 이동하고 있다.

ChatGPT와 같은 인공지능 대형 모델의 발전은 자율형 로봇의 "지능 시스템" 구축에 중요한 기반을 제공하고 있다. 기업들은 대형 모델이 가진 강력한 정보 통합 능력과 자연스러운 상호작용 능력을 로봇의 물리적 구조와 결합함으로써 "임바디드 인텔리전스"를 구현하고 있다. 이러한 임바디드 인텔리전스 기술은 휴머노이드 로봇이 단일 작업만 수행하는 기계에서 벗어나, 모호한 인간의 명령도 이해하고 스스로 상황을 분석할 수 있는 범용 지능형 보조 시스템으로 발전하는 데 중요한 역할을 할 것으로 기대된다.

응용 분야의 확장은 초기에는 산업 분야를 중심으로 시작되어 점차 서비스 분야로 확대되는 추세를 보이고 있지만, 완전한 상업적 가치 사슬은 아직 **형성되지 않았다**. 현재 글로벌 산업계의 공통된 전략은 기업 고객 (Business end) 중심의 응용 환경을 우선적으로 공략하는 것이다. 특히 제조업과 물류·창고 분야처럼 자동화 수요가 높고 투자 대비 효과(ROI)가 명확한 산업이 주요 적용 분야로 인식되고 있다. 예를 들어 테슬라의 Optimus 로봇은 우선적으로 자사 슈퍼팩토리 생산 환경에서 활용될 계획이며, Agility Robotics의 Digit 로봇은 아마존 등 물류 기업과 협력하여 창고 운반 작업 테스트를 진행하고 있다. 이러한 로봇들은 대부분 통제된 환경에서 정해진 명령에 따라 생산 라인처럼 작업을 수행하며, 아직 완전한 자율적 사고 능력을 갖추고 있는 것은 아니다.

또한 서비스 분야에서도 휴머노이드 로봇의 시범 적용 사례가 점차 증가하고 있다. 예를 들어 소매 매장의 안내 서비스, 공공 접객 서비스, 의료 재활 보조 등의 분야에서 활용이 시도되고 있다. 그러나 기술적·윤리적 제약으로 인해 현재 대부분의 프로젝트는 여전히 초기 단계에 있으며 실제 적용 규모는 아직 제한적인 수준에 머물러 있다.

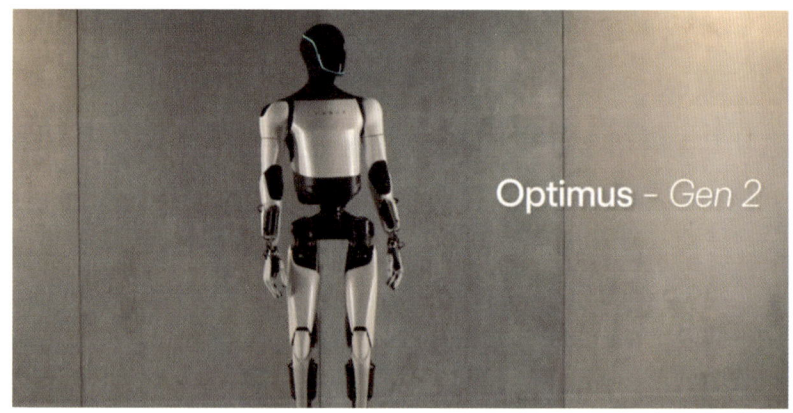

[그림 2-1] 테슬라 'Optimus' 로봇

(3) 자본 시장

휴머노이드 로봇 개념이 등장하면서 자본 시장의 투자 열기도 빠르게 높아졌다. 2022년 초 인공지능 기술이 급속히 발전하면서 많은 기업들이 휴머노이드 로봇 분야에 주목하기 시작했고, 관련 분야에 대한 벤처 투자 규모도 지속적으로 확대되었다. 예를 들어 Figure AI는 2024년에 마이크로소프트, 엔비디아 등 여러 기업과 협력하여 총 6억 7,500만 달러의 자금을 조달하였다[25]. 그러나 연구 개발이 점차 고도화되면서 휴머노이드 로봇의 개발 주기가 길고 투자 수익률이 기대에 미치지 못한다는 점이 드러났으며, 향후 실제 응용 가능성도 여전히 불확실한 상황이라는 인식이 확산되었다. 이에 따라 현재 자본 시장은 보다 신중하고 이성적인 투자 방향으로 전환되고 있다. 투자 자금은 독자적인 모터, 감속기, 제어 알고리즘 등 핵심 기술을 보유하고 있으며 명확한 응용 환경과 실현 가능한 상업화 일정표를 제시할 수 있는 선도 기업에 집중되는 경향을 보이고 있다. 반면 핵심 기술 기반이 부족하고 명확한 비즈니스 모델이 없는 개념 중심 기업들은 자금 조달이 점점 어려워지고 있다.

[그림 2-2] 2023년 3월, 1세대 로봇 'Figure01' 출시

---

25) https://ca.mofcom.gov.cn/sqfb/art/2024/art_9abd1ca7b81045b98b60a2a7ee934aa9.html

(4) 경쟁 구도

글로벌 휴머노이드 로봇 시장은 "중국과 미국이 선도하고, 한국·일본· 유럽이 뒤따르는" 차별화된 경쟁 구도를 보이고 있다. 주요 기술 기업과 혁신적인 스타트업이 함께 기술 발전을 추진하고 있으며, 각국은 자국의 산업 기반과 자원 여건을 바탕으로 산업 체인의 다양한 단계에서 핵심 경쟁력을 형성하고 있다. 산업 체인 관점에서 보면 중국과 미국은 인공지능 알고리즘 발전, 완제품 로봇 개발 역량, 공급망 통합 능력을 바탕으로 주도적 위치를 차지하고 있으며, 일본과 한국은 핵심부품과 정밀 제조 분야에 집중하여 기술 장벽을 구축하고 있다. 유럽연합은 산업 현장 적용 기술과 윤리·안전 규범 분야에서 독자적인 경쟁력을 형성하고 있다. 이러한 경쟁 구도는 향후 3~5년 동안 지속될 것으로 예상되며, 선도 기업의 기술 성숙과 상업화 진전과 함께 글로벌 시장의 집중도도 더욱 높아질 것으로 전망된다.

2026년 1월 6일부터 9일까지 미국 라스베이거스에서 개최된 CES 2026은 세계 기술 산업의 중요한 흐름을 보여주는 행사로, 이번 전시회의 주제는 "AI 라이프(AI Life)"였다. 전시는 인공지능과 물리적 하드웨어의 융합 성과를 중점적으로 보여주었다. 공식 자료에 따르면 이번 CES에는 4,000개 이상의 기업이 참가했으며, 이 중 중국 기업은 942개로 약 22%를 차지하여 여전히 세계에서 두 번째로 많은 참가 기업을 기록하였다. 특히 여러 세부 분야에서 중국 기업은 단순히 수적 우위를 넘어 실질적인 주도적 위치를 보인다. 예를 들어 38개의 휴머노이드 로봇 전시 기업 가운데 21개가 중국 기업이었으며, 휴머노이드 로봇과 같은 "AI + 하드웨어" 분야에서 중국 기업들이 중심적인 역할을 하고 있다. 시장조사 기관

Omdia는 Zhiyuan Robotics, Unitree Robotics, Tesla 등의 기업이 현재 글로벌 휴머노이드 로봇 산업의 1차 선도 그룹에 속해 있으며, 기술 검증 단계를 넘어 대규모 상업화 단계로 산업을 이끌고 있다고 평가하였다[26].

[그림 2-3] CES 2026

글로벌 산업 체인의 경쟁 구조는 "선도 기업 중심 집중"과 "세부 분야별 상호 보완"이라는 특징을 동시에 보인다. 국가별로 산업 체인 각 단계에서의 강점이 비교적 명확하게 구분되어 있으며, 이를 통해 글로벌 휴머노이드 로봇 산업 생태계가 형성되고 있다. 미국은 인공지능 대형 모델, 고성능 반도체, 완제품 로봇 혁신 분야에서 선도적 위치를 차지하고 있으며, 중국은 완전한 제조업 체계를 기반으로 핵심부품부터 완제품 로봇까지 전 산업 체인에 걸친 발전을 이루고 있다. 일본과 한국은 정밀 감속기와 서보 모터 등 핵심부품 분야에서 여전히 강력한 경쟁력을 유지하고 있으며, 독

---

26) https://finance.sina.com.cn/tech/roll/2026-01-10/doc-inhfvnnm4761140.shtml

일과 스위스 등 유럽 국가들은 산업용 로봇의 유연 협업 기술과 센서 기술 분야에서 전통적인 강점을 가지고 있다. 이러한 세부 분야별 강점의 상호 보완성은 글로벌 산업 체인이 상호 의존적인 협력 구조를 형성하도록 만들고 있다. 예를 들어 미국 테슬라의 Optimus 로봇 핵심 감속기는 여전히 일본 나브테스코(Nabtesco)의 공급에 의존하고 있으며, 중국 UBTECH의 Walker 시리즈 로봇 일부 고급 센서는 독일 기업으로부터 공급받고 있다. 또한 중국의 대부분의 휴머노이드 로봇은 현재까지는 엔비디아의 GPU를 선호하고 있다.

1. 미국: 기술 장벽과 생태계 구축의 이중 전략으로 고급 시장을 주도

미국은 로봇 연구를 맨 먼저 시작한 국가 중 하나이며, 현재 휴머노이드 로봇 연구가 가장 활발하게 이루어지고 있는 지역 가운데 하나이다. 미국은 혁신을 핵심으로 하고 시장을 중심으로 하는 정책 지원 체계를 통해 휴머노이드 로봇 산업을 발전시켜 왔다. 2009년 이후 미국 정부는 여러 부처가 공동으로「국가 로봇 로드맵(National Robotics Roadmap)」을 발표하기 시작했으며, 이 문서는 4년마다 업데이트되고 있다. 이 로드맵은 또한 미국의「국가 로봇 이니셔티브(National Robotics Initiative, NRI)」추진의 기반이 되었다.

2024년에 발표된 최신 버전은 캘리포니아대학교, 펜실베이니아대학교, 텍사스대학교 오스틴 캠퍼스 등 미국의 10개 주요 대학과 제너럴일렉트릭(GE) Vernova 등이 공동으로 발표하였다. 이 문서는 인공지능의 활용 확대, 노동력 부족 문제 해결, 지속가능성 강화 등의 핵심 과제를 중심으로 향후 10년간 로봇 기술 발전의 전략적 방향을 제시하고 있다[27].

또한 2025년 7월 23일 미국 백악관은 「경쟁에서 승리하기: 미국 인공지능 행동 계획(Winning the Race: America's AI Action Plan)」을 발표하였다. 이는 인공지능과 로봇 분야에서 미국이 제시한 최신 국가 전략이다. 이 계획은 규제 완화와 행정 절차 간소화를 통해 인공지능 혁신을 촉진하고, 데이터센터, 반도체 제조, 에너지(특히 원자력) 등 핵심 인프라 구축을 강화하며, 인공지능 기술이 다양한 산업에 확산되도록 추진하는 내용을 포함하고 있다. 특히 로봇 분야에서 인공지능의 군사적 활용 확대를 강조하고 있다. 이 계획은 세 가지 핵심 축으로 구성되어 있는데, 첫째 인공지능 혁신 가속, 둘째 인공지능 인프라 구축, 셋째 국제 인공지능 외교 및 안보 주도이다. 이는 규제 완화와 인프라 투자를 통해 산업 발전을 촉진하려는 미국의 정책 방향을 보여준다.

첨단 기술 연구 개발 측면에서도 미국 정부의 여러 기관이 오랜 기간 로봇 기술에 대한 투자와 지원을 지속해 왔다. 미국 국방고등연구계획국(DARPA)과 국립과학재단(NSF) 등은 로봇 연구 개발 프로그램을 운영하며 다양한 프로젝트에 투자하고 있다. 예를 들어 DARPA 로보틱스 챌린지(DARPA Robotics Challenge)와 NSF의 로봇 기초 연구 프로그램(FRR) 및 국가 로봇 이니셔티브(NRI) 등이 대표적인 지원 사례이다[28].

27) http://mkc.cmes.org/topic/news-detail/manufacturing/134130/466718
28) https://mp.weixin.qq.com/s?__biz=MzA5MzE5MDAzOA==&mid=2664246750&idx=1&sn=4437
53d61556c22f9fa7de7039f82e4d&poc_token=HAkgPWmj9LKk8oaCmFwhvZdjTni2Xm8fylJjL
7RB

[그림 2-4] DARPA 로봇 챌린지, 카네기멜론
대학교의 'CHIMP' 로봇

휴머노이드 로봇 기술 혁신 측면에서 미국이 오랫동안 세계 선두를 유지해 왔다. 특히 운동 제어 분야에서 보스턴 다이내믹스는 동적 균형과 복잡한 운동 제어 기술에서 여전히 뚜렷한 기술적 우위를 보인다. 'Atlas' 로봇이 보여준 달리기, 점프, 공중제비 등의 고정밀 동작은 현재 휴머노이드 로봇 운동 제어 기술의 최고 수준을 대표하는 사례로 평가된다. 또한 하드웨어 분야에서도 미국 기업들은 핵심부품과 소재 기술에서 지속적인 혁신을 이어가고 있다.

테슬라는 정교한 로봇 손을 포함한 핵심부품을 자체 개발하여 피아노 연주나 바늘에 실을 꿰는 것과 같은 정밀 작업을 수행할 수 있도록 하였다. 여러 기업이 전기 구동, 유압 구동, 공기압력 구동 등 다양한 기술 경로를 동시에 탐색하고 있으며, 전기 활성 고분자(Electroactive Polymer), HASEL 액추에이터와 같은 지능형 소재 분야에서도 연구를 진행한다.

산업 측면에서도 미국의 휴머노이드 로봇 기업들은 상업화 적용을 빠르게 추진하고 있다. 테슬라와 보스턴 다이내믹스는 미국 휴머노이드 로봇 산업을 대표하는 선도 기업으로, 이미 상업화 가능성에 주목하고 있다. 테슬라는 Optimus 프로젝트를 회사의 미래 핵심 전략으로 설정하고 자동차 산업에서 구축된 공급망을 활용하여 Optimus의 생산 비용을 2만 달러 이하로 낮추는 것을 목표로 하고 있다[29]. 만약 연간 100만 대 수준의 생산이 가능해진다면 비용 경쟁력은 더욱 강화될 것으로 예상된다. 보스턴 다이내믹스 역시 현대자동차 그룹에 인수된 이후 상업화 추진 속도를 높이고 있다. 보스턴 다이내믹스는 현대자동차 그룹이 향후 몇 년간 미국에서 수만 대 규모의 로봇을 구매할 계획이라고 발표하였다. 실제로 현대자동차 그룹은 2021년부터 자사 시설에서 Spot 로봇 개를 활용해 산업 검사와 예측 유지보수를 수행하고 있으며, 향후 공장 환경에 Atlas 휴머노이드 로봇을 도입할 계획이다. 이러한 주문은 현재까지 세계 최대 규모의 휴머노이드 로봇 주문으로 평가된다[30]. 또한 글로벌 물류 기업 DHL은 Stretch 로봇을 물류 분류 및 운반 작업과 같은 생산 라인에 투입한다.

미국에서는 기술 혁신 역량이 뛰어난 스타트업도 다수 등장하고 있다. 예를 들어 Agility Robotics는 아마존의 투자를 유치했으며, 'Digit' 로봇은 이미 아마존 창고에서 택배 분류 작업을 수행하고 있다[31]. Figure AI 는 2025년에 'Figure 03'을 발표하여 달걀을 집거나 옷을 접는 등 매우

29) https://www.eeo.com.cn/2025/0515/726816.shtml
30) https://www.thepaper.cn/newsDetail_forward_30614481?commTag=true
31) https://www.toutiao.com/article/7508927776267780627/

높은 수준의 정밀 조작 능력을 보여주었으며, 현재는 유료 고객에게 시스템을 공급하기 시작하였다[32]. 또한 Apptronik은 메르세데스-벤츠 등 주요 산업 기업과 협력 관계를 구축했으며, 'Apollo' 휴머노이드 로봇을 물류 환경에서 테스트하고 있다[33].

산업 공급망의 업스트림 분야에서도 미국은 칩, 알고리즘, 완제품 제조에 이르는 비교적 완전한 기술 생태계를 형성하고 있다. 반도체 분야에서는 엔비디아가 Thor 칩 기반 컴퓨팅 플랫폼과 Isaac Sim 시뮬레이션 환경을 제공하여 로봇의 "지능(대뇌)" 역할을 지원하고 있다[34]. 알고리즘 분야에서는 실리콘밸리를 중심으로 형성된 대형 모델 생태계를 기반으로 미국 기업들이 대형 언어 모델과 로봇 제어 기술을 깊이 결합하여 로봇의 자율 의사결정 능력을 크게 향상시키고 있다. 예를 들어 2024년 보스턴 다이내믹스와 OpenAI가 공동으로 진행한 'Atlas' 로봇 시연에서는 자연어 명령만으로 복잡한 작업을 수행하는 모습을 보여주었다.

[그림 2-5] 보스턴 다이내믹스의 'Atlas' 로봇

32) https://xueqiu.com/5675075225/356893520
33) https://36kr.com/p/3589487362899974
34) https://xueqiu.com/1689987310/350031583

2025년 글로벌 휴머노이드 로봇 분야의 투자 거래 규모는 사상 최고치를 기록하였다. 미국 기업들은 기술 장벽과 혁신적인 비즈니스 모델을 기반으로 자금 조달 규모와 기업 가치 측면에서 여전히 우위를 유지한다.

2. 일본: 핵심부품 경쟁력은 유지, 완제품 로봇 개발은 차별화 전략으로 전환

일본의 휴머노이드 로봇 관련 정책은 시대 변화에 맞추어 점진적으로 발전해 왔다. 1960~70년대 일본은 노동력 부족 문제를 해결하기 위해 "로봇 국가" 전략을 제시하고 로봇 기술을 통한 생산 자동화를 추진하였다. 이러한 정책 환경은 WABOT 시리즈 휴머노이드 로봇 개발의 기반이 되었다. 이후 글로벌 휴머노이드 로봇 경쟁이 점차 치열해지자, 일본은 완제품 로봇 개발에서 상대적으로 경쟁력이 약화 된 상황을 고려하여 「로봇 신전략」을 발표하였다. 이 전략은 설비 투자 세액 공제와 연구 개발 보조금 등을 통해 중소기업이 정밀 감속기, 서보 모터, 유연 센서 등 로봇 핵심 부품 개발에 집중하도록 장려함으로써 일본이 전통적으로 강점을 가진 정밀 제조 분야의 경쟁력을 강화하는 데 초점을 맞추고 있다.

2025년 9월 일본 내각부 기술전략회의는 휴머노이드 로봇 장기 개발 방침을 확정하였다. 이 계획에 따르면 일본의 "문샷형 연구 개발 프로그램(Moonshot R&D Program)"을 통해 범용 휴머노이드 로봇을 개발하고, 2030년 이전에 시제품을 제작하여 핵심 기술을 확보하며, 2050년까지는 학습을 통해 자율적으로 판단하고 인간과 동등하거나 그 이상의 신체 능력을 가진 로봇을 개발하는 것을 목표로 하고 있다[35].

---

35) https://www.toutiao.com/article/7569917293606502954/

일본 정부는 휴머노이드 로봇 분야에 지속적으로 재정을 투입하고 있다. 2025 회계연도 기준 인공지능 관련 예산은 1,969억 엔에 달하며[36], 이를 통해 로봇 기술이 자율 학습과 인간-로봇 협력 방향으로 발전하도록 지원하고 있다. 일본 경제산업성(METI)은 2024년에 약 32억 달러를 투입하여 로봇 기술의 산업 적용을 촉진하고 있으며, 특히 제조업과 물류, 의료·돌봄 서비스, 소매업 등 노동 집약적 산업을 중심으로 지원을 강화하고 있다[37].

또한 일본 정부는 중소기업이 로봇 산업에 참여하도록 적극 지원하고 있다. METI는 2025년 6월 "전국 로봇·지역 협력 네트워크(이하, "RING 프로젝트")"를 출범시켰으며, 홋카이도, 후쿠시마, 아이치, 효고, 히로시마 등 16개 지방정부와 금융기관, 대학, 농업협동조합 등이 참여하였다. 이 프로젝트는 로봇 활용 코디네이터 양성, 지역 로봇 경진 대회 개최 등을 통해 농촌 지역 중소기업이 로봇 기술을 신속히 도입하도록 지원하여 노동력 부족을 완화하고 생산성을 높이는 것을 목표로 하고 있다[38].

일본은 "인간-로봇 공존"이라는 개념을 기반으로 임바디드 인텔리전스 발전을 체계적으로 추진하고 있다. 핵심 목표는 환경 인지와 자율 의사결정 능력을 갖춘 분산형 지능 시스템을 구축하는 것이다. 기술 경로에서는 생체 모방 기술과 나노 기술의 융합을 강조하고 있으며, 예를 들어 체내 삽입형 로봇과 같은 새로운 기술도 연구되고 있다. 또한 기존의 작업 중심 로봇을 넘어 "인지형 AI" 개발을 중점적으로 추진하여 환경 인지부터 윤리적 판단까지 포함하는 종합적인 지능을 구현하는 것을 목표로 하

---

36) http://jjckb.xinhuanet.com/20250610/e8bc9cd92b7941debea5f98e136ff00f/c.html
37) https://www.sohu.com/a/950193183_122014422
38) http://www.casisd.cas.cn/zkcg/ydkb/kjzcyzxkb/2025/zczxkb202508/202509/t20250929_7982112.html

고 있다. 응용 분야에서는 의료·돌봄 서비스(평생 동반 로봇), 재난 구조, 연구 협력의 세 가지 분야에 중점을 두고 있으며, "2050 문샷 계획"에서는 인간과 로봇이 상호 학습하는 협력 체계를 구축하고 궁극적으로는 공동 연구를 통해 노벨상을 수상하는 수준의 과학적 성과를 달성하는 것을 목표로 제시하고 있다. 최종적으로는 "인간 가설-AI 검증"이라는 새로운 연구 패러다임을 구축하여 임바디드 인텔리전스를 통해 사회의 지속 가능한 발전을 추진하려는 전략을 제시하고 있다[39].

일본의 휴머노이드 로봇 산업은 "초기 시작은 빠르지만 전환은 느리고, 핵심부품 경쟁력은 강한" 특징을 보이고 있다. 휴머노이드 로봇 연구 개발 기업 수는 세계적으로 상위권에 속하며, 2024년 기준 글로벌 휴머노이드 로봇 완제품 기업 수 통계에 따르면 일본에는 26개의 기업이 존재하여 중국(43개)과 미국(28개)에 이어 세계 3위를 기록하였다[40]. 그러나 2018년 이후 일본의 대표적인 휴머노이드 로봇 제품들이 잇따라 생산 중단 또는 사업 축소를 겪으면서 한때 전략적 후퇴 상황에 놓이기도 했다.

혼다의 대표 휴머노이드 로봇 ASIMO는 2018년에 연구 개발 종료가 발표되었다. 주요 이유는 시장 수요 부족, 기술 방향 변화, 경쟁 심화, 그리고 높은 연구 개발 비용 대비 낮은 수익성 등이었다. ASIMO 한 대의 제작 비용은 약 250만 달러에 달했지만 실제 활용성이 부족하여 지속 가능한 비즈니스 모델을 구축하지 못하였다.

또한 소프트뱅크의 Pepper 로봇도 2021년 6월 개인 소비자 대상 판매가 중단되었으며, 2024년 6월에는 완전히 생산이 종료되었다. 기업용 버

---

39) https://www.worldrobotconference.com/news/latestnews/3118.html
40) https://weibo.com/ttarticle/p/show?id=2309405137312106545411

전은 일정 기간 소량 생산이 유지되었으나, 약 19만 8천 엔 수준의 비교적 낮은 가격에도 불구하고 높은 고장률과 기계적인 대화 경험 등으로 인해 실제 응용 환경에서 여러 비판을 받았다.

완제품 로봇 개발의 어려움에 직면하면서 일본 기업들은 산업 전략을 조정하기 시작하였다. 2020년 12월 소프트뱅크는 약 1조 원(약 9억 2천만 달러)에 보스턴 다이내믹스 지분 80%를 한국 현대자동차 그룹에 매각하였으며, 해당 거래는 2021년 6월 완료되었다. 이는 소프트뱅크가 로봇 사업에서 경영 차원의 전략적 축소를 선택했음을 보여준다. 동시에 혼다 역시 ASIMO 개발을 중단하고 자율주행, 인공지능, 돌봄 로봇 등 상업적 잠재력이 더 큰 분야에 연구 자원을 집중하기로 결정하였다.

[그림 2-6] 중국 'PEPPER' 로봇

완제품 로봇 개발 분야에서는 어려움을 겪고 있지만, 일본은 휴머노이드 로봇의 운동 제어, 정밀 제조, 핵심부품 연구 개발 등 기술 영역에서 여전히 세계적인 경쟁력을 유지하고 있다. 특히 일본은 휴머노이드 로봇 운동 제어 기술에서 오랜 기술 축적을 보유하고 있다. 와세다대학교의 WABOT 시리즈에서 혼다의 ASIMO에 이르기까지, 일본은 이족 보행, 균형 제어, 협응 운동 등 핵심 기술 분야에서 세계적인 수준의 성과를 달성하였다. 또한 로봇 소재와 제조 공정 분야에서도 일본의 기술적 강점은 여전히 두드러진다. 일본의 휴머노이드 로봇은 일반적으로 탄소섬유 강화 플라스틱(CFRP), 고강도 알루미늄 합금과 같은 첨단 소재와 정밀 제조 공정을 적용하여 구조적 강성을 유지하면서도 경량화를 실현하고 있다.

아울러 일본의 하모닉 드라이브(Harmonic Drive)사는 핵심부품인 하모닉 감속기를 생산하는 대표적인 기업으로, 2024년 기준 전 세계 생산 능력이 약 150만 대에 달한다[41]. 이는 글로벌 휴머노이드 로봇 산업에서 핵심부품을 공급하는 중요한 역할을 하고 있다. 이와 함께 일본은 정밀 감속기, 토크 센서, 모터 등 핵심부품 분야에서 축적된 기술력과 제조 능력을 바탕으로 글로벌 휴머노이드 로봇 산업 발전을 뒷받침하는 중요한 기반을 제공하고 있다.

[그림 2-7] 일본 'ASIMO' 로봇

41) https://pdf.dfcfw.com/pdf/H3_AP202504061652392145_1.pdf

일본이 휴머노이드 로봇 발전에서 직면한 주요 병목 요인 중 하나는 인공지능(AI) 기술 경쟁력의 부족이다. 인터넷 시대부터 클라우드 컴퓨팅 시대에 이르기까지 일본은 관련 산업에서 세계 선두 국가들에 비해 뒤처져 왔으며, 이는 인터넷과 클라우드 기술을 기반으로 발전하는 인공지능 산업에서도 동일하게 나타났다. AI 시대에 들어 미국에서는 구글, 메타, Anthropic과 같은 기업들이 대형 언어 모델을 빠르게 출시하였고, 중국에서도 DeepSeek과 같은 유니콘 기업이 등장했지만 일본은 AI 분야에서 여전히 "추격자"의 위치에 머물러 있다. 일본 내 AI 전문 인력 부족도 심각한 문제로 지적되며, 일본 최고 연구기관 중 하나인 이화학연구소(RIKEN)의 연구진 가운데 약 40%가 외국인 연구자로 구성되어 있다. 또한 고수준 학술 논문의 생산량 역시 중국과 미국에 비해 여전히 낮은 수준에 머물러 있다.

이러한 AI 기술 경쟁력의 한계를 극복하기 위해 일본은 새로운 기술 경로를 모색하고 있다. 일본 과학기술진흥기구(JST) 산하 연구 개발전략센터(CRDS)는 「물리적 인공지능 시스템의 연구 개발: 임바디드 인텔리전스와 로봇 기술의 융합」이라는 보고서를 발표하여 인공지능과 로봇 기술을 결합한 "피지컬 AI(Physical AI)" 연구 개발을 추진하고 실제 환경에 적응할 수 있는 로봇 기술 혁신을 목표로 하고 있다. 또한 일본은 생체 모방 기술과 나노기술을 결합하는 새로운 연구 방향도 탐색하고 있으며, 예를 들어 체내 삽입형 로봇과 같은 첨단 기술 분야에서 차별화된 경쟁력을 확보하려는 시도를 진행하고 있다[42].

---

42) https://www.jst.go.jp/crds/report/CRDS-FY2025-SP-01.html

3. 유럽연합: 안전·윤리와 산업 응용 중심의 차별화된 경쟁력 구축

유럽연합은 휴머노이드 로봇 분야에서 세계에서 가장 엄격한 규제 체계를 구축하고 있으며, 안전과 윤리를 핵심 가치로 하면서 혁신과 규제의 균형을 추구하는 정책 체계를 형성하고 있다. 유럽연합의 「AI 법(AI Act)」은 2024년 8월 1일 공식 발효되었으며, 이는 세계 최초의 포괄적 인공지능 규제 법안이다. 이 법안은 휴머노이드 로봇을 고위험 인공지능 시스템으로 분류하고 있으며, AI 시스템을 네 가지 위험 수준(허용 불가 위험, 고위험, 제한 위험, 최소 위험)으로 구분한다. 휴머노이드 로봇은 인간과의 밀접한 상호작용과 잠재적인 안전 위험 때문에 일반적으로 고위험 시스템으로 분류되며, 가장 엄격한 규제 요건을 준수해야 한다. 고위험 AI 시스템은 포괄적인 위험 관리 체계를 구축해야 하며, 정확한 문서 기록을 유지하고 학습 데이터의 신뢰성을 확보해야 한다. 또한 자동화로 인한 피해 위험을 줄이기 위해 인간의 감독이 반드시 필요하다[43]. 2025년 2월 2일부터는 해당 법안 제5조의 금지된 인공지능 활용 규정이 시행되었으며, 정부의 사회 신용 평가 시스템, 예측형 치안 활동, 공공장소 실시간 생체 인식 기술 등의 사용이 금지되었다.

유럽연합은 또한 "호라이즌 유럽(Horizon Europe)" 프로그램을 통해 로봇 연구 개발에 대규모 재정 지원을 제공하고 있다. 이 프로그램의 총 예산은 955억 유로(약 1,000억 달러)이며 2027년까지 시행된다. 2023년부터 2025년까지 로봇 관련 연구 프로젝트에는 약 1억 7,400만 유로가 투자되었으며, 2024년 4월 개정 이후에는 인공지능, 데이터 및 로봇 기술, 청정 에너지 전환, 혁신 의료 분야 등이 주요 지원 대상으로 포함되었다[44].

---

43) https://www.mhc.ie/hubs/the-eu-artificial-intelligence-act/eu-ai-act-high-risk-ai-systems

유럽의 휴머노이드 로봇 산업은 "산업용 로봇은 강하지만 휴머노이드 로봇은 상대적으로 약한" 특징을 보인다. 독일의 KUKA와 스위스의 ABB 와 같은 전통적인 산업용 로봇 기업들은 자동차 제조 등 분야에서 유연 협업 로봇 기술을 통해 세계적인 경쟁력을 보유하고 있지만, 휴머노이드 로봇 완제품 개발에는 상대적으로 적극적이지 않은 상황이다. 2025년 기준으로 두 기업 모두 휴머노이드 로봇 완제품을 출시하지 않았으며, 산업 환경에 적용 가능한 관련 기술 개발에 주력하고 있다.

반면 일부 신생 기업들은 특정 분야에서 중요한 성과를 거두고 있다. 북유럽 기업 1X Technologies는 휴머노이드 로봇 분야에서 주목할 만한 기술 발전을 이루었다. 이 회사는 세계 최초로 약 2만 달러 가격대의 상용 휴머노이드 로봇 NEO를 출시하였다. NEO의 기본 가격은 2만 달러이며, 소비자는 200달러의 예약금을 통해 주문할 수 있고 월 499달러의 구독 방식도 선택할 수 있다. 이 로봇은 키 168cm, 무게 30kg이며 부드러운 3 차원 격자형 폴리머 외피를 사용하고 방수 기능을 갖춘 손 구조를 채택하였다. 또한 옷 접기, 문 열기, 물건 가져오기, 조명 끄기 등의 작업을 수행할 수 있으며 노인이나 경미한 도움이 필요한 사람들을 위한 동반 서비스도 제공할 수 있다[45].

44) https://ifr.org/ifr-press-releases/news/robotics-research-goverment-programs-asia-europe-and-amer
ica-2025
45) https://www.ageclub.net/article-detail/7288

[그림 2-8] '1X' 로봇

2023년부터 2030년까지 유럽 휴머노이드 로봇 시장의 연평균 성장률 (CAGR)은 약 52%로 전망되며, 그중 독일이 지역 시장의 핵심 국가로 자리하고 있다. 독일의 시장 규모는 2030년까지 약 20억~25억 달러에 이를 것으로 예상된다. 영국과 프랑스의 연평균 성장률은 각각 약 51%, 54%로 전망된다[46]. 유럽의 휴머노이드 로봇 기업 수는 비교적 적은 편이며, 주요 기업으로는 PAL Robotics(스페인), Engineered Arts(영국), 1X Technologies(노르웨이), Enchanted Tools(프랑스) 등이 있다[47].

유럽 휴머노이드 로봇 산업 생태계는 다음과 같은 특징을 보인다. 첫째, 기술 표준과 안전 규범을 매우 중시하며, 유럽 기업들은 국제 표준 제정 과정에서 중요한 역할을 수행하고 있다. 둘째, 인간과 로봇의 협업 및 안전한 상호작용을 강조하는데, 이는 유럽의 엄격한 노동 보호 규정과 안전

---

46) https://www.mordorintelligence.com/zh-CN/industry-reports/humanoids-market
47) https://finance.sina.com.cn/roll/2025-03-10/doc-inepcnct9930658.shtml

중심 문화와 밀접한 관련이 있다. 셋째, 지속가능한 발전을 중요하게 여기며, 로봇 설계 과정에서 에너지 효율성과 환경 보호 요구를 적극적으로 반영한다. 넷째, 산학연 협력이 매우 긴밀하여 유럽의 연구기관과 대학들이 휴머노이드 로봇 기초 연구 분야에서 강한 경쟁력을 갖추고 있으며 산업 발전을 위한 기술적 기반을 제공하고 있다.

유럽연합의 휴머노이드 로봇 산업은 안전성, 신뢰성, 지속가능성을 핵심 가치로 삼고 있으며 특히 인간-로봇 협업과 윤리 규범 분야에서 독특한 경쟁 우위를 형성하고 있다. 예를 들어, 유럽연합이 지원하는 FORTIS 프로젝트는 완전한 인간-로봇 상호작용 솔루션 개발을 목표로 하며[48], 음성·제스처·시선 등 다양한 방식의 멀티모달 커뮤니케이션을 기반으로 인간과 자연스럽게 상호작용할 수 있는 시스템을 연구하고 있다. 이는 향후 휴머노이드 로봇 상호작용 기술 발전에 중요한 참고 모델이 되고 있다.

또한 2025년 7월 유럽연합은 Robustif AI, AIXPERT, TRUMAN 등 세 개의 프로젝트를 발표했으며, 총 2,140만 유로를 투자하여 설명 가능하고 신뢰성이 높은 인공지능 시스템을 개발하고 있다. 이는 「AI 법(AI Act)」에서 요구하는 고위험 인공지능 시스템의 투명성과 책임성을 충족하기 위한 것이다[49].

이와 함께 유럽 기업들은 표준화와 모듈화 기술 개발에도 적극적으로 참여하고 있다. 이들은 인간-로봇 협업의 안전성과 친환경 설계를 강조하는 동시에, 모듈형 인터페이스를 통해 시스템의 재구성 및 업그레이드 가

---

48) https://www.horizon-europe.gouv.fr/sites/default/files/2024-03/cnect-he-2022-2023-ai-data-robotics-projects-pdf-10476.pdf

49) https://hadea.ec.europa.eu/news/discover-three-new-eu-funded-projects-explainable-and-robust-ai-ai-data-and-robotics-partnership-2025-07-15_en

능성을 높여 개발 비용을 절감하고 기술 유연성을 향상시키고자 한다[50].
또한 유럽은 힘·촉각·시각 센서 분야에서 전통적인 기술 우위를 가지고 있
으며, 독일과 스위스 기업들이 생산하는 정밀 센서와 부품은 휴머노이드
로봇에 고해상도 하드웨어와 실시간 인터페이스를 제공하는 중요한 역할
을 하고 있다.

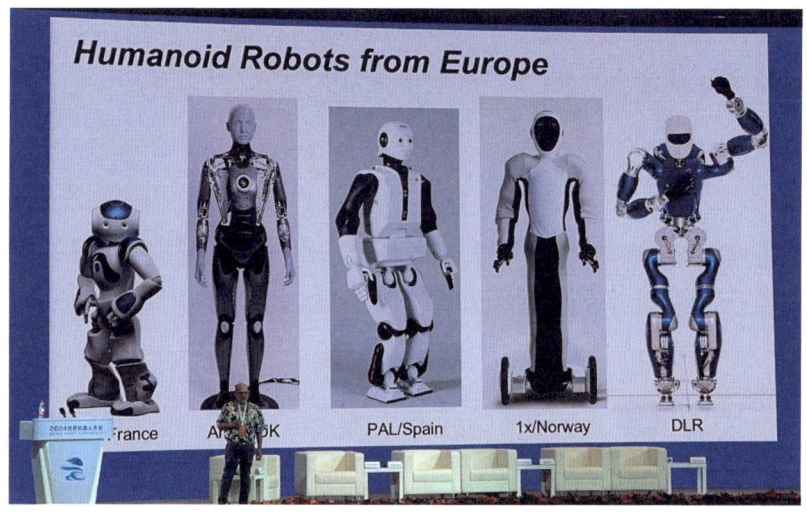

[그림 2-9] 일부 유럽 국가에서 출시된 휴머노이드 로봇

다른 국가 및 지역과 달리 유럽의 휴머노이드 로봇 활용 분야는 일정한
지역적 특색을 보인다. 고령화 문제에 대응하기 위해 영국은 국가 연구혁
신청(UKRI) 등을 통해 돌봄형 휴머노이드 로봇 연구 개발을 지속적으로
지원하고 있다. 유럽의 돌봄 로봇은 주로 요양원, 병원, 가정 등에 배치되
어 노인과 장애인이 일상생활에서 일어나기, 걷기, 식사하기, 약 복용하기

50) https://www.sohu.com/a/861299065_255580

등 기본적인 활동을 수행하도록 돕는다. 또한 센서와 인공지능 기술을 활용하여 건강 상태 모니터링, 긴급 호출, 안전 경보 등의 기능도 제공한다[51].

2.1.2. 중국 휴머노이드 로봇 시장 현황

(1) 시장 규모

중국은 이미 세계에서 휴머노이드 로봇 산업이 가장 활발하게 발전하고 있는 시장 중 하나로 자리 잡았다. 중국은 핵심부품부터 완제품 제조, 시스템 통합에 이르기까지 비교적 완전한 산업 체인을 구축하고 있으며 시장 성장 동력도 매우 강하다. 고공자문(高工咨询)이 발표한 「2024 중국 휴머노이드 로봇 산업 발전 블루북」(이하 "《2024中国人形机器人产业发展蓝皮书》)에 따르면, 2024년 중국 휴머노이드 로봇 시장 규모는 약 21억 5,800만 위안이며 2030년에는 약 380억 위안에 이를 것으로 전망된다. 2024년부터 2030년까지 연평균 성장률(CAGR)은 61%를 초과할 것으로 예상된다[52]. 또한 중국 휴머노이드 로봇 판매량은 약 4,000대 수준에서 27만 1,200대까지 증가할 것으로 전망되며 시장 잠재력이 크고 성장 속도도 매우 빠르다.

(2) 산업 생태계

휴머노이드 로봇 시장의 발전은 정책적 지원과 밀접하게 관련되어 있으며, 정책 주도형 발전은 중국 시장의 가장 뚜렷한 특징이다. 중국은 「제14차 5개년 로봇 산업 발전 계획」(이하 "《"十四五"机器人产业发展规划》)부

---

51) https://file.jgvogel.cn/125/upload/resources/file/614631.pdf
52) 출처: 高工咨询 《2024中国人形机器人产业发展蓝皮书》

터 중국공업정보화부가 발표한 「휴머노이드 로봇 혁신 발전 지도 의견」
(이하 《人形机器人创新发展指导意见》)에 이르기까지 국가 차원에서 휴
머노이드 로봇 산업에 강력한 정책적 지원을 제공하고 있다.

　동시에 베이징, 상하이, 선전 등 주요 도시에서도 다양한 지원 정책을
잇달아 발표하며 휴머노이드 로봇 산업 발전을 적극적으로 추진하고 있
다. 예를 들어 연구 개발 보조금 제공, 투자 유치, 로봇 산업단지 조성 등의
방식으로 산업 성장을 지원하고 있다. 이러한 "집중된 자원을 통해 중점
산업을 빠르게 발전시키는" 체제적 장점은 해당 분야로의 자원 집중을 가
속화하고 기술 연구 개발과 산업화 과정의 시간을 단축시키는 역할을 하
고 있다.

[그림 2-10] 2025 중국 휴머노이드 로봇 생태대회

　기업 생태계는 다양한 기업들이 각자의 강점을 바탕으로 동시에 참여
하며 경쟁하는 구조를 형성하고 있다. 중국 시장 참여자들은 매우 다양한
특징을 보인다. 첫째, UBTECH를 대표로 하는 기업들은 소비자용 및 상
업용 휴머노이드 로봇에 집중한 선도 기업으로, 'Walker' 시리즈 로봇의

지속적인 업그레이드를 이루고 있으며 상용화 가능성을 적극적으로 탐색하고 있다. 둘째, 샤오미(Xiaomi)와 드리미(Dreame) 등을 대표로 하는 소비전자 및 스마트 가전 기업들은 모터, 센서, 대규모 생산 경험을 바탕으로 시장에 진입하고 있으며, 샤오미의 'CyberOne'이 대표적인 사례이다. 셋째, 유니트리(Unitree)와 Fourier(푸리에 인텔리전스)와 같은 하드테크 스타트업들은 각각 운동 제어(유니트리(Unitree)의 'H1')와 로봇 범용 관절 기술(Fourier(푸리에)의 'GR-1') 등 핵심 기술 분야에서 중요한 돌파구를 마련하고 있다. 넷째, 바이두와 텐센트와 같은 인터넷 대기업들은 오랜 기간 축적해 온 클라우드 컴퓨팅과 데이터베이스 기술을 기반으로 네트워크 생태계를 구축하며 로봇의 "AI 두뇌" 기능을 지속적으로 강화하고 있다. 이러한 다양한 주체들의 협력 속에서 휴머노이드 로봇 시장의 활력은 점차 확대되고 있다.

기술적 관점에서 보면, 현재 중국 기업들은 주로 "운동 제어"와 "AI 기반 기술 적용"이라는 두 가지 방향에서 휴머노이드 로봇을 개발하고 있다. 한편으로는 인체 모방 관절 구조와 고토크 밀도 모터 등을 연구하여 로봇의 운동 협응 능력을 강화하고, 다양한 지형에서도 자율적으로 이동하며 동적 균형을 유지할 수 있도록 하는 데 집중하고 있다. 로봇 동역학 연구 분야에서는 Unitree(유니트리, 宇树科技)와 AGIBOT(智元机器人) 등이 대표적인 기업으로 꼽힌다. 다른 한편으로 중국 기업들은 Deepseek, 알리바바의 Qwen(通义千问), 바이두의 ERNIE Bot(文心一言) 등 중국산 AI 대형 모델을 휴머노이드 로봇에 탑재하여 외부 환경을 인지하고 자극에 대해 자율적으로 반응할 수 있도록 하는 연구를 진행하고 있다. 이를 통해 로봇이 개인화된 응답을 생성하는 능력을 갖추도록 하고 있다. 연구 개발 단계에서 중국 기업들은 성능 향상과 동시에 비용 절감을 중요 목표로 삼고 있으며, 효율성을 높이면서도 저비용 생산 체계를 구축하는 새로운 경로를 모색하고 있다.

응용 측면에서 보면 중국은 아직 "Business end 시장이 주도하고 Consumer end 시장은 탐색 단계에 있는" 구조를 보이고 있다. 현재 중국 내 휴머노이드 로봇의 상용화 시도는 크게 세 가지 핵심 분야에 집중되어 있다. 첫째, 자동차 조립과 3C 전자 생산 라인 등 산업 제조 분야의 정밀 작업이다. 둘째, 과학기술 전시관 안내, 은행 로비 스마트 안내 등 상업 서비스 분야의 활용이다. 셋째, 연구·교육 보조와 긴급 구조 시뮬레이션 등 특수 작업 분야이다.

소비자 시장의 경우 가정용 동반 로봇이나 노인·장애인 돌봄 로봇 등은 장기적으로 큰 잠재력을 가지고 있지만, 현재로서는 기술 성숙도가 충분하지 않고 제조 비용이 높으며 안전과 개인정보 보호 체계도 아직 완전히 구축되지 않았기 때문에 대부분의 프로젝트가 개념 제품 전시나 사용자 인식 형성 단계에 머물러 있다. 그러나 중국 제조업의 고도화 전환에 대한 수요, 급속한 인구 고령화로 인한 다양한 서비스 수요, 그리고 활발한 인터넷 소비 시장이라는 세 가지 요소가 결합 되면서 휴머노이드 로봇의 미래 응용 시장에는 매우 큰 잠재적 성장 공간과 발전 기회가 형성되고 있다.

[그림 2-11] 하이얼(Haier, 海尔)과 러쥐(Leju, 乐聚)가 협력하여
국내 최초의 가정용 서비스 휴머노이드 로봇을 발표

(3) 시장 구조

시장 구조 측면에서 보면 베이징, 상하이, 광둥 등 여러 성·시는 휴머노이드 로봇 혁신센터를 설립하여 산업 발전을 지원하고 있으며, 그 결과 '징진지 도시군(京津冀 – 베이징·톈진·허베이)', '장강삼각주 도시군(长三角 – 상하이·장쑤·저장·안후이 등)', '웨강아오 도시군(粤港澳 – 선전, 광저우, 홍콩, 마카오 등)' 등 여러 지역이 동시에 산업 발전을 추진하는 지역별 발전 구조가 형성되었다. 이러한 구조는 지역별로 산업을 집중적으로 발전시키면서 각 지역의 특성을 살리고 강점을 발휘할 수 있도록 한다.

징진지 도시군은 베이징(北京)을 중심으로 발전하고, 톈진(天津)과 허베이(河北)가 각기 특화된 산업 경쟁력을 갖춘 휴머노이드 로봇 산업 구조를 형성하고 있다. 이 지역은 풍부한 혁신 자원을 보유하고 있으며, 휴머노이드 로봇 분야에서 기술 혁신 역량이 특히 두드러진다. 베이징은 징진지 도시군 휴머노이드 로봇 산업 발전의 핵심 지역으로, 베이징대학교, 칭화대학교, 베이징이공대학교, 베이징항공항천대학교, 중국과학원 자동화연구소 등 중국을 대표하는 지능형 로봇 연구 대학과 연구기관이 집중되어 있다. 또한 휴머노이드 로봇 혁신센터가 설립되어 있으며, 샤오미, 갤봇(Galbot, 银河通用机器人), 로봇에라(Robot Era, 星动纪元), Booster Robotics(加速进化), 로봇에라(RobotEra,星动机器人), 아이언맨 로봇(钢铁侠), 웨이징 로봇(伟景机器人) 등 휴머노이드 로봇 완제품 기업들이 자리하고 있다. 이와 함께 인스 로봇(因时机器人), 즈통과학기술(智同科技), 칭넝더창(清能德创) 등 핵심부품 기업들도 산업 생태계를 구성하고 있으며, 특수 로봇, 의료 로봇, 물류 로봇, 서비스 로봇 등 다양한 분야에서 경쟁력을 갖추고 있다.

텐진과 허베이 역시 특화된 로봇 산업 클러스터를 형성하고 있으며 휴머노이드 로봇 산업 발전 기반이 탄탄하다. 특히 텐진은 수중 무인기와 산업용 무인기 분야에서 일정한 산업 집적 효과를 형성하고 있다. 허베이성은 특수 로봇과 이동형 로봇 분야에서 전국적으로 높은 시장 점유율을 보유하고 있다. 또한 징진지 도시군 3개 지역이 공동으로 개최한 2023년 징진지 산업망·공급망 대회에서는 6개의 초지역 산업 체인 지도가 발표되었는데, 이 가운데 로봇 산업 체인 지도도 포함되었다. 해당 계획은 핵심부품, 보조 부품 및 알고리즘 모듈, 로봇 본체, 시스템 통합 등 주요 산업 단계에서 기술 돌파를 이루고 국제 경쟁력을 갖춘 산업 집적 지역을 구축하는 것을 목표로 하고 있다.

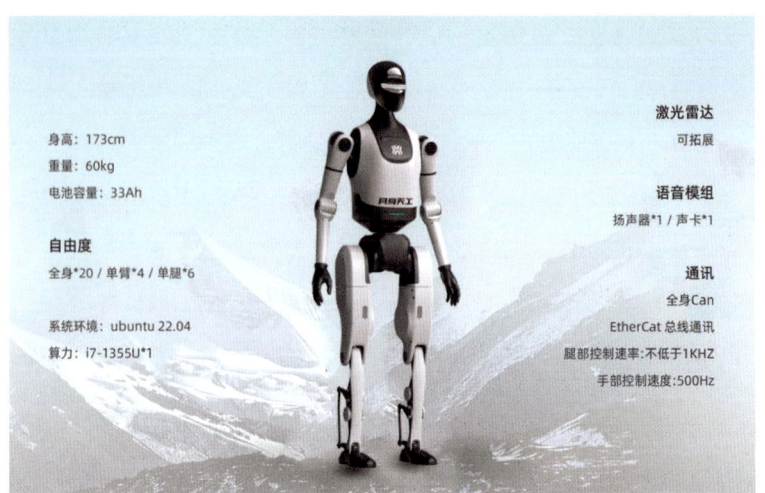

[그림 2-12] 베이징 휴머노이드 로봇 혁신 센터의 2.0 LITE 로봇

장강삼각주 도시군은 상하이(上海)를 중심으로 발전하고 장쑤(江苏)·저장(浙江)·안후이(安徽)가 각자의 강점을 발휘하는 휴머노이드 로봇 산업 발전 구조를 형성하고 있다. 이 지역은 전자정보 산업과 제조업 기반이 탄탄하며 로봇 산업 생태계도 비교적 완비되어 있다. 상하이에는 푸단대학교 지능형 로봇 연구원, 상하이교통대학교 원즈 로봇 연구원, 동제대학교 로봇 및 인공지능 연구원 등 풍부한 혁신 자원이 집적되어 있으며, Fourier(푸리에 인텔리전스, 傅利叶), AGIBOT(智元机器人), Dataa Robotics(达阀), Kepler Robot(开普勒) 등 로봇 본체 기업과 Kinco(步科) 주식회사, Moon's Electric(鸣志电器) 등 핵심부품 기업들이 모여 있다. 이들은 업스트림 핵심부품, 미드스트림 로봇 본체, 다운스트림 시스템 통합 및 최종 응용에 이르기까지 연결되어 지능형 로봇 산업의 비교적 완전한 산업 체계를 형성하고 있다. 2024년 12월 상하이는 또한 국가와 지방이 공동으로 구축한 국가급 공공 플랫폼인 '상하이 휴머노이드 로봇 혁

신센터'를 설립하였다[53].

　장쑤성에서는 이미 다수의 자체 지식재산권을 보유한 휴머노이드 로봇 제품이 등장하였으며, 휴머노이드형 로봇, 서비스 로봇, 특수 로봇 등 다양한 분야를 포함하여 난징(南京) 우시(无锡), 쑤저우(苏州) 등을 중심으로 산업 발전 선도 지역이 형성되었다. 그중 쑤저우의 Leju Robotics(乐聚)는 점프가 가능하고 다양한 지형에서 보행이 가능한 오픈소스 하모니OS 기반 휴머노이드 로봇 '콰푸(夸父)'를 발표하였다. 이는 세계 최초로 5G-A 기술을 탑재한 휴머노이드 로봇이자, 중국 최초의 점프 및 다양한 지형에서 보행이 가능한 오픈소스 하모니 OS 휴머노이드 로봇이다[54]. 또한 우시(无锡)는 UBTECH 산업용 임바디드 인텔리전스 로봇 산업단지를 유치하였으며, 12개 기업으로 구성된 '우시 휴머노이드 로봇 핵심부품 산업 연합'[55]을 설립하여 연구 개발, 제조, 시장 등 전반적인 분야에서 협력 체계를 구축하고 있다. 2026년 중국 춘절연환만회(춘완) 무대에 100대의 4족 로봇과 함께 참여하여 화제가 되었던 Magiclab Robotics(魔法原子)의 휴머노이드 로봇 MagicBot(小麦)도 우시에서 생산되고 있다.

　저장성은 항저우를 중심으로 정밀 감속기, 서보 모터, 구동기 등 핵심부품 분야에서 강한 경쟁력을 보유하고 있으며, 유니트리(Unitree) 테크놀로지, 저장대학교, 즈장(之江)연구소 등 휴머노이드 로봇 분야의 선도적인 연구 역량이 집적되어 있다. 저장대학교는 2006년 이후 네 세대에 걸쳐 '오공(悟空)' 시리즈 휴머노이드 로봇을 개발하였다. 또한 동쯔(动子)과학기술(닝보,宁波)유한회사가 개발한 소형 휴머노이드 로봇 BRUCE는 이미

53) https://www.zidonghua.com.cn/news/live/57373.html
54) https://news.cnr.cn/native/gd/kx/20251103/t20251103_527417303.shtml
55) https://baijiahao.baidu.com/s?id=1831691972067693230&wfr=spider&for=pc

고등교육 및 직업교육 분야에서 소량 출하가 이루어지고 있다. 유니트리 (Unitree) 테크놀로지는 전신형 범용 휴머노이드 로봇 Unitree 'H1'을 출시하였는데, 이는 동일한 규격의 로봇 가운데 세계적으로도 높은 성능을 갖춘 모델로 평가된다[56]. 또한 저장대학교 연구팀을 모태로 2017년에 설립된 딥로보틱스(Deep Robotics)는 항저우를 대표하는 세계적인 사족 보행 로봇 및 휴머노이드 로봇 제조사이다. 현재 중국 내 산업용 로봇개 시장의 약 80% 가까운 시장 점유율을 차지하는 선도 기업이다.

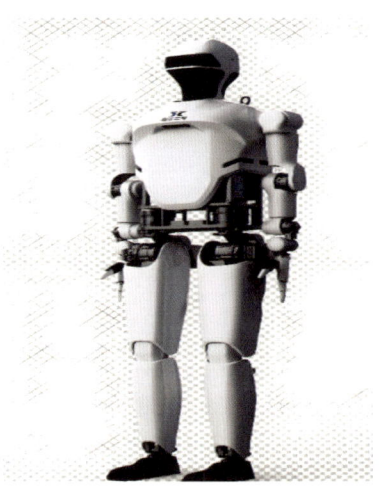

[그림 2-13] 안후이성 휴머노이드 로봇
산업 혁신센터가 개발한 '치장(启江) 2호'

안후이성은 로봇 본체, 핵심부품, 인공지능 알고리즘 등 분야에서 일정한 발전 기반을 갖추고 있으며, 산업 체인의 주요 단계에서 기술적 축적이 이루어지고 있다. 현재 안후이성에는 휴머노이드 로봇 관련 대학 및 연구

---

56) https://www.xinhuanet.com/tech/20250428/8515202f60a44972a435a2d5a4433a01/c.html

기관 연구팀 11개와 산업 체인 기업 21개가 활동하고 있으며, 휴머노이드 로봇의 '대뇌', '소뇌', '신체'에 해당하는 다양한 기술 영역에서 일정한 발전 기반을 갖추고 있다. 최근에는 장화이 첨단 기술 협동혁신센터가 주도하여 안후이성 휴머노이드 로봇 중점 실험실과 안후이성 휴머노이드 로봇 산업 혁신센터가 잇따라 승인되었으며, 해당 센터가 자체 개발한 '치장(启江) 1호'와 2호는 2024년 7월, 2024년 9월 각각 공개되었다. 동시에 휠형 로봇인 치장 휠 로봇은 지난달 26년 공개될 예정이다.

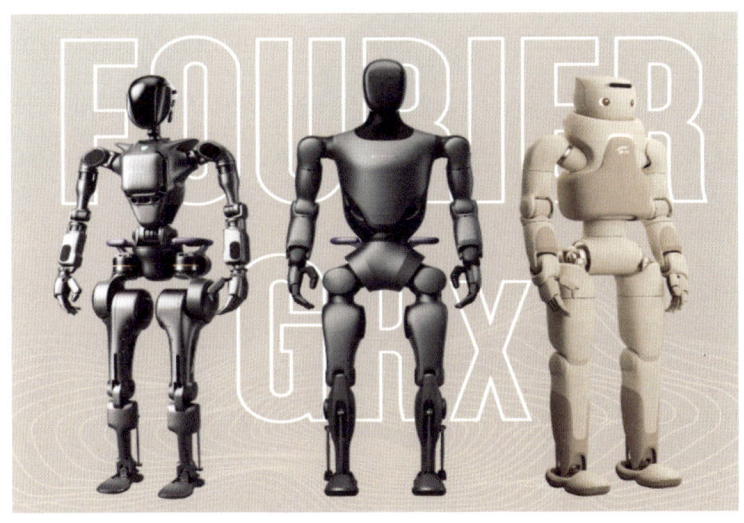

[그림 2-13] 상하이 푸리에(Fourier) 'GRx' 시리즈 로봇

웨강아오(粤港澳, 광둥성 9개도시, 홍콩, 마카오)도시군은 선전(深圳)을 중심으로 발전하고, 광저우(广州)·포산(佛山)·둥관(东莞)이 주요 발전 동력으로 작용하는 휴머노이드 로봇 산업 발전 구조를 형성하고 있다. 웨강아오도시군은 글로벌 휴머노이드 로봇 공급망의 중요한 집적 지역으로, 제어 기술과 서보 시스템 기술이 비교적 앞서 있으며 산업 금융 환경도 매

우 활발하다.

선전에는 인오테크(汇川技术), 레이사이 인텔리전트(雷赛智能), 오르비존(奥比中光), 다쭈 전동(大族传动), 퉁촨 과학기술(同川科技), 구가오 과학기술(固高科技) 등 다양한 휴머노이드 로봇 핵심부품 기업들이 모여 있으며, 감속기, 모터, 컨트롤러, 센서 등 핵심부품 분야를 포괄하고 있다. 또한 UBTECH, LumX Dynamics(주지동력, 逐际动力), Leju(러쥐, 乐聚)로봇 등 여러 로컬 휴머노이드 로봇 기업이 자리 잡고 있어 산업 발전의 선도적 우위를 확보하고 있다.

이와 함께 선전에는 선전 인공지능·로봇 연구원, 선전 지능형 로봇 연구원, 중국과학원 선전 첨단 기술연구원 지능형 바이오모방 연구센터, 홍콩중문대학교(선전) 로봇 및 인공지능 연구실 등 다양한 연구기관이 모여 있어 로봇 기술 연구 역량이 집중되어 있다.

또한 이미 다양한 휴머노이드 로봇 제품이 출시되었는데, 예를 들어 UBTECH의 'WalkerX', Leju 로봇의 '콰푸(夸父)', LimX Dynamics(주지동력, 逐际动力)의 'CL-1', Daimon Robotics(다이멍, 戴盟)의 'Sparky1' 등이 있다.

둥관은 강력한 제조업 기반을 갖추고 있으며, 화웨이도 둥관에 휴머노이드 로봇 회사를 설립하였다. 또한 광둥 톈타이 로봇 유한회사는 인간의 척추 구조를 모방한 기능을 갖춘 범용 휴머노이드 로봇 플랫폼을 최초로 출시하였으며, 전신에 64개의 자유도를 가진 휴머노이드 로봇을 발표하였다.

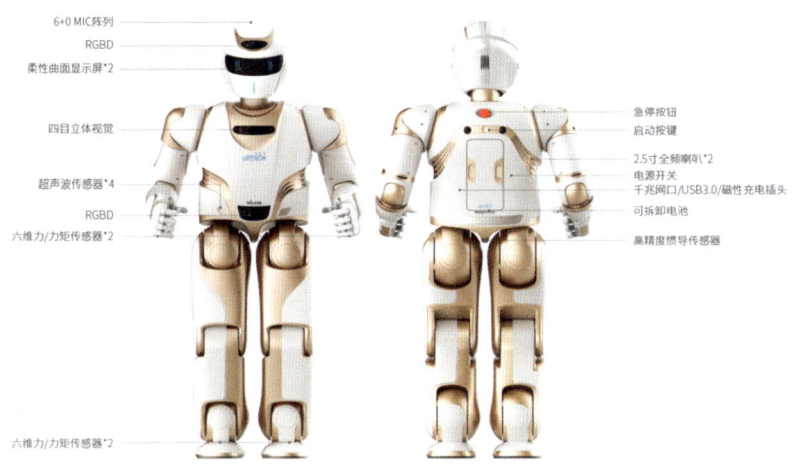

[그림 2-14] UBTECH(优必选)의 'Walker X' 로봇

2.2. 산업 추진 요인과 제약 요인

휴머노이드 로봇 산업은 지금 전례 없는 역사적 기회의 창 앞에 서 있다. 정책, 기술, 시장, 자본 등 다양한 요인이 동시에 작용하며 산업 발전에 강력한 동력을 제공하고 있다. 그러나 대규모 상용화로 나아가는 길은 여전히 길고 험난하다. 핵심 기술의 자주적 통제 가능성, 기술 성숙도와 비용 문제, 윤리·법규와 사회적 수용성 등 다양한 제약 요인이 서로 얽혀 복합적인 도전 과제를 형성하고 있다. 향후 산업의 발전은 핵심 기술 병목을 돌파하고, 건강한 산업 생태계를 구축하며, 사회발전과의 긍정적인 상호작용 사이에서 동적인 균형을 찾을 수 있는지에 달려 있다. 이는 기술 혁신, 산업 협력, 사회적 거버넌스가 함께 작동해야 하는 종합적인 시스템 과제라 할 수 있다.

2.2.1. 추진 요인

(1) 정책 체계의 전면적 지원

정책 지원은 휴머노이드 로봇 산업 발전을 촉진하는 핵심적인 외부 동력이다. 정책은 기업의 연구 개발 자금 부담을 직접적으로 완화할 뿐 아니라, 스마트 공장, 재활 의료, 긴급 구조 등 시험 적용 시나리오를 창출하고 산업 표준을 마련함으로써 기술 발전과 상용화 초기 단계의 장애물을 제거하고 산업 생태계 조성에 기여한다.

중국 정부는 최근 몇 년간 휴머노이드 로봇 산업 발전을 매우 중요하게 인식하고 있으며, 일련의 정책 지원을 통해 시장 성장을 강력하게 촉진하고 있다. 2023년 이후 중국은 휴머노이드 로봇 산업 관련 정책을 집중적으로 발표하기 시작하였다. 2023년 10월 공업정보화부는 「휴머노이드 로봇 혁신 발전 지도 의견」(이하 《人形机器人创新发展指导意见》)을 발표하며 "2025년까지 휴머노이드 로봇 혁신 체계를 기본적으로 구축하고, 2027년까지 기술 혁신 능력을 현저히 향상시킨다"는 목표를 제시했다[57].

지방정부 역시 적극적으로 대응하여 휴머노이드 로봇 기술 연구 개발 역량 구축을 가속화하고 있다. 상하이, 선전, 광둥 등 주요 경제 지역에서는 산업 지원 정책을 발표하고 연구 개발 보조금, 산업단지 조성 등을 통해 산업 발전을 적극 지원하고 있다. 예를 들어 베이징 로봇 산업 발전 투자 기금 규모는 100억 위안 규모로 조성되었으며, 관련 투자기업들은 애지봇 (AGIBOT), 유니트리(Unitree), 매크마인드(Mech-Mind Robotics), 갤봇(Galbot)과 같은 유니콘 기업에 투자하며 산업 생태계를 확장하고 있다.

---

57) https://www.miit.gov.cn/jgsj/kjs/wjfb/art/2023/art_50316f76a9b1454b898c7bb2a5846b79.html

(2) 기술 혁신을 통한 산업 발전의 '핵심 기반' 구축

　인공지능 기술의 비약적인 발전은 휴머노이드 로봇 지능화의 근본적인 동력이다. 최근 몇 년간 딥러닝, 강화학습, 대형 언어 모델(LLM), 비전 트랜스포머 등의 기술이 혁신적으로 발전하면서 로봇의 인식, 인지, 의사결정, 상호작용 능력이 크게 향상되었다.

　멀티모달 대형 모델의 등장으로 로봇은 복잡한 자연어 지시를 보다 정확하게 이해하고 동적인 환경에도 적응할 수 있게 되었다. 예를 들어 대규모 영상 데이터와 로봇 동작 데이터를 기반으로 학습한 모델을 통해 로봇은 관찰 학습을 통해 새로운 기술을 습득할 수 있다. 동시에 AI 칩의 연산 능력이 기하급수적으로 증가하고 엣지 컴퓨팅 기술이 발전하면서 이러한 복잡한 알고리즘을 로봇 본체에서 실시간으로 실행할 수 있는 하드웨어 기반도 마련되었다. 이로 인해 휴머노이드 로봇은 단순히 사전 프로그래밍된 작업을 수행하는 기계 장치에서 벗어나 자율 학습과 환경 적응 능력을 갖춘 "지능형 에이전트"로 발전하고 있다.

　또한 관련 기반 기술의 동시 발전도 휴머노이드 로봇 발전의 중요한 토대가 되고 있다. 휴머노이드 로봇의 발전은 재료 과학, 센서 기술, 정밀 제조, 동력 시스템 등 다양한 기술 분야의 발전과 밀접하게 연결되어 있다. 이러한 산업 기술 기반의 발전은 로봇 제조 비용을 낮추고 성능 향상을 가능하게 한다. 예를 들어 탄소섬유 복합소재와 고강도 경량 합금의 활용은 로봇 본체의 무게를 줄였으며, 고에너지 밀도 배터리와 고효율 모터 구동 기술은 로봇의 작동 시간과 동력 성능을 향상시켰다. 또한 MEMS 관성 센서, 라이다(LiDAR), 3D 비전 카메라 시스템은 정확한 환경 인식 능력을 제공하며, 고정밀 감속기와 서보 시스템은 유연한 움직임을 구현하는 핵심 실행 기반이 되고 있다.

(3) 로봇 산업을 활성화하는 수요 증대

노동 비용의 지속적인 상승과 구조적인 노동력 부족은 휴머노이드 로봇에 대한 강한 시장 수요를 창출하고 있다. 비용 절감과 생산 효율 향상, 그리고 노동력 부족 문제 해결을 위한 필요성은 기업과 투자 자본의 참여를 촉진하며 휴머노이드 로봇이 연구실 단계에서 실제 산업 현장으로 빠르게 이동하도록 만들고 있다.

휴머노이드 로봇은 인간과 유사한 형태를 가지고 있기 때문에 인간을 위해 설계된 작업 환경과 도구에 보다 자연스럽게 적응할 수 있다. 따라서 유연한 조립 작업, 고객 서비스, 노인 돌봄, 가정 보조 등의 다양한 분야에서 큰 잠재력을 가진다.

전 세계적으로 제조업, 물류, 돌봄 서비스 등 노동 집약적 산업에서는 고령화로 인한 노동력 감소, 젊은 노동 인구 감소, 인건비 상승 등의 문제를 동시에 겪고 있다. 이러한 상황에서 반복 작업, 위험한 환경, 높은 정밀도가 요구되는 작업 분야에서는 로봇을 활용해 인간 노동을 대체하거나 보조하는 것이 점점 더 경제적인 선택이 되고 있다.

또한 다양한 하위 응용 분야의 확대와 구체화는 산업 발전 방향을 더욱 명확하게 하고 있다. 특정 분야에서의 선도적 활용 사례(예: 테슬라 Optimus가 목표로 하는 산업 생산 분야)는 기술 개발에 실제 피드백을 제공하여 보행 안정성, 손의 정밀 조작, 장시간 작동 능력 등 핵심 기술 문제 해결에 집중할 수 있도록 한다.

기술이 성숙함에 따라 휴머노이드 로봇의 응용 분야는 점점 구체화되고 있다. 산업 분야에서는 정밀 조립, 설비 점검, 협업 물류 작업에 활용될 수 있으며, 상업 서비스 분야에서는 안내 서비스, 쇼핑몰 안내, 음식점 서빙 등에 활용될 수 있다. 또한 민생 분야에서는 가정용 동반 로봇, 재활 훈련, 교육 및 엔터테인먼트 분야에서 활용 가능성이 있으며, 특수 환경에서는 원자력 발전소 점검, 재난 구조, 우주 탐사 등 다양한 분야에서 활용될 수 있다.

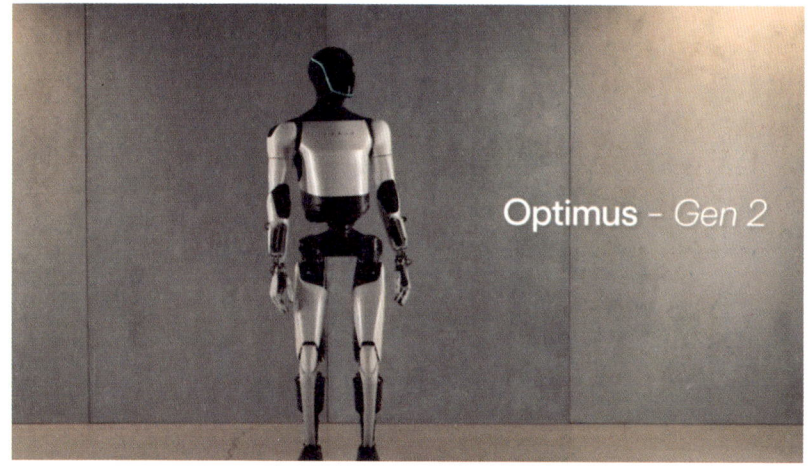

[그림 2-15] 테슬라 'Optimus' 로봇

(4) 산업 생태계의 집적 가속화와 '시너지 효과' 형성

자본 시장의 높은 관심과 투자는 강력한 자금 지원을 제공하고 있다. 휴머노이드 로봇 산업은 벤처캐피털, 기술 대기업, 산업 자본의 대규모 투자를 끌어들이고 있다. 테슬라, 구글, 아마존 등 기술 대기업들은 인수합병 또는 자체 연구 개발을 통해 산업에 깊이 참여하고 있으며, 보스턴 다이내믹스, UBTECH, Unitree, AGIBOT, Galbot 등 전문 로봇 기업들도 여러 차례의 대규모 투자 유치를 통해 자금을 확보하고 있다.

자본 시장은 연구 개발과 대규모 생산을 위한 막대한 자금을 제공할 뿐만 아니라, 자본이 보유한 자원 통합 능력, 시장 채널, 브랜드 효과 등을 통해 기술의 상용화와 산업화를 더욱 빠르게 추진한다. 또한 높은 기업 가치에 대한 기대는 더 많은 창업가와 연구 인력이 이 분야에 참여하도록 유도하며, 그 결과 "기술 돌파 → 자본 유입 → 인재 집적 → 추가 기술 혁신"이라는 선순환 구조가 형성되어 산업 전체의 발전을 촉진한다.

2025년 기준 중국 언론 보도에 의하면 150개 이상의 휴머노이드 로봇본체 기업이 존재하며, 이는 전 세계 기업 수(300개 이상)의 절반을 넘는다[58]. 또한 글로벌 휴머노이드 로봇 공급망에서 중국은 약 63%의 핵심부품 제조 비중을 차지하며 중요한 위치를 차지하고 있다[59]. 장강삼각주도시군(长三角城市群)[60]과 웨강아오도시군(粤港澳城市群)[61]은 핵심부품 연구 개발, 로봇 본체 제조, 응용 시나리오 개발 등 전 산업 체인을 포괄하는완전한 산업 클러스터를 형성하고 있다.

또한 선도 기업과 연구기관 간 협력이 활발하게 이루어지고 있다. 예를 들어 저장 휴머노이드 로봇 혁신센터는 여러 대학과 협력하여 운동 제어알고리즘을 공동 개발하고 있으며[62], 선전 로봇 산업단지는 플랫폼 협력

58) https://mp.weixin.qq.com/s?__biz=Mzk2NDQ0OTI4Mw==&mid=2247483866&idx=1&sn=795de909fa21b67410387cb233ee0451&poc_token=HDwBI2mjbbnUVEuRQc9Z-EgIHZaAHYtpV1L7UusE

59) https://mp.weixin.qq.com/s?__biz=MzE5MTczNTk4NQ==&mid=2247484337&idx=1&sn=1edc82f2f46c5a19553b32198a60ed4a&poc_token=HOABI2mj3kOtq-b969zNJN7dCtwGXETdLCy65L1n

60) https://www.thepaper.cn/newsDetail_forward_30174348

61) https://mp.weixin.qq.com/s?__biz=MzU3OTg1NDU4Mg==&mid=2247530851&idx=2&sn=f19cea61a00cf86ea8b362638fa75faa&poc_token=HGUCI2mjEUbZ9QLyZbqrYkm3kZJLVs4TSDjgpnL1

62) https://zjic.zj.gov.cn/ywdh/cyfz/202502/t20250218_23254603.shtml

메커니즘을 통해 부품 공급 "1시간 공급권"을 구축[63]하여 연구 개발과 생산 주기를 크게 단축하고 있다.

2.2.2. 제약 요인

(1) 기술 성숙도 부족과 핵심부품의 수입 의존

기술 성숙도와 신뢰성 부족은 대규모 상용화를 가로막는 중요한 제약 요인이다. 현재 휴머노이드 로봇 산업은 실험실 단계의 시제품에서 초기 상용화 단계로 전환되는 과도기 단계에 있으며, 로봇의 지능 수준도 대부분 특정하고 제한된 환경에서만 작동하는 수준에 머물러 있다. 일반 환경에서의 적용 능력은 아직 충분하지 않다.

특히 복잡하고 동적인 환경에서의 이족 보행 안정성, 복잡한 작업을 자율적으로 수행하는 능력, 인간과의 안전한 상호작용 보장, 장시간 무고장 운용 신뢰성 등 여러 측면에서 아직 산업 현장에서 요구되는 수준에 도달하지 못했다. 예를 들어 로봇이 넘어지거나, 갑작스러운 상황에 대한 대응이 느리거나, 작업 수행 성공률이 일정하지 않은 문제 등이 여전히 발생하고 있다.

또한 로봇 한 대당 가격이 수십만 위안에서 수백만 위안에 달할 정도로 높은 비용이 요구되며, 투자 대비 수익 회수 기간도 불확실하다. 이러한 요소들은 많은 잠재 고객들이 실제 도입을 망설이게 만드는 요인이 되고 있으며, 결과적으로 시장 규모가 빠르게 확대되는 것을 제한하고 있다.

---

63) https://mp.weixin.qq.com/s?__biz=MzU3OTg1NDU4Mg==&mid=2247530851&idx=2&sn=f19ce
a61a00cf86ea8b362638fa75faa&poc_token=HGUCI2mjEUbZ9QLyZbqrYkm3kZJLVs4TSDjgp
nL1

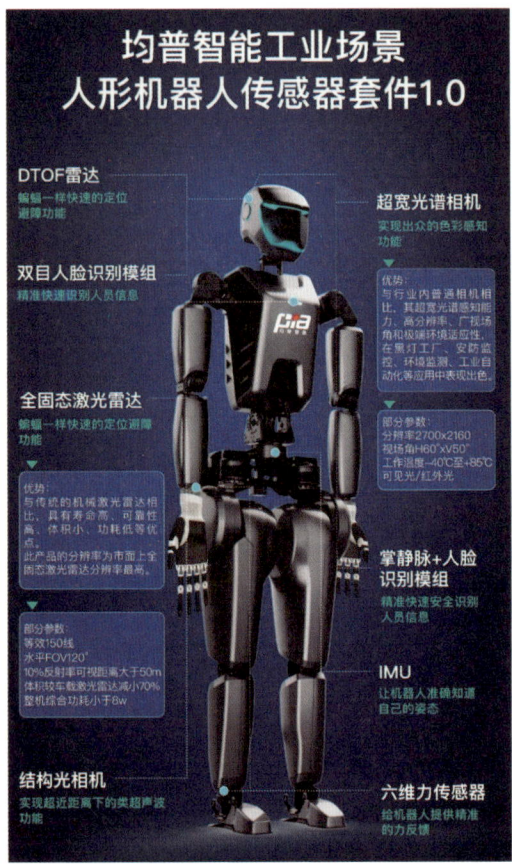

[그림 2-16] '쥔푸(均普)'지능형 산업 현장용
휴머노이드 로봇 센서 키트1.0

　핵심부품과 기초 기술의 대외 의존도가 높다는 점은 산업의 자립성과
비용 통제를 어렵게 하는 주요 요인이다. 휴머노이드 로봇의 우수한 성능
은 고정밀 감속기(예: 고조파 감쇠기, RV 감쇠기), 고성능 서보 모터 및 구
동 장치, 고급 힘 센서/토크 센서, 첨단 제어 칩 등 일련의 정밀 부품에 의
존하며, 이 분야의 기술은 여전히 일본, 독일, 스위스 등 일부 기업이 주도

하고 있다. 중국 자체 기술로 대체된 핵심부품 분야도 있지만 여전히 일관성, 신뢰성, 사용 가능 시간 등 주요 지표에는 차이가 있다. 중국 자체 기술 자립도가 낮은 핵심부품이 중국 휴머노이드 로봇의 핵심부품으로 많이 포함되어 있을수록 시장 경쟁력은 약화 된다. 이는 산업 공급망 안정성에도 위험을 초래하며 생산 확대와 가격 하락의 제한 요인으로 작용한다.

동시에 에너지 동력 시스템의 한계 역시 휴머노이드 로봇의 자율성과 작업 능력을 제약하는 중요한 요인이다. '배터리 지속 시간 문제'는 휴머노이드 로봇의 실용화에 있어 주요 장애물 중 하나이며, 잦은 충전이나 배터리 교체는 작업 효율과 사용자 경험을 크게 떨어뜨린다. 현재 리튬 배터리 등 주류 배터리 기술의 에너지 밀도는 제한된 부피와 무게 제약하에서 다수의 드라이브, 센서, 컴퓨팅 유닛을 탑재한 휴머노이드 로봇에 8시간 이상 고강도 작동 능력을 제공하는 것을 어렵게 한다. 동시에, 로봇이 이동 중 요구하는 높은 순간 전력은 관리 시스템에도 큰 부담이 된다. 따라서 고체 배터리 같은 더 높은 에너지 밀도의 에너지 저장 기술을 개발하거나 효율적인 에너지 회수 기술을 발전시키는 것은 극복해야 할 기술 과제이다.

(2) 표준 시스템 부재와 인재 부족

통합 표준 시스템의 부재는 산업 협력과 생태계 구축을 저해하고 있다. 휴머노이드 로봇 산업은 아직 초기 단계에 있으며, 하드웨어 인터페이스, 소프트웨어 플랫폼, 통신 프로토콜, 성능 테스트, 안전 평가 등 국제 통합 표준이 부족하다. 이 때문에 서로 다른 기업 제품 간 호환성이 낮고, 개발 도구 체계가 상호 연동되지 않으며, 응용 생태계가 분산되는 문제가 발생한다. 개발자들은 서로 다른 플랫폼에 맞추어 반복적인 작업을 수행해야 하므로 소프트웨어 개발과 응용 이전의 난이도와 비용이 증가한다. 또한 표준 부재는 제3자 부품 공급업체의 대규모 적응을 어렵게 만들어 산업 분업과 효율적인 협력 체계를 형성하는 데 장애가 된다. 따라서 산업 성숙과 규모 확대를 위해 설계, 제조, 시험, 평가, 응용까지 전 산업 체인을 아우르는 표준 시스템을 구축할 필요가 있다.

또한 인재 부족, 특히 학제 간 융합형 고급 인재의 부족도 중요한 문제이다. 휴머노이드 로봇 개발에는 기계공학, 전자공학, 컴퓨터 과학, 자동화, 인공지능, 인지과학, 재료공학 등 여러 분야의 지식을 융합하는 능력이 필요하다. 그러나 현재 대부분의 교육 시스템에서 배출되는 인재는 단일 학문 분야에 집중된 경우가 많으며, 하드웨어 설계와 알고리즘 개발을 동시에 이해하고 시스템 통합과 응용 환경까지 고려할 수 있는 복합형 인재는 매우 부족하다. 이러한 인재 구조의 부족은 기업의 혁신 속도와 문제 해결 능력을 제한하며 산업 발전을 제약하는 장기적 요인으로 작용한다.

(3) 연구 개발(R&D) 및 제조 비용 부담

높은 연구 개발 및 제조 비용 역시 제품 보급과 기술 발전 속도를 제한하는 요인이다. 휴머노이드 로봇은 기계, 전자, 정보 기술, 인공지능이 결합된 복잡한 시스템으로, 개발에는 다양한 분야의 최고 수준 인력과 장기간의 대규모 투자 자금이 필요하다. 설계, 시뮬레이션, 시제품 제작, 반복적인 시험 검증 과정까지 긴 시간이 요구되며 비용도 많이 든다. 또한 소량 생산 단계에서는 공급망이 아직 완전히 성숙하지 않았고 제조 공정도 복잡하기 때문에 높은 제조 비용 수준을 유지하고 있다. 반면 현재 명확한 수익을 창출할 수 있는 '킬러 애플리케이션'은 아직 충분히 등장하지 않았고 완전한 상업적 생태계도 형성되지 않았다. 이러한 "높은 투자, 느린 수익 회수" 구조는 많은 기업에 재정적 부담을 주며 장기적인 기술 혁신 투자에도 영향을 미칠 수 있다.

(4) 법·제도 미비와 사회 인식 문제

윤리, 안전, 법·제도 문제 역시 광범위한 사회적 논쟁과 불확실성을 초래하고 있다. 휴머노이드 로봇의 높은 인간 유사성과 보급률은 다양한 윤리적·사회적 문제를 제기한다. 예를 들어 개인정보 보호 문제(지속적인 환경 인식으로 인한 사생활 침해 가능성), 신체 안전 문제(기계 고장이나 의사결정 오류로 인한 사고 위험), 고용 문제(대규모 일자리 대체 가능성), 책임 소재 문제(로봇으로 인한 피해 발생 시 책임 주체 불명확), 군사적 활용 위험 등이 있다. 현재 전 세계적으로 휴머노이드 로봇에 특화된 법률, 안전 기준, 윤리 규범은 거의 마련되지 않은 상태이다. 이러한 규제의 불확실성은 기업이 제품을 정의하고 시장에 출시하는 과정에서 큰 부담이 되며, 대중의 거부감을 유발해 사회적 수용을 늦출 가능성도 있다.

또한 사회적 인식과 수용도 역시 장기간의 형성 과정이 필요하다. 기술 업계에서는 휴머노이드 로봇에 대한 기대가 높지만, 일반 대중의 인식은 양극화되어 있다. 한편에서는 공상과학 영화처럼 모든 기능을 수행할 것이라는 과도한 기대가 존재하고, 다른 한편으로는 기술 신뢰성, 안전성, 인간 일자리 대체에 대한 불안과 두려움도 존재한다. 특히 노인 돌봄, 교육 등 감정 교류가 필요한 분야에서는 로봇과 인간 사이의 정서적 유대와 가치 인식 형성이 단기간에 이루어지기 어렵다. 따라서 시장을 본격적으로 확대하기 위해서는 기술 발전뿐 아니라 장기적인 사회 소통, 과학기술 교육, 시범 사업 등을 통한 인식 개선이 필요하다.

2.3. 중국 정책 지원 체계

중국의 휴머노이드 로봇 정책 지원 체계는 "국가 전략 주도와 중앙·지방 정책 협력"이라는 특징을 보이며, 기술 연구 개발, 제품 제조, 시장 응용을 연결하는 강력한 추진력을 형성하고 있다. **국가 차원의 정책**은 산업 발전의 청사진을 제시하고 핵심 기술 돌파와 제도적 환경 구축에 초점을 두어 장기적 전략 방향을 제시한다. 반면 **지방 정책**은 보다 유연하고 지역 특성에 맞게 설계되어 투자 유치, 응용 시나리오 개방, 산업 생태계 구축, 금융 지원 등 다양한 방식으로 경쟁과 협력을 동시에 추진한다.

정책의 효과는 설계뿐 아니라 실행에도 달려 있다. 관련 부처는 중복 투자와 비효율적인 산업단지 조성을 방지하고 지역 간 산업 체인 협력을 강화하며 보조금 정책도 무차별적인 지원 방식에서 벗어나, 보다 정밀하고 효과적인 지원 방식으로 전환할 필요가 있다. 앞으로 정책의 초점은 연구 개발과 제조 장려에서 더 나아가 응용 생태계 구축과 글로벌 거버넌스 참여로 확대되어야 하며, 이를 통해 중국 휴머노이드 로봇 산업이 "추격 → 병행 → 선도" 단계로 발전하도록 하는 것이 목표가 될 것이다.

[그림 2-17] 중국 국가 기관방송(CCTV)의 한 프로그램에서
100억 규모의 투자 자본이 로봇 기업의 성장을 지원한다는 내용

2.3.1. 중국 국가 차원

국가 차원의 정책은 산업 발전의 방향을 제시하고, 거시적인 자원 지원을 제공하며, 제도적 틀을 구축하여 안정적인 제도 환경을 조성하는 역할을 한다. 최근 몇 년 동안 관련 정책이 집중적으로 발표되면서 지원 체계가 지속적으로 보완되고 있으며, 정책의 중심도 광범위한 인프라 구축에서 점차 특정 첨단 산업에 대한 정밀한 지원과 핵심 촉진으로 점차 산업화 전문화로 나가고 있으며 전방위적인 정책 지원 네트워크를 형성하고 있다.

(1) 최상위 전략 기획

■ 「중화인민공화국 국민경제와 사회발전 제14차 5개년 계획 및 2035년 장기 목표 요강」[64]— 총괄적 전략 문서

2021년 3월, 제13기 전국인민대표대회 제4차 회의에서 「중화인민공화국 국민경제와 사회발전 제14차 5개년 계획 및 2035년 장기 목표 요강」이 심의·통과되었다. 이 문서는 향후 5년뿐만 아니라 15년 동안 중국의 발전 방향을 제시하는 국가 차원의 핵심 전략 문서이다.

해당 요강은 처음으로 로봇 산업을 인공지능, 클라우드 컴퓨팅, 블록체인 등과 함께 "산업 체계의 새로운 핵심 축을 구축하는 전략적 신흥 산업"으로 명시하였다. 또한 제8장 '제조 강국 전략의 심층 추진'의 제3절 '제조업의 구조 고도화 추진'에서는 다음과 같이 제시하고 있다. "지능형 제조와 친환경 제조 공정을 심층적으로 추진하고 서비스형 제조의 새로운 모델을 발전시키며 제조업의 고급화·지능화·친환경화를 촉진한다. 첨단 제조업 클러스터를 육성하고 집적회로, 항공우주, 선박 및 해양공정 장비, 로봇, 첨단 철도 교통 장비, 첨단 전력 장비, 건설 기계, 고급 CNC 공작기계, 의약 및 의료 장비 등 산업의 혁신 발전을 추진한다."

또한 제15장 제2절 '디지털 산업화의 가속화'에서는 다음과 같은 내용을 제시하였다. "인공지능, 빅데이터, 블록체인, 클라우드 컴퓨팅, 사이버 보안 등 신흥 디지털 산업을 육성하고 확대하며, 통신 장비, 핵심 전자 부품, 핵심 소프트웨어 등 산업 수준을 향상시킨다. 5G 기반 응용 시나리오와 산업 생태계를 구축하고 스마트 교통, 스마트 물류, 스마트 에너지, 스마트 의료 등 핵심 분야에서 시범 사업을 추진한다."

---

64) https://www.gov.cn/xinwen/2021-03/13/content_5592681.htm

이러한 정책 방향은 이후 휴머노이드 로봇이 다양한 복잡한 산업 환경에서 활용될 수 있는 기반을 마련하였다. 또한 이 국가 전략 문서의 발표는 로봇 산업, 특히 휴머노이드 로봇 산업이 국가 핵심 전략 수준으로 격상되었음을 의미하며, 이후 각 부처와 지방정부 정책 수립의 기본 근거와 방향을 제공하였다.

■ 「제14차 5개년 로봇 산업 발전 계획」[65] — 산업 발전의 전체 경로

중국 국가 중장기 발전 계획의 틀 아래에서 2021년 12월 공업정보화부를 포함한 15개 부처는 공동으로 「제14차 5개년 로봇 산업 발전 계획」을 발표하였다. 이 계획은 국가 전략을 보다 구체적인 산업 발전 목표와 실행 경로로 전환한 정책 문서로, 중국 로봇 산업 발전의 중기 로드맵을 제시한다. 계획에서는 2025년까지 중국을 글로벌 로봇 기술 혁신의 핵심 발원지이자 고급 제조업 집적지, 그리고 로봇 통합 응용의 새로운 중심지로 발전시키겠다는 전체 목표를 제시하였다. 동시에 로봇 핵심 기술과 고급 제품에서 중요한 돌파를 이루고 로봇 완제품의 종합 성능을 국제 선진 수준에 도달하도록 하며 핵심부품의 성능과 신뢰성을 국제 동급 제품 수준으로 끌어올리는 것을 목표로 하고 있다. 또한 로봇 산업 매출의 연평균 성장률을 20% 이상으로 유지하고 국제 경쟁력을 갖춘 선도 기업과 혁신 역량이 강한 "전문화·정밀화·특화·신규성" 중소기업을 다수 육성하며 국제적 영향력을 갖춘 3~5개의 산업 클러스터를 구축하고 제조업 로봇 밀도를 두 배로 확대하는 등의 구체적인 발전 목표도 함께 제시하였다. 더 나아가 장기적으로는 2035년까지 중국 로봇 산업의 종합 경쟁력을 세계 선도 수준

---

65) https://wap.miit.gov.cn/jgsj/ghs/zlygh/art/2022/art_3ad294e8a8e9415793abedb20eb1c407.html

으로 끌어올리고 로봇이 경제 발전, 국민 생활, 사회 거버넌스의 중요한 구성 요소가 되도록 한다는 비전을 제시하였다.

이 계획은 전체 로봇 산업을 대상으로 하고 있지만 그 안에 포함된 주요 과제 상당수가 휴머노이드 로봇 핵심 기술과 직접적으로 관련되어 있다. 계획에서는 로봇 시스템 개발 기술, 로봇 모듈화 및 재구성 기술, 로봇 운영체제 기술, 로봇 경량화 설계 기술, 정보 인식 및 내비게이션 기술, 다중 작업 계획과 지능 제어 기술, 인간-로봇 상호작용 및 자율 프로그래밍 기술, 로봇 클라우드-엣지-단말 기술, 로봇 안전성과 신뢰성 기술, 빠른 보정과 정밀도 유지 기술, 다중 로봇 협업 기술, 로봇 자가 진단 기술 등 다양한 공통 핵심 기술의 돌파를 추진할 것을 제시하고 있다. 이러한 기술들은 휴머노이드 로봇의 핵심 연구 개발을 위한 중요한 기반이 된다. 동시에 계획에서는 로봇 생체 모방 인지 및 감지 기술, 전자 피부 기술, 로봇 생체·기계·전자 융합 기술, 인간과 로봇 간 자연스러운 상호작용 기술, 감정 인식 기술, 기술 학습 및 발달·진화 기술, 재료·구조·기능 통합 기술, 미세·나노 조작 기술, 소프트 로봇 기술, 로봇 군집 기술 등 여러 첨단 기술 연구를 추진할 것을 제안하였다. 이러한 연구 방향은 휴머노이드 로봇의 인식, 상호작용, 제어 등 핵심 기술의 병목 문제를 해결하는 데 중요한 역할을 하며 관련 기술 연구 개발에 명확한 정책 방향과 자원 지원의 기준을 제공한다.

이와 함께 계획은 산업 혁신 능력 향상과 핵심 기술 돌파뿐만 아니라 산업 발전 기반 강화, 고급 제품 공급 확대, 응용 분야의 심화와 확대, 산업 조직 구조의 최적화 등을 동시에 추진할 것을 강조하고 있다. 이러한 정책 방향은 휴머노이드 로봇 산업이 연구 단계에서 산업화 단계로 발전할 수 있는 기반을 마련하고 향후 대규모 응용과 시장 확대를 위한 토대를 제공한다.

■ 「휴머노이드 로봇 혁신 발전 지도 의견」[66] — 전문 정책 지침

2023년 11월 중국 공업정보화부는 「휴머노이드 로봇 혁신 발전 지도 의견」을 발표하였다. 이는 전 세계적으로도 국가 부처 차원에서 처음으로 휴머노이드 로봇 산업을 대상으로 제정된 정책으로, 중국 휴머노이드 로봇 산업 발전의 중요한 이정표이자 전환점으로 평가된다.

해당 의견은 서두에서 "휴머노이드 로봇은 인공지능, 첨단 제조, 신소재 등 첨단 기술이 결합된 기술 집약적 산물로서, 컴퓨터·스마트폰·신에너지 자동차에 이어 등장할 차세대 파괴적 혁신 제품이 될 가능성이 있으며 인간의 생산과 생활 방식을 크게 변화시키고 글로벌 산업 발전 구도를 재편할 것"이라고 규정하였다. 이러한 산업적 위상 규정은 산업 전반의 관심도를 크게 높였으며 자본과 인재 등 다양한 자원이 해당 분야로 빠르게 집중되는 계기가 되었다. 또한 이 의견은 정책 제정의 목적을 "휴머노이드 로봇 산업의 고품질 발전을 촉진하고 새로운 생산력(新质生产力)을 육성하며 신형 공업화를 고도화하고 현대 산업 체계 구축을 강력하게 지원하는 것"으로 제시하였다. 이를 실현하기 위해 정책은 이른바 '2단계 발전 전략'을 제시하고 있다.

우선 2025년까지 휴머노이드 로봇 혁신 체계를 기본적으로 구축하고 로봇의 "대뇌·소뇌·신체"에 해당하는 핵심 기술에서 중요한 돌파를 이루며 핵심부품과 구성 요소의 안전하고 안정적인 공급을 확보하는 것을 목표로 한다. 동시에 완제품 성능을 국제 선진 수준에 도달하도록 하고 양산을 실현하며 특수 작업, 제조 산업, 민생 서비스 등 다양한 분야에서 시범적 응용을 추진한다. 또한 글로벌 영향력을 가진 생태형 기업 2~3개를 육

---

66) https://www.miit.gov.cn/jgsj/kjs/wjfb/art/2023/art_50316f76a9b1454b898c7bb2a5846b79.html

성하고 '전문화·정밀화·특화·신규성(专精特新)' 강소기업을 다수 배출하며 2~3개의 산업 발전 집적지를 조성하고 새로운 비즈니스와 산업 형태를 창출하는 것을 목표로 한다.

이어 2027년까지는 휴머노이드 로봇 기술 혁신 능력을 크게 향상시키고 안전하고 신뢰할 수 있는 산업 공급망 체계를 구축하며 국제 경쟁력을 갖춘 산업 생태계를 형성하는 것을 목표로 한다. 이 단계에서는 산업의 규모화 발전이 가속화되고 응용 분야가 더욱 다양해지며 관련 제품이 실물경제에 깊이 통합되어 중요한 경제 성장의 새로운 동력으로 자리 잡게 될 것으로 기대된다.

■ 「중국 공산당 중앙위원회의 국민경제와 사회발전 제15차 5개년 계획 수립에 관한 건의」[67] — 미래 발전 계획

중국 국가의 미래 산업 배치를 위한 핵심 지침으로서 「중화인민공화국 국민경제와 사회발전 제15차 5개년 계획 요강('15차 5개년 계획')」은 아직 공식 발표되지는 않았지만, 중국 공산당 중앙위원회의 정책 건의에 따르면 피지컬 AI(具身智能)는 향후 중점적으로 발전시켜야 할 미래 산업 중 하나로 제시되고 있다. 해당 건의에서는 미래 산업을 선제적으로 배치하고 다양한 기술 경로와 대표적인 응용 시나리오, 실행 가능 한 비즈니스 모델 및 시장 규제 체계를 적극적으로 탐색해야 한다고 강조한다. 또한 양자 기술, 바이오 제조, 수소 에너지와 핵융합 에너지, 뇌-컴퓨터 인터페이스, 피지컬 AI, 6세대 이동통신 등 분야를 새로운 경제 성장 동력으로 육성해야 한다고 제시하고 있다. 이와 함께 규제 방식의 혁신을 추진하고 벤

---

67) https://www.gov.cn/zhengce/202510/content_7046050.htm

처 투자 활성화를 촉진하며 미래 산업에 대한 투자 확대와 위험 분담 메커니즘을 구축함으로써 신산업 발전을 체계적으로 지원할 필요가 있음을 강조하고 있다.

(2) 응용 확대와 산업 현장 적용

■ 「'로봇+' 응용 행동 실행 방안」[68] — 수요 측면 개혁

2023년 1월 중국 공업정보화부는 교육부, 공안부, 민정부, 재정부, 인력자원사회보장부, 주택도시농촌건설부, 교통운수부, 농업농촌부 등 총 17개 부처와 공동으로 「'로봇+' 응용 행동 실행 방안」을 발표하였다. 이 방안은 2021년에 발표된 「제14차 5개년 로봇 산업 발전 계획」이 기술 공급 측면에 초점을 맞추었던 것과 달리, 로봇 산업의 수요 측면 개혁에 중점을 두고 있다. 즉, 제품 혁신과 실제 적용 가능한 산업 현장의 확대를 핵심 추진 방향으로 삼아 로봇 활용의 깊이와 범위를 넓히고 로봇 산업 생태계를 구축하며, 자국 브랜드 로봇의 시장 경쟁력을 강화하는 것을 목표로 한다. 이를 통해 중국 로봇 산업의 자립과 경쟁력 강화를 촉진하고, 제조 강국과 디지털 중국 건설, 그리고 중국식 현대화 추진을 뒷받침하는 것을 주요 정책 목표로 제시하였다.

이 방안은 2025년까지 달성해야 할 구체적인 목표도 함께 제시하였다. 우선 제조업 분야에서 로봇 밀도를 2020년 대비 두 배로 확대하고, 서비스 로봇과 특수 목적 로봇의 산업 적용 범위와 활용 수준을 크게 높이며, 로봇이 경제와 사회의 고품질 발전을 촉진하는 능력을 뚜렷하게 강화하는 것을 목표로 한다. 또한 10대 핵심 응용 분야를 중심으로 100가지 이상의

---

68) https://www.gov.cn/zhengce/zhengceku/2023-01/19/content_5738112.htm

로봇 혁신 응용 기술과 솔루션을 개발하고, 기술 수준이 높고 혁신적이며 실제 적용 성과가 뚜렷한 200개 이상의 대표적 로봇 응용 사례를 확산시킬 계획이다. 동시에 "로봇+" 응용 분야의 선도 기업을 육성하고 응용 체험센터와 시험·검증 센터를 구축하여 산업 전반의 응용 기반을 확대할 방침이다. 이와 함께 각 산업과 지역이 산업 발전 단계와 지역 특성을 고려하여 "로봇+" 응용 혁신 실천을 추진하도록 장려하고, 국내외 교류 플랫폼을 구축해 로봇 활용 확대를 위한 협력 환경을 조성하는 것도 중요한 정책 방향으로 제시되었다.

이 정책은 사회 민생 개선과 경제 발전 수요를 동시에 고려하여 로봇 응용 분야를 폭넓게 설정하였다. 경제 발전 분야에서는 제조업, 농업, 건설, 에너지, 상업·물류 등 다섯 개 산업 영역을 중심으로 핵심 응용 분야를 선정하였으며, 사회 민생 분야에서는 의료 건강, 노인 돌봄 서비스, 교육, 상업·지역사회 서비스, 안전·재난 대응 등 다섯 개 영역을 주요 분야로 제시하였다. 이를 통해 로봇 제품 개발, 기술 혁신, 산업 현장 적용, 그리고 응용 모델 확산까지 이어지는 전 과정의 체계적인 추진을 통해 전반적인 로봇 응용 생태계를 구축하고자 한다.

- 「제14차 5개년 스마트 제조 발전 계획」[69], 「국가 스마트 제조 표준 체계 구축 지침(2024판)」[70], 「스마트 건강·양로 산업 발전 행동 계획(2021—2025년)」[71]— 실제 적용과 산업 현장 확산

휴머노이드 로봇의 핵심 가치는 사회의 생산 활동과 일상생활 속에 실제로 통합되어 활용되는 데 있다. 중국 정부는 스마트 제조와 스마트 양로(노인 돌봄) 분야에서 강력한 정책을 추진함으로써 휴머노이드 로봇이 적용될 수 있는 가장 확실하고 시급한 두 가지 핵심 산업 현장과 가치 방향을 제시하고 있다.

2021년 12월 공업정보화부는 국가발전개혁위원회, 교육부, 과학기술부, 재정부, 인력자원사회보장부 등 8개 부처와 공동으로 「제14차 5개년 스마트 제조 발전 계획」을 발표하였다. 이 계획에서는 스마트 생산 환경, 스마트 작업장, 스마트 공장의 구축을 핵심 목표로 제시하고 있는데, 이는 바로 산업용 휴머노이드 로봇이 적용될 수 있는 주요 활용 분야와 구체적인 산업 현장과 맞닿아 있다. 또한 계획에서 제시된 "광범위한 센싱, 데이터 통합, 시스템 간 연결, 인간-기계 협업, 분석 및 최적화 실현"이라는 발전 방향은 휴머노이드 로봇이 지닌 기술적 장점과도 밀접하게 연결된다. 앞으로 시각 인식, 정교한 조작 능력, 자율 이동 능력을 갖춘 휴머노이드 로봇은 3C 전자제품 조립, 자동차 최종 조립, 맞춤형 제품 생산 등 다양한 제조 공정에서 반복 작업이 많고 높은 유연성이 요구되는 작업을 대체하거나 보조하면서 스마트 제조의 마지막 단계에서 핵심 실행 주체로 자리 잡을 가능성이 크다.

---

69) https://wap.miit.gov.cn/jgsj/ghs/zlygh/art/2022/art_c201cab037444d5c94921a53614332f9.html
70) https://www.gov.cn/zhengce/zhengceku/202504/content_7020558.htm
71) https://wap.miit.gov.cn/zwgk/zcwj/wjfb/tz/art/2021/art_a94683e447ba4ff5af7873d5d25fd6cd.html

또한 2025년 3월 공업정보화부는 국가표준화관리위원회와 함께「국가 스마트 제조 표준 체계 구축 지침(2024판)」을 발표하였다. 이 지침은 데이터 인터페이스, 통신 프로토콜, 안전 규범 등을 통일하는 것을 목표로 하며, 향후 휴머노이드 로봇이 스마트 공장 시스템에 원활하게 통합될 수 있는 기술적 기반을 마련하는 역할을 한다.

한편, 2021년 10월 공업정보화부는 민정부 및 국가위생건강위원회와 공동으로「스마트 건강·양로 산업 발전 행동 계획(2021—2025년)」을 발표하였다. 이 계획에서는 노인의 삶의 질을 향상할 수 있는 가정용 서비스 로봇의 개발을 적극 지원하고, 감정 교감, 여가·오락, 가사 작업 등을 수행할 수 있는 지능형 서비스 로봇의 발전을 중점적으로 추진하며, 가정·지역사회·요양기관 등 다양한 노인 돌봄 환경에서 서비스 로봇의 통합적 활용을 확대할 것을 명확히 제시하고 있다. 이러한 정책 방향은 인간과 자연스러운 상호작용과 정서적 교감을 지향하는 휴머노이드 로봇의 발전 목표와 높은 수준으로 부합한다. 즉, 정부 정책은 '가정용 서비스 로봇'이라는 세부 산업 분야에 명확한 시장 수요를 제시함으로써 휴머노이드 로봇 연구개발이 처음부터 사회적 문제 해결과 긴밀히 연결되도록 만들고 있으며, 그 결과 산업화와 상업화의 논리적 기반도 더욱 견고해지고 있다.

〈표 2-1〉 중국 국가 차원의 휴머노이드 로봇 정책

정책 명칭	출시일	출판 기관	주요 내용
2025년 정부 업무 보고서	2025년 3월	국무원	• 2025년 3월 발표된 정부 업무보고에서 '임바디드 AI(Embodied AI)' 처음으로 언급되었으며, 이를 미래 산업 육성 체계에 포함, 또한 'AI+' 행동 계획과 투자 확대 메커니즘 구축을 통해 산업 발전을 위한 장기적 지원 체계를 마련할 것을 제시
산업용 로봇 산업 규범 조건(2024판)	2024년 7월	공업정보화부	• 산업용 로봇의 생산 및 제조 기준을 표준화하고, 현지화율과 기술 수준을 향상시키며, 산업 공급망의 안전성을 강화
미래 산업 혁신 발전 촉진에 관한 시행 의견	2024년 1월	공업정보화부 등 7개 부처	• 지능형 로봇을 미래 산업의 핵심 발전 방향으로 지정하며, 인간-로봇 상호작용, 멀티모달 인지 기술 등 첨단 기술 연구 개발을 지원
휴머노이드 로봇의 혁신 발전 지도 의견	2023년 10월	공업정보화부	• 2025년까지 휴머노이드 로봇 혁신 체계를 기본적으로 구축하고 '대뇌·소뇌·신체' 등 핵심 기술에서 돌파를 이루는 것을 목표, 또한 2027년까지 기술 혁신 능력을 크게 향상시키고 안정적인 산업 공급망 체계를 구축하며 국제 경쟁력을 갖춘 산업 생태계를 형성하는 것을 목표
'로봇+' 응용 행동 실행 방안	2023년 1월	공업정보화부 등 17개 부처	• 제조업, 농업, 물류, 의료 등 10대 산업 분야에서 로봇 활용을 확대하여 실제 산업 현장 적용을 촉진하고 기술 혁신과 산업 발전을 가속하는 것을 목표

2.3.2. 지방 정책 차원

중국 국가 차원의 상위 정책이 실제로 실행되기 위해서는 지방정부의 구체적이고 정밀한 정책 추진이 필수적이다. 중국은 국토가 넓고 지역별 산업 인프라는 크게 다르기 때문에 각 지방정부는 지역의 산업적 강점과 발전 여건에 맞춘 맞춤형 정책을 수립하고 있다. 그 결과 현재 중국에서는 징진지도시군(베이징·톈진·허베이), 장강삼각주도시군(상하이·항저우·쑤저우 등), 웨강아오도시군(광동성 9개 도시·선전·홍콩·마카오) 등 여러 지역이 동시에 휴머노이드 로봇 산업 발전을 적극 추진하는 지역 중심의 발전 구조가 형성되고 있다.

(1) 징진지 도시군(베이징·톈진·허베이) 지역 정책

징진지 도시군은 베이징을 중심으로 하고 톈진과 허베이가 각각의 산업적 특성을 바탕으로 발전하는 휴머노이드 로봇 산업 구조가 형성되어 있다.

■ 베이징 —「베이징시 로봇 산업 혁신 발전 행동 방안(2023—2025년)」[72]

베이징은 중국의 국가 과학기술 혁신 중심지로서 최고 수준의 연구기관과 대학, 풍부한 고급 인재, 강력한 기술 혁신 역량을 보유하고 있다. 2023년 6월 베이징시 인민정부 판공청은 「베이징시 로봇 산업 혁신 발전 행동 방안(2023—2025년)」을 발표하였다. 이 정책은 기초 연구와 핵심 기술 돌파에 중점을 두고 있으며, 로봇 산업의 지능화·생체 모방화·모듈화 발전 추세에 맞추어 제품 혁신과 응용 시범 프로젝트를 동시에 추진하는 발전 모델을 구축하는 것을 목표로 한다. 또한 산업 생태계 최적화와 산업 간 협력을 강화하여 로봇 산업 발전의 '베이징 모델'을 구축하고, 베이징을 글로벌 로봇 기술 혁신의 발원지이자 응용 시범 중심지, 고급 로봇 산업 집적지로 발전시키는 것을 핵심 목표로 하고 있다. 이러한 정책은 베이징을 국제 과학기술 혁신 중심 도시이자 글로벌 디지털 경제 선도 도시로 발전시키는 전략을 지원하는 역할도 한다.

---

72) https://www.beijing.gov.cn/zhengce/zhengcefagui/202306/t20230628_3148572.html

정책에서는 2025년까지 베이징의 로봇 산업 혁신 역량을 크게 향상시키고, 고기술·고부가가치 로봇 제품 100종과 전국적으로 확산 가능한 100개의 응용 시나리오를 육성하는 것을 목표로 제시하였다. 또한 인구 1만 명당 로봇 보유 수준을 세계 선도 수준으로 끌어올리고, 혁신 자원이 집중되고 창업과 혁신 활동이 활발한 산업 생태계를 조성하는 것을 목표로 한다. 동시에 베이징 로봇 핵심 산업의 매출을 300억 위안 이상으로 확대하고 국내 선도 수준이자 국제적으로 경쟁력 있는 로봇 산업 클러스터를 구축하는 것을 주요 목표로 제시하였다.

[그림 2-18] Galbot(银河通用)의 'Galbot G1' 로봇

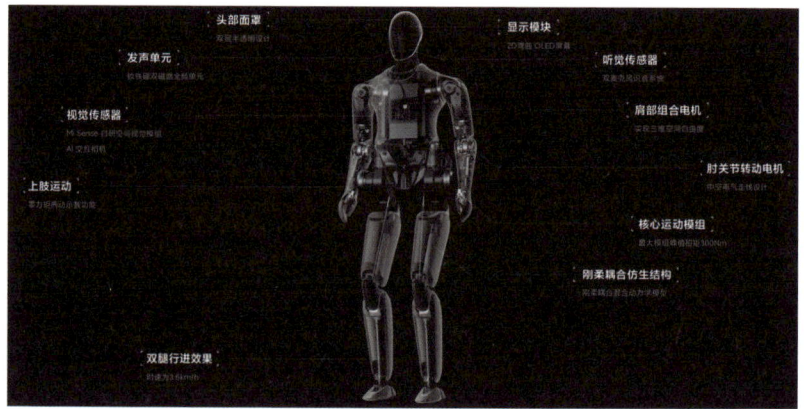

[그림 2-19] 샤오미(小米)의 'CyberOne' 로봇

■ **톈진시 ─「톈진시 인공지능 혁신 발전 촉진 행동 방안(2025─2027년)」**[73]

2025년 5월 톈진(天津)시 인민정부 판공청은 「톈진시 인공지능 혁신 발전 촉진 행동 방안(2025─2027년)」을 발표하였다. 이 정책은 임바디드 AI(Embodied AI) 분야에 중점을 두고 있으며, 톈진이 보유한 정보혁신 산업 체인의 완성도와 풍부한 응용 시나리오 자원이라는 장점을 적극 활용할 것을 강조하고 있다. 정책에서는 연구 개발, 응용 시범, 산업 집적을 통합적으로 추진하여 "인공지능(AI)+정보혁신" 산업 경쟁력을 구축하고, 기초 기술을 중심으로 한 혁신, 다양한 응용 시나리오 개방, 그리고 완성도 높은 산업 생태계가 결합된 발전 환경을 조성하는 것을 목표로 한다.

또한 구체적인 발전 목표로 2027년까지 100개의 핵심 기술을 돌파하고, GPU, AI 운영체제, AI 서버, 임바디드 AI 등 주요 기술 분야에서 전국 선도 수준에 도달하는 것을 제시하였다. 동시에 30개의 대표적인 AI 응용 시범 사례를 육성하고, 인공지능 핵심 기업의 총 매출을 1,000억 위안 이

73) https://www.tj.gov.cn/zwgk/szfgb/qk/2025/10site/202505/t20250517_6933197.html

상으로 확대하며 3~4개의 특색 있는 산업단지를 조성하는 것을 목표로 한다. 궁극적으로 톈진을 전국적으로 영향력 있는 인공지능 기초 기술 혁신 거점이자 응용 선도 지역으로 발전시키는 것이 정책의 핵심 목표로 제시되고 있다.

[그림 2-20] 톈진 최초의 휴머노이드 로봇 – 아스트로보이(阿童木)
'톈빙(天兵)1호'

■ **허베이성 —「허베이성 'AI+' 행동 추진 계획(2025—2027년)」**[74]

2025년 11월 허베이성 인민정부 판공청은「허베이성 'AI+' 행동 추진 계획(2025—2027년)」을 발표하였다. 이 정책은 로봇 학습 센터와 대형 AI 모델 학습 데이터베이스 구축을 지원하여 로봇의 지능 수준을 높이는 데 초점을 두고 있다. 정책에서는 **심층 지능 기술을 기반으로 하고 실제 기능 구현에 중점을 둔 로봇 산업**을 육성하는 것을 목표로 제시하였다. 이를 위해 로봇 기업과 인공지능 기업이 협력하여 특정 산업 분야에 특화된 **수직형 대형 모델**(vertical large model) 핵심 기술을 공동으로 연구·개발하도록 지원하고, 이를 통해 로봇의 환경 인식, 작업 계획 수립, 행동 제어, 인간-로봇 상호작용, 자율 학습 능력 등을 향상시키도록 장려하고 있다.

또한 정책에서는 기업과 대학, 연구기관이 공동으로 로봇 학습센터(robot training field)를 구축하고 실제 응용 시나리오를 기반으로 한 **대형 모델 학습 데이터베이스**를 조성하도록 지원함으로써 로봇 제품의 신뢰성과 지능화 수준을 높이는 것을 중요한 발전 방향으로 제시하고 있다.

(2) 장강삼각주 도시군(상하이·항저우·쑤저우 등) 지역 정책

■ **상하이 —「상하이시 지능형 로봇 산업 고품질 혁신 발전 촉진 행동 방안 (2023-2025년)」**[75]

상하이는 중국에서 가장 강력한 산업 기반과 가장 완성도 높은 산업 공급망, 활발한 금융 시장, 그리고 개방적인 국제 협력 환경을 갖춘 도시로 평가된다. 2023년 10월 상하이시 경제정보화위원회는 발전개혁위원회,

---

74) https://www.hebei.gov.cn/columns/87565cb5-9e3e-4d67-b368-97545b6b52aa/202511/12/f3d9c03c-8d70-4a36-83e7-f38cb117b3e1.html
75) https://www.shanghai.gov.cn/hqzxsj2/20231027/5971e8e1e2fc408495ea22b9c4dd3ec6.html

과학기술위원회 등 5개 부처와 함께 「상하이시 지능형 로봇 산업 고품질 혁신 발전 촉진 행동 방안(2023-2025년)」을 발표하였다.

이 정책은 2025년까지 세계적인 영향력을 갖춘 로봇 산업 혁신 중심지를 구축하는 것을 전체 목표로 제시하고 있다. 또한 브랜드, 응용 시나리오, 산업 규모 등 세 가지 핵심 분야에서 이른바 '10·100·1000' 발전 목표로 달성할 것을 제시하였다. 구체적으로는 10개의 세계 수준 로봇 선도 브랜드를 육성하고, 100개의 대표적인 로봇 응용 시범 사례를 구축하며, 로봇 관련 산업 규모를 1,000억 위안 이상으로 확대하는 것이 목표이다.

이와 함께 세 가지 공공 서비스 플랫폼 구축도 추진된다. 여기에는 지능형 로봇 시험·검증 및 시제품 검증 혁신센터, 휴머노이드 로봇 제조 혁신센터, 범용 로봇 산업 연구원 등이 포함된다. 또한 제조업 핵심 산업에서 산업용 로봇 밀도를 인구 1만 명당 500대 수준으로 확대하고, 로봇의 산업 응용 범위와 활용 수준을 높이는 것도 주요 정책 목표로 제시되었다.

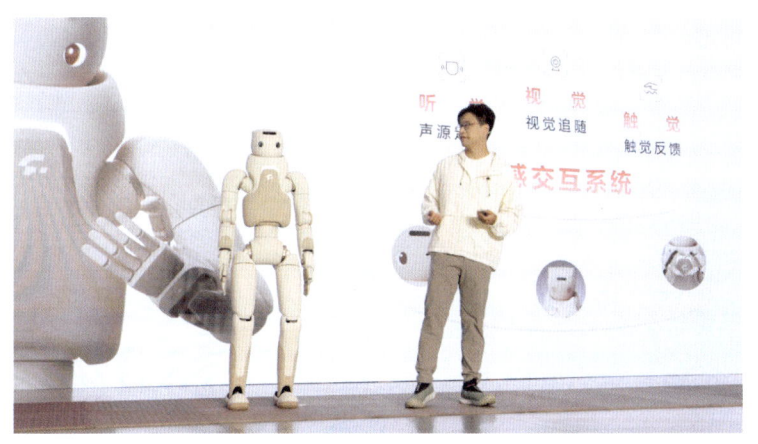

[그림 2-21] Fourier(푸리에, 傅利叶)의 'Care-bot GR-3' 로봇

■ 저장성 — 「저장성 '로봇+' 행동 계획(2023-2027년)」[76]

저장성은 중국 디지털 경제 발전의 선도 지역으로, 발달한 전자상거래 네트워크와 활발한 민간 자본, 그리고 탄탄한 경공업 제조 기반을 보유하고 있다. 저장성의 정책은 휴머노이드 로봇과 디지털 경제의 깊은 융합을 중심으로 하며, 소비자 시장과 상업 서비스 분야에서의 혁신적 응용 모델을 탐색하는 데 초점을 맞추고 있다.

2024년 9월 저장성 제조업 고품질 발전(디지털 경제 발전) 관련 정책의 일환으로 「저장성 휴머노이드 로봇 산업 혁신 발전 실시 방안(2024—2027년)」이 발표되었다. 이 방안은 2027년까지 과학기술 혁신이 휴머노이드 로봇 산업 발전을 효과적으로 견인하도록 하는 것을 목표로 하며, 휴머노이드 로봇 분야에서 성급 이상 고수준 혁신 플랫폼 5곳과 기업 연구 개발 기관 30곳을 육성하고, 30개의 중대 과학기술 프로젝트를 추진하며 산업 공급망의 자립성과 안정성을 확보하는 것을 목표로 한다.

또한 기업이 기술 혁신의 핵심 주체로서 역할을 충분히 수행하도록 하여 산업 체인을 이끄는 핵심 기업 5곳을 육성하고, 제조업 단일 분야 챔피언 기업과 '전문화·정밀화·특화·신규성' 강소기업 50곳을 배출해 국제 경쟁력을 갖춘 전 산업 체인 구조를 형성하는 것을 목표로 하고 있다. 동시에 휴머노이드 로봇 산업의 협력적 배치와 집적 발전 구조를 구축하고 성급 미래 산업 선도구 2곳을 조성하며 50개의 대표적인 응용 시범 사례를 만들고, 핵심 제품이 주요 산업 분야에서 대규모로 활용될 수 있도록 추진할 계획이다.

이와 함께 산업 지원 체계와 혁신 생태계를 더욱 강화하여 산업 규모의 도약적 성장을 이루는 것도 중요한 목표로 제시되었다. 계획에 따르면 저

76) https://zj87.jxt.zj.gov.cn/zlzq/web/views/article/news/detail.html?id=253615

장성의 휴머노이드 로봇 완제품 연간 생산량을 2만 대 수준으로 확대하고, 핵심 산업 규모를 200억 위안, 관련 산업 규모를 500억 위안 수준까지 성장시키는 것을 목표로 하고 있다.

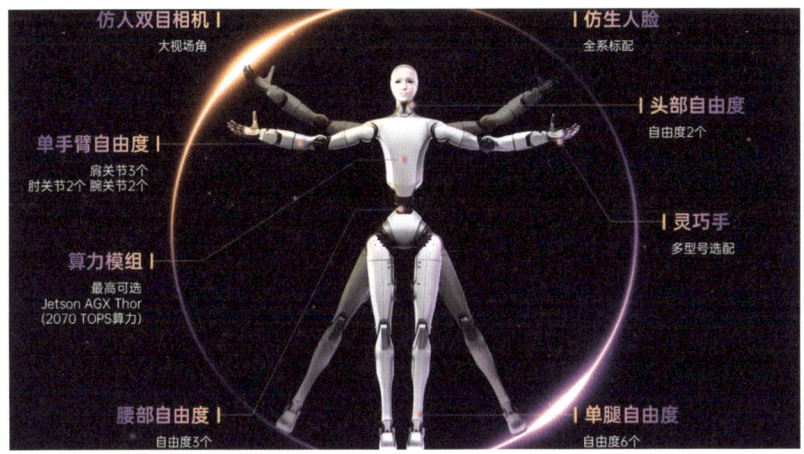

[그림 2-22] 유니트리(Unitree) 테크놀로지의 H2 '천명각성(天命覚醒)' 로봇

(3) 웨강아오 도시군(광동성 9개 도시·선전·홍콩·마카오) 정책

■ 광둥성 —「광둥성 지능형 로봇 전략적 신흥 산업 클러스터 육성 행동 계획 (2023-2025년)」[77]

광둥성(广东省)은 세계에서 가장 중요한 전자 제조 중심지 중 하나로, 높은 공급망 효율성, 강력한 비용 통제 능력, 그리고 빠른 공정 개발 및 산업화 능력을 갖추고 있다. 2024년 1월 광둥성 공업정보화청은「광둥성 지능형 로봇 전략적 신흥 산업 클러스터 육성 행동 계획(2023-2025년)」을 발표하였다. 이 계획에서는 휴머노이드 로봇을 미래 산업의 새로운 핵

---

77) https://gdii.gd.gov.cn/zcjd3267/content/mpost_4339849.html

심 분야로 지정하고 관련 기술 연구를 적극 지원할 것을 제시하였다. 또한 기업들이 휴머노이드 로봇의 지능형 알고리즘, 관절 설계, 안정적 균형 제어, 3차원 환경 인식·이해 및 조작 기술 등 핵심 기술 연구 개발에 대한 투자를 확대하도록 장려하고, 이를 통해 휴머노이드 로봇의 활용 분야를 더욱 확대하는 것을 주요 목표로 하고 있다.

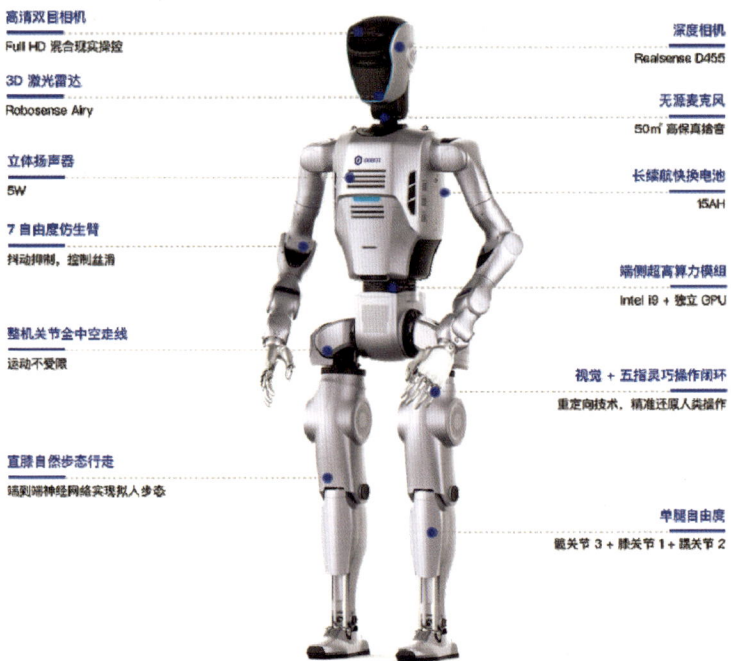

[그림 2-23] DOBOT(越疆)의 'Atom' 로봇

■ 선전 ―「선전시 임바디드 AI 로봇 기술 혁신 및 산업 발전 행동 계획 (2025-2027년)」[78]

선전(深圳)은 세계 임바디드 AI(Embodied AI) 로봇 산업의 혁신 발원지이자 산업 집적지로 평가되며, 소프트웨어와 하드웨어가 결합된 완전한 산업 공급망, 높은 밀도의 응용 시나리오 환경, 그리고 체계적인 기술 금융 지원 시스템을 갖추고 있다. 2025년 3월 선전시 과학기술혁신국은 「선전시 임바디드 AI 로봇 기술 혁신 및 산업 발전 행동 계획(2025-2027년)」을 발표하였다.

이 계획은 2027년까지 로봇 핵심부품, AI 칩, 인공지능과 로봇 융합 기술, 멀티모달 인식 기술, 고정밀 운동 제어 기술, 정교한 조작 기술 등 핵심 기술 분야에서 중요한 돌파를 이루는 것을 목표로 하고 있다. 또한 기업 육성 측면에서는 기업 가치가 100억 위안을 초과하는 기업을 10개 이상 새로 육성하고, 연매출 10억 위안을 넘는 기업을 20개 이상 확대하는 것을 목표로 제시하였다. 동시에 10억 위안 규모 이상의 대표적 응용 시나리오를 50개 이상 구축하고 관련 산업 규모를 1,000억 위안 이상으로 확대하며 임바디드 AI 로봇 산업 클러스터에 속한 기업 수를 1,200개 이상으로 늘리는 것을 계획하고 있다.

이와 함께 공공 서비스 플랫폼 체계를 구축하여 산업 상·하류 기업, 연구기관, 혁신 팀 등을 적극 유치하고 보다 완성도 높은 산업 생태계를 형성함으로써 선전의 임바디드 AI 로봇 산업 종합 경쟁력을 국제 선도 수준으로 끌어올리는 것을 목표로 하고 있다.

---

78) https://stic.sz.gov.cn/xxgk/tzgg/content/post_12052515.html

[그림 2-24] UBTECH(优必选)의 판다 로봇 '유유(优悠)'

〈표 2-2〉 중국 지역 차원의 휴머노이드 로봇 정책

정책 명칭	출시 시간	출판 기관	주요 내용
베이징 임바디드 AI 과학기술 혁신 및 산업 육성 행동 계획 (2025-2027)	2025년 2월	베이징시 과학기술 위원회 등 3개 부처	• 2027년까지 원천 혁신 역량을 크게 향상시키고 임바디드 지능 대뇌·소뇌 모델, 임바디드 지능 칩, 전신 운동 제어 등 분야에서 100개 이상의 핵심 기술을 돌파하며 10개 이상의 세계 선도 수준 소프트웨어·하드웨어 제품을 개발하고 임바디드 AI 산업 체인의 국산화를 추진
베이징 경제기술 개발구역 로봇 산업 고품질 발전 3개년 행동 계획 (2023-2025)	2023년 8월 18일	베이징 경제기술 개발구 관리위원회	• 세계 선도 제품을 목표로 대학·연구기관과 협력하여 휴머노이드 로봇 완제품과 핵심부품 기술 개발을 추진하고 로봇 혁신센터 구축을 통해 중국 국가 제조업 혁신센터 설립을 추진. 휴머노이드 로봇 소량 양산과 범용 인공지능 대형 모델 개발 등 핵심 기술 돌파를 목표
톈진시 인공지능 혁신 및 발전 촉진 행동 계획 (2025-2027)	2025년 5월 16일	톈진시 인민정부 판공청	• 임바디드 AI 분야를 중심으로 휴머노이드 로봇의 대뇌·소뇌·본체·센서·정교한 손 등 핵심 기술 연구를 추진하고 '로봇+대형 AI 모델' 융합 발전을 지원하며 수중 로봇, 산업용 로봇, 특수 로봇의 연구와 응용을 촉진

정책 명칭	출시 시간	출판 기관	주요 내용
상하이시 임바디드 AI 산업 개발 실행 계획	2025년 7월 28일	상하이시 인민정부 판공청	• 모델 기반 발전 전략을 추진하고 임바디드 AI 기술의 자립적 혁신 체계를 구축하며 컴퓨팅 파워, 실습 훈련장, 시험 생산, 투자, 임대 등 5대 플랫폼을 구축해 산업 기반을 강화하고 산업 집적 효과를 통해 임바디드 AI 단말 제품 개발을 촉진
상하이시 지능형 로봇 산업 고품질 혁신 및 발전 촉진 행동 계획 (2023-2025)	2023년 10월 19일	상하이시 경제정보화 위원회 등 5개 부처	• 임바디드 AI 등 첨단 기술 연구를 강화하고 범용 휴머노이드 로봇 원형기를 개발하며 시나리오 기반 응용을 통해 기술을 고도화. 제조업 혁신센터와 핵심 기업 중심으로 휴머노이드 로봇 제조 혁신센터 구축을 추진하고 글로벌 경쟁력을 갖춘 제품과 범용 인공지능 대형 모델 개발을 목표로 함
푸둥 신구 휴머노이드 로봇 산업 고품질 발전을 위한 3개년 행동 계획 (2024-2026)	2024년 9월	상하이시 푸동신구 과학기술경 제 위원회	• 완제품 주도, 응용 시나리오 확대, 디지털 지능 기술 지원, 공간 시범 프로젝트, 산업 생태계 개방 등 5대 전략을 통해 푸동을 휴머노이드 로봇 산업의 핵심 선도 지역으로 육성
충칭시 임바디드 AI 로봇 산업 혁신 발전 지원 정책	2024년 12월 4일	충칭시 경제정보화 위원회 등 7개 부처	• 산업 투자 모태펀드와 민간 자본이 참여하는 임바디드지능 로봇 산업 투자 펀드 조성을 장려하고 기술 혁신 투자 및 벤처 투자 활성화를 추진
광둥성 인공지능 및 로봇 산업 혁신 발전 촉진 정책	2025년 3월	광둥성 인민정부 판공청	• 핵심 기술 연구 개발, 응용 시나리오 확대, 데이터 자원 공급 강화, AI·로봇 오픈소스 혁신 생태계 구축 등 12개 정책을 통해 글로벌 AI 및 로봇 산업 혁신 중심지 구축을 추진
광저우시 임바디드 AI 로봇 산업 혁신 발전 촉진 정책(의견수렴안)	2025년 8월 26일	광저우시 공업 정보화국	• 휴머노이드 로봇의 대뇌·소뇌·신체 등 핵심 기술과 부품 연구를 지원하고 멀티모달 인식, 인지·의사결정, 운동 제어, 정밀 조작, 경량 소재 기술 등 연구 개발을 강화

정책 명칭	출시 시간	출판 기관	주요 내용
저장성 휴머노이드 로봇 산업 혁신 발전 실행 방안 (2024-2027)	2024년 9월	저장성 제조업 고품질 발전 지도 판공실	• 핵심부품 협력 체계 구축, 기술 연구 체계 강화, 산업 클러스터 형성, 응용 시나리오 확대, 혁신 생태계 구축 등을 통해 휴머노이드 로봇 산업 발전 추진
항저우시 휴머노이드 로봇 산업 혁신 발전 촉진 정책	2024년 12월	항저우시 인민정부 판공청	• 휴머노이드 로봇 완제품, 소프트웨어 알고리즘, 핵심부품을 중점 연구 프로젝트로 지원하고 기술 개발 과제를 추진하며 산업 투자와 창업을 장려
장쑤성 로봇 산업 혁신 발전 행동 방안	2024년 4월 17일	장쑤성 공업정보화 청 등 5개 부처	• 휴머노이드 로봇 개념 검증 센터 구축을 장려하고 3C, 자동차, 신에너지 산업에서 조립·운반·검사·정비 등 공정에 로봇 적용을 확대하며 의료·가사·재난 구조 분야 응용을 추진
쑤저우시 임바디드 AI 로봇 산업 혁신 발전 지원 정책	2025년 4월 11일	쑤저우시 인민정부	• 기업과 응용 기업 간 협력을 통해 혁신 제품의 초기 시험 적용을 지원하고 기술 표준화 조직 구축을 장려하며 제품 상용화를 촉진
안후이성 지능형 로봇 산업 발전 행동 방안 (2025-2027년)	2025년 11월	안후이성 인민정부 판공청	• 기술 개발, 제품 공급, 응용 확대, 산업 클러스터 구축, 산업 생태계 조성 등을 통해 스마트 로봇 산업을 발전시키고 2030년까지 중국 국가급 스마트 로봇 첨단 제조 클러스터 구축을 목표로 함
산둥성 휴머노이드 로봇 산업 혁신 발전 실시 방안 (2024-2027년)	2024년 4월	산둥성 공업정보화 청 등 11개 부처	• 2027년까지 휴머노이드 로봇 기술 혁신 능력을 크게 향상시키고 핵심 기업 10개 내외를 육성하며 산업 규모 확대와 응용 확대를 통해 전국 선도 수준의 산업 경쟁력을 확보하는 것을 목표로 함

2.4. 사용자 수요 분석

'Business End(기업, 공공기관 등 조직단위의 구매 및 사용자)'와 Consumer End(개인소비자의 구매 및 사용)'에서 휴머노이드 로봇에 대한 수요 구조는 근본적으로 다르다. Business End 수요는 업무 수행을 중심으로 효율성과 투자 대비 수익률(ROI)을 정밀하게 계산하는 방식으로 형성된다. 기업은 특정 작업 환경에서 인간 노동을 대체하거나 보조하여 명확한 업무 문제를 해결하는 것을 목표로 하며, 로봇에 대한 비용 지불 의사는 로봇의 전문화된 기능, 안정성, 그리고 총 소유 비용과 밀접하게 연결된다. 반면 Consumer End 수요는 사용자 경험과 일상생활 중심의 가치, 그리고 감정적 요소를 결합한 형태로 나타난다. 소비자들은 안전하고 실용적이며 사용하기 쉽고 일상생활 속에서 자연스럽게 함께할 수 있는 "동반자"로서의 로봇을 기대한다. 또한 가격에 대한 민감도가 높고 요구되는 기능 역시 구체적이고 실용적인 경향이 강하다. 현재 휴머노이드 로봇 산업은 Business End 시장의 특정 산업 현장에서 먼저 기술적 돌파를 이루고, 이를 통해 기술을 축적하며 비용을 낮춘 뒤 점차 Consumer End 대중 시장으로 확산되는 발전 경로를 따라가고 있다.

2.4.1. Business End 수요 분석

(1) 제조업

제조업은 휴머노이드 로봇이 적용될 가능성이 가장 높은 Business End 응용 분야 중 하나이며, 핵심 수요는 유연한 생산 체계 구축과 노동력 구조적 부족 문제 해결에 있다. 기존의 산업용 로봇은 구조화된 환경에서 반복적이고 고정밀 작업을 수행하는 데 강점을 가지고 있지만, 생산 라인을 자주 변경해야 하거나 소량 다품종 생산이 요구되는 유연한 제조 환경에는 적응하기 어렵다. 반면 휴머노이드 로봇의 핵심 장점은 인간과 유사한 형태와 조작 능력에 있다. 자동차 조립이나 전자 3C 제품 조립과 같은 산업 현장에서 휴머노이드 로봇은 인간 작업자를 위해 설계된 도구와 작업 공간, 작업 절차를 그대로 활용할 수 있으며, 정밀 부품 삽입, 나사 체결, 케이블 연결, 품질 검사와 같은 복잡한 작업을 수행할 수 있다. 특히 도장 공정이나 용접 공정과 같이 환경이 열악한 작업장, 고온 설비 주변과 같은 위험한 작업 환경, 혹은 야간 작업과 같이 사람이 장시간 수행하기 어려운 작업에서는 휴머노이드 로봇이 24시간 지속적으로 작업하는 "슈퍼 작업자"로 활용될 수 있다. 이는 생산 라인의 자동화 수준과 유연성을 크게 높이고 제조업에서 발생하는 인력 부족과 인건비 상승 문제를 직접적으로 해결하는 데 기여할 수 있다. 앞으로 제조업 분야에서의 수요는 로봇이 스스로 작업을 완료할 수 있는 능력의 향상, 다양한 작업 환경에 대한 적응력 강화, 그리고 기존 생산 관리 시스템(MES, ERP 등)과의 원활한 통합 능력에 집중될 것으로 예상된다.

[그림 2-25] 유비테크(UBTECH) Walker 로봇의 지능형 분류 작업 시연

(2) 서비스 산업

서비스업은 휴머노이드 로봇이 상업적으로 실제 적용되는 중요한 돌파 분야로, 수요의 특징은 **구체적인 활용 시나리오 중심으로 기능을 모듈화하는 데**에 있다. 서비스업은 호텔, 외식업, 소매업, 은행, 전시관 등 다양한 세부 시장을 포함하고 있으며, 수요는 분산되어 있지만 전체 시장 규모는 매우 크다.

호텔 분야에서는 로봇이 프런트 접수, 수하물 운반, 객실 물품 전달, 야간 순찰 등의 업무를 수행하여 서비스 효율을 높이고 고객에게 새로운 기술 경험을 제공할 수 있다. 외식 산업에서는 주방에서의 조리 보조부터 홀서빙, 테이블 정리와 같은 업무까지 로봇이 수행할 수 있으며, 특히 손님이 몰리는 시간대에 안정적인 인력 보조 역할을 할 수 있다. 쇼핑몰이나 전시관에서는 로봇이 스마트 안내원이나 해설사 역할을 하며 개인 맞춤형 상담과 안내 서비스를 제공할 수 있다.

종합적으로 보면 서비스업의 Business End 고객들은 주로 세 가지 요소를 중요하게 고려한다. 첫째, 투자 대비 수익률(ROI)이 명확해야 하며 지출한 비용에 대해 실질적인 성과가 나타나야 한다는 점이다. 둘째, 로봇의 운용이 안정적이고 안전해야 하며 특히 사람들이 많이 모이는 공간에서 문제가 발생하지 않아야 한다는 점이다. 셋째, 로봇이 빠르게 현장에 도입될 수 있어야 하고 사용 방식이 간단해야 한다는 점이다.

이러한 고객들은 기능이 지나치게 많고 가격이 높은 범용 로봇보다는 특정 기능에 특화된 로봇에 비용을 지불하는 경향이 있다. 예를 들어 물품 운반만 수행하는 로봇이나 전시 및 상호작용 기능에 특화된 로봇과 같은 형태이다. 이러한 수요 구조는 로봇을 다양한 서비스 목적에 맞게 설계하는 **모듈형·전용형 로봇 솔루션**의 등장으로 이어지고 있다. 즉, 서로 다른 서비스 환경에 맞는 로봇 모델을 제공하고 고객이 필요에 따라 선택하도록 함으로써 실용성과 비용 효율성을 동시에 확보하려는 방향으로 발전하고 있다.

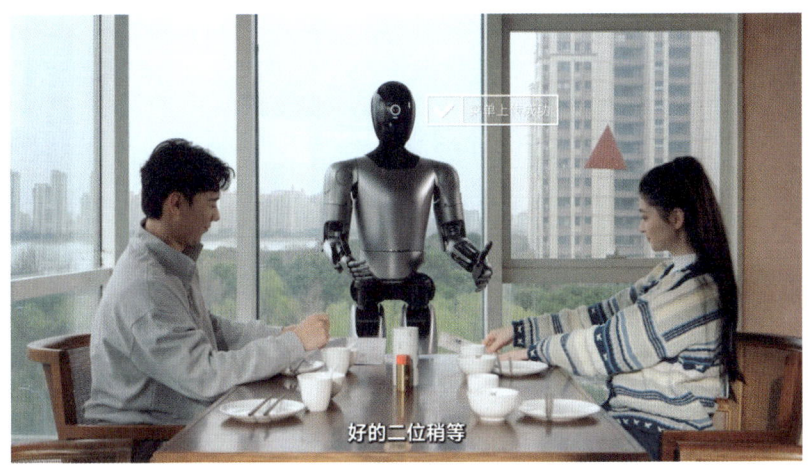

[그림 2-26] MagicLab(魔法原子)회사의 휴머노이드 로봇 'MagicBot(小麦)'이
음식을 내놓는 모습

(3) 의료·헬스케어

의료·헬스케어 분야에서 휴머노이드 로봇에 대한 수요는 전문성, 높은 부가가치, 그리고 윤리적 민감성이 동시에 존재하는 복합적인 특징을 보인다. 재활 치료 분야에서는 로봇 외골격이나 보조 로봇을 통해 뇌졸중이나 척수 손상 환자의 보행 및 운동 기능 회복을 표준화되고 정량적인 방식으로 지원할 수 있다. 이때 핵심 기술 요구는 힘 제어의 정밀성, 부드러운 동작 제어 능력, 그리고 환자 상태에 맞춘 개인화 알고리즘에 있다.

수술 보조 분야에서는 다빈치(da Vinci) 수술 시스템과 같은 로봇이 이미 의료 기술의 가치를 입증했지만, 더 높은 유연성과 실제 수술 환경에 가까운 조작 감각, 촉각 피드백 기능을 갖춘 차세대 수술 로봇 개발이 여전히 중요한 연구 과제로 남아 있다.

노인 돌봄 및 동반 서비스 분야에서는 세계적인 고령화 추세에 따라 로봇이 노인의 기립 보조, 이동 지원, 약 복용 알림, 생체 신호 모니터링, 정서적 교류 등의 역할을 수행할 수 있다. 이 분야에서의 핵심 요구는 절대적인 안전성, 자연스러운 인간-로봇 상호작용, 그리고 복잡하고 비정형적인 가정 환경에 대한 높은 적응 능력이다.

또한 원격 의료 서비스에 활용되는 상호작용형 로봇에 대한 관심도 점차 높아지고 있다. 전반적으로 병원, 재활 센터, 요양 시설 등 의료 분야의 고객들은 제품의 안전성과 효과성 인증(FDA, CE, NMPA 등), 임상적 근거, 그리고 장기적인 운영 및 유지관리 지원에 대해 매우 엄격한 기준을 요구하는 특징을 보인다.

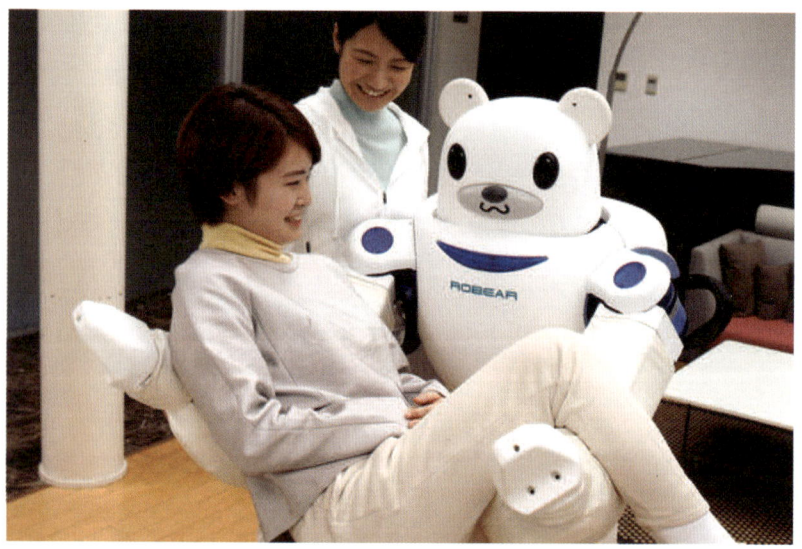

[그림 2-27] 일본의 'Robear' 간호 로봇

(4) 물류 및 창고 산업

물류 및 창고 산업에서 휴머노이드 로봇에 대한 수요는 주로 '라스트 마일 (Last mile: 허브에서 최종 고객 앞까지 이동하는 최종 배송구간)' 배송과 창고 내부의 유연한 운반 작업에 집중되어 있다. 현재 AGV, AMR, 그리고 로봇 팔 등이 이미 창고 분류 작업에 널리 활용되고 있지만, 문을 열거나 계단을 오르내리고 복잡한 공공 공간을 통과해야 하거나 정밀한 조작이 필요한 환경에서는 두 발로 이동하고 양팔을 사용할 수 있는 휴머노이드 로봇이 새로운 가능성을 제공할 수 있다. 예를 들어 창고 내부에서는 로봇이 높은 선반에서의 물품 피킹 작업이나 비정형 물품 운반, 포장 검수와 같은 비표준 작업을 사람 대신 수행할 수 있다. 또한 '라스트 마일' 배송 단계에서는 로봇 배송원이 인건비 상승 문제와 악천후 상황에서의 배송 어려움을 해결하는 대안이 될 수 있다.

이 분야의 기업 고객들은 매우 실용적인 기준을 가지고 로봇 도입을 판단한다. 우선 로봇의 이동 효율성, 즉 이동 속도, 배터리 지속 시간, 장애물 극복 능력이 중요한 요소이며, 물품을 집고 놓는 작업의 신뢰성과 안정성도 핵심 평가 기준이다. 또한 전체 솔루션의 총소유비용(TCO)이 기존의 '자동화 설비 + 인력' 방식보다 충분히 낮은지도 중요한 판단 기준이 된다. 물류 기업에서 주문 처리의 정확성과 배송 속도는 핵심 경쟁력이기 때문에 로봇의 작업 성공률과 시스템 안정성은 반드시 충족되어야 하는 기본 조건으로 여겨진다.

[그림 2-28] UBITECH 휴머노이드 로봇 Walker S1이 협력하여
대형·중량 물류 상자를 운반하는 모습

(5) 응급 구조 및 특수 작업 분야

응급 구조와 특수 작업 분야는 휴머노이드 로봇에 대한 수요가 매우 강한 분야로, 핵심 가치는 인간을 대신해 위험한 작업을 수행하는 데 있다. 원자력 발전소 점검 및 사고 대응, 화학 공장 폭발 현장 조사, 지진 잔해 속 구조 작업, 고압 전력 설비 점검, 화재 진압 등 극도로 위험한 환경에서 휴머노이드 로봇이 안정적으로 작동할 수 있다면 그 사회적·경제적 가치는 매우 클 것으로 평가된다.

이러한 환경에서는 로봇이 연기, 어둠, 복잡한 잔해 구조와 같은 상황에서도 주변 환경을 정확히 인식하고 모델링할 수 있는 능력이 필요하며, 울퉁불퉁하거나 미끄러운 지형, 붕괴된 구조물 등 다양한 환경에 대응할 수 있는 뛰어난 이동성과 외부 간섭에 대한 강한 내성이 요구된다. 또한 구조물 파괴 작업, 물체 운반, 밸브 조작 등과 같은 실제 작업 수행 능력과 안정적인 원격 제어 또는 자율 제어 기능도 중요한 요소이다.

이 분야의 주요 고객은 정부의 재난 관리 기관, 군대, 공공 인프라 기업 등으로, 가격에 대한 민감도는 상대적으로 낮은 편이지만 로봇의 신뢰성, 내구성, 그리고 특정 임무 수행 능력에 대해서는 매우 높은 수준의 기준을 요구한다. 다만 이러한 환경 자체가 매우 복잡하기 때문에 현재 기술 수준으로는 완전한 실용화까지 아직 일정한 기술적 격차가 존재한다. 그럼에도 불구하고 이 분야는 극한 환경 기술과 고성능 로봇 기술 발전을 촉진하는 중요한 연구 방향으로 평가되고 있다.

[그림 2-29] 우한(武汉) 소방 휴머노이드 로봇

(6) 교육 및 연구 시장

교육 및 연구 시장은 현재 휴머노이드 로봇 산업에서 중요한 '인큐베이터' 역할을 하는 초기 응용 분야이다. 대학과 연구기관이 휴머노이드 로봇을 도입하는 주요 목적은 인공지능, 로봇공학, 인지과학 등 분야에서 알고리즘 연구, 연구 플랫폼 검증, 그리고 교육 시연 등에 활용하기 위해서이다.

한편으로 연구 목적의 경우 로봇 플랫폼이 높은 수준의 개방성과 확장성을 갖추는 것이 중요하다. 연구자들이 새로운 알고리즘을 개발하고 검증할 수 있도록 다양한 API 인터페이스와 센서 데이터 접근 권한이 제공되어야 한다. 교육용으로 활용되는 경우에는 로봇이 안정적으로 작동해야 하며, 프로그래밍 인터페이스가 사용하기 쉽고 장비 구매 및 유지 비용이 비교적 낮아야 한다는 요구가 있다.

교육 및 연구 분야의 고객이 창출하는 직접적인 수익 규모는 상대적으로 크지 않지만, 이들은 기술 혁신의 중요한 출발점이자 미래 산업 인재를 양성하는 핵심 주체이다. 따라서 이러한 수요는 기초 기술 발전과 산업 생태계 구축을 촉진하는 데 중요한 역할을 한다.

[그림 2-30] 유비테크(UBTECH)의 지능형 유아 교육용 휴머노이드
로봇 '오공(Wukong)'

2.4.2. Consumer End 수요 분석

(1) 가격

가격은 휴머노이드 로봇이 일반 가정에 진입할 수 있는지를 결정하는 가장 중요한 기준이며, 소비자들은 명확하고 엄격한 민감도를 가지고 있다. 수십만 위안에 달하는 Business End 엔드 제품과 달리, Consumer End 시장은 소비자 전자제품의 일반 법칙을 따른다. 고급 스마트폰, 노트북, 대형 TV, 고급 냉장고 같은 고급 가전제품, 청소용 로봇, 고급 드론 같은 서비스 로봇의 인기 가격대를 고려할 때, 가정용 휴머노이드 로봇 가격은 그것과 비슷한 혹은 조금 상회하는 가격대가 되어야 대규모 소비자 시장의 관심을 끌 수 있다고 보고 있다. 가격이 예를 들어 1백만 원 이하로

낮아진다면 한국 가정에 널리 보급되고 있는 청소용 로봇처럼 인기 있는 제품이 될 수도 있다. 가격 뒤에는 공급망 성숙도, 생산 규모, 기술 모듈의 표준화에 기반한 기업의 원가통제 능력이 필요하다.

소비자들은 실험실 수준의 '과시' 기능에 너무 많은 비용을 지불하지 않고, 명확한 문제점을 합리적인 가격에 해결할 수 있는 신뢰할 수 있는 제품을 원한다. 따라서 "가격-성능-실용적 기능"의 균형이 제품 정의의 핵심이다.

가격은 휴머노이드 로봇이 일반 가정에 보급될 수 있는지를 결정하는 가장 중요한 기준이며, 소비자들은 명확한 가격 범위를 가지고 있다. 수십만 위안에 달하는 Business End 제품과 달리, Consumer End 시장은 일반적인 소비자 전자제품 시장의 가격 구조를 가진다. 고급 스마트폰, 노트북, 프리미엄 가전(대형 TV, 고급 냉장고 등), 서비스 로봇(로봇청소기, 고급 드론 등)의 보급 가격대를 참고할 때, 휴머노이드 로봇의 가격은 약 1만~5만 위안 수준에 달해야 대중 소비시장에서 본격적인 관심을 끌 수 있을 것으로 분석된다. 만약 가격이 수천 위안 수준까지 낮아진다면 로봇청소기처럼 대중적인 히트 제품이 될 가능성도 있다. 이러한 가격 기준은 결국 비용 통제 능력에 달려 있으며, 이는 공급망의 성숙도, 생산 규모 확대, 기술 모듈의 표준화 등에 의해 결정된다. 소비자들은 단순한 기술 과시용 기능에 높은 프리미엄을 지불하지 않으며, 감당할 수 있는 가격 범위 안에서 실제 생활 문제를 해결해 줄 수 있는 신뢰성 있는 제품을 원한다. 따라서 가격·성능·실용 기능 간의 균형이 제품 설계의 핵심이 된다.

(2) 기능 선호

기능 측면에서 소비자들이 가장 먼저 기대하는 역할은 효율적이고 신뢰할 수 있는 '가정 생활 보조자'로서 구체적인 물리적 가사 노동을 수행하는 것이다. 소비자들이 휴머노이드 로봇에 처음부터 기대하는 것은 감정 교류용 동반자나 전시용 제품이 아니라, 실제로 가사 부담을 줄여 줄 수 있는 실질적인 도움이다. 핵심 기능 수요를 우선순위로 보면, 먼저 청소와 정리 기능이 있다. 예를 들어 집 전체 바닥 청소(로봇청소기 이상의 기능), 테이블과 조리대 닦기, 옷 접기와 정리, 식기 세척 및 정리 등이 포함된다. 다음으로는 물건을 가져오거나 전달하는 기능으로, 사용자의 지시에 따라 다른 방에서 특정 물건을 가져오거나 전달하고, 이동이 불편한 사람을 보조하는 역할이 있다. 또한 간단한 식사 준비를 돕는 기능도 중요하다.

예를 들어 간단한 식재료 손질, 음료 준비, 식기 준비 등의 작업을 수행할 수 있어야 한다. 마지막으로 가정 보안과 돌봄 기능이 있다. 이동형 모니터링 기능을 통해 집 안 상황을 확인하고, 노인 낙상이나 낯선 사람 침입과 같은 이상 상황이 발생하면 경보를 보내고 초기 대응을 할 수 있어야 한다. 이러한 기능을 수행하기 위해서는 로봇이 공간을 정확히 이해하는 능력, 다양한 가정용 물체를 인식하고 조작하는 능력, 그리고 비정형적인 가정 환경에서도 안전하고 안정적으로 이동할 수 있는 능력을 갖추어야 한다. 무엇보다 모든 기능 구현의 전제는 절대적인 안전성으로, 가족이나 반려동물, 가구 등에 피해를 주지 않아야 한다.

(3) 감정 상호작용과 동반 관계

감정 상호작용과 동반 기능은 휴머노이드 로봇의 중요한 차별화 요소이며 특히 특정 사용자 집단에서 수요가 강하게 나타난다. 단순한 물리적 노동을 넘어 일부 소비자들, 특히 독거 청년, 독거 노인, 어린 자녀가 있는 가정은 로봇에게 정서적 교류와 사회적 상호작용까지 기대한다. 이들은 로봇이 자연스러운 대화를 할 수 있고(대형 언어 모델 기반), 사용자의 감정을 인식해 적절히 반응하며, 개인화된 알림과 엔터테인먼트 서비스(이야기 들려주기, 음악 재생, 간단한 교육 상호작용 등)를 제공하기를 원한다. 또한 인간과 유사한 외형과 동작을 통해 정서적 동반감을 전달하는 것도 중요한 요소로 여겨진다. 이러한 요구는 로봇이 음성·시각·촉각을 포함한 멀티모달 상호작용 능력, 감정 인식과 감정 계산 능력, 그리고 풍부한 콘텐츠 생태계를 갖출 것을 요구한다. 다만 감정 교류에 대한 수요는 복잡하고 고차원적인 영역이기 때문에 기본적인 가사 노동 기능이 충분히 충족되지 않은 상황에서 순수한 감정형 로봇 시장은 아직 제한적일 수 있다. 따라서 성공적인 제품은 현실적인 생활 보조 기능과 정서적 동반 기능을 동시에 갖춘 형태가 될 가능성이 높으며, 외형 디자인 역시 기술적인 이미지와 친근함 사이에서 균형을 맞추고 '불쾌한 골짜기(uncanny valley)[79]' 현상을 피하는 것이 중요하다.

---

79) '불쾌한 골짜기 현상(uncanny valley)'은 로봇이나 캐릭터가 사람과 점점 더 비슷해질수록 호감도가 높아지다가, 어느 순간 너무 사람과 비슷하지만 완전히 같지는 않을 때 오히려 강한 불쾌감이나 어색함을 느끼는 현상을 말한다. 이 개념은 1970년 일본 로봇공학자 '모리 마사히로'가 처음 제시했다. 그는 로봇의 인간 유사도가 높아질수록 사람의 호감도가 증가하지만, 일정 수준에 도달하면 그래프가 갑자기 떨어지며 '골짜기(valley)'처럼 보인다고 설명했다.

[그림 2-31] 중싱통신(ZTE)이 출시 계획 중인 가정용 로봇 제품

(4) 사용 편의성과 낮은 학습 부담

사용 편의성과 낮은 학습 부담은 소비자가 휴머노이드 로봇을 받아들이는 데 있어 기본적인 조건이다. 일반 소비자는 엔지니어처럼 복잡한 프로그래밍을 통해 로봇을 조작할 수 없기 때문에, 이상적인 인간-로봇 상호작용은 매우 단순하고 직관적이어야 한다. 먼저 자연어 명령 기능이 필요하다. 사용자는 일상적인 말로 로봇에게 지시하고, 로봇은 문맥이나 모호한 표현까지 이해하며 대화를 통해 작업을 수행할 수 있어야 한다. 또한 시범 학습 기능도 중요하다. 사용자가 직접 동작을 보여주거나 AR·VR 인터페이스를 활용해 로봇에게 새로운 작업을 쉽게 가르칠 수 있어야 한다. 동시에 로봇은 높은 자율성을 가져야 하며, 가정 환경의 변화를 스스로 인식하고 청소와 같은 반복적인 작업을 자동으로 계획하고 수행할 수 있어

야 한다. 이와 함께 전원을 켜면 바로 사용할 수 있는 편리함, 자동 충전이나 먼지통 정리와 같은 간단한 유지관리, 그리고 OTA 방식의 소프트웨어 업데이트를 통한 지속적인 기능 개선 역시 소비자가 기대하는 중요한 요소이다.

(5) 개인정보 보호 및 데이터 보안

개인정보 보호와 데이터 보안은 소비자들이 가장 크게 우려하는 요소 중 하나이며, 구매 결정에도 직접적인 영향을 미친다. 휴머노이드 로봇은 가정 공간을 자유롭게 이동하며 카메라와 마이크를 통해 주변 환경을 인식하기 때문에 가족의 행동, 대화 내용, 집 구조 등 매우 민감한 정보를 대량으로 수집하게 된다. 소비자들은 이러한 데이터가 암호화되어 저장되는지, 클라우드로 전송되는지, 누가 접근할 수 있는지, 어떤 목적으로 사용되는지에 대해 매우 큰 관심을 가진다. 따라서 기업은 현재의 스마트 스피커나 가정용 카메라보다 더 강력하고 투명한 개인정보 보호 체계를 구축해야 하며, 로컬 데이터 처리 모드나 물리적 카메라 가림 장치 같은 설계 요소, 그리고 명확한 사용자 약관을 통해 소비자의 신뢰를 얻어야 한다. 만약 데이터 유출 사고가 발생할 경우 특정 기업뿐 아니라 전체 시장에 대한 소비자 신뢰가 크게 흔들릴 수 있다.

(6) 제품 개인맞춤화(Personalization) 지속적인 업그레이드

제품의 개인맞춤화(Personalization)와 업그레이드 능력은 사용자가 제품을 오랫동안 사용하고 지속적인 만족을 느끼게 만드는 중요한 요소이다. 소비자는 단순히 기능이 고정된 기계가 아니라, 가정환경과 가족의 생활 방식에 맞추어 점점 더 적응해 가는 스마트한 파트너를 기대한다. 이를 위해 로봇은 지속적으로 학습할 수 있어야 하며, 예를 들어 가족 구성원마다 선호하는 물건의 위치나 서비스 방식 등을 기억하고 이에 맞는 맞춤형 서비스를 제공할 수 있어야 한다.

또한 로봇은 소프트웨어 업데이트나 기능 확장을 통해 계속 발전할 수 있어야 한다. 예를 들어 스마트폰에 앱을 설치하듯 새로운 기능을 추가하거나, OTA(무선 업데이트)를 통해 기존 기능이 개선되고 새로운 서비스가 제공될 수 있다. 이러한 방식은 사용자 경험을 지속적으로 향상시키는 동시에 기업에게도 소프트웨어와 서비스 기반의 새로운 수익 구조를 만들어 줄 수 있다.

(7) 사회적 인식과 상징성

휴머노이드 로봇의 사회적 인식과 상징성 역시 초기 사용자와 특정 소비자 집단에게 영향을 미치는 심리적 요인이다. 기술에 관심이 많은 소비자나 고소득 가정의 경우, 첨단 휴머노이드 로봇 소유는 최신 고급 브랜드 패션처럼 라이프스타일 상징이자 미래 지향적인 생활 방식의 상징으로 인식될 수 있다. 제품 디자인과 브랜드 마케팅은 이러한 심리를 반영하여 고급스럽고 세련되며 미래지향적인 브랜드 이미지를 만들어야 한다. 동시에, 공공장소에서의 제품 수행(예: 소유자 따라다니기)은 사회적 수용과 관련 법률 및 규정도 고려해야 하며, 주변 사람들에게 불편함을 주거나 사회적 갈등을 유발하지 않도록 하는 것도 중요한 요소이다.

3

중국 휴머노이드 로봇 산업 공급망 생태계 전반 분석

3.1. 산업 체인 구조

3.2. 중국 핵심 공급망 단계의 산업 현황

3.3. 공급망 병목과 기술 돌파구

중국 휴머노이드 로봇: 유니트리, 애지봇, 유비테크, 갤봇, 케플러 등 사업 현황 및 기업 발전 보고서

03 중국 휴머노이드 로봇 산업 공급망 생태계 전반 분석

3.1. 산업 체인 구조

휴머노이드 로봇은 첨단 고급 장비 산업을 대표하는 분야로, 산업 발전이 전체 공급망의 긴밀한 협력에 크게 의존한다. 현재 중국의 휴머노이드 로봇 산업은 점차 **업스트림 핵심부품 및 시스템, 미드스트림 연구 개발·생산·통합, 다운스트림 다양한 응용 분야**로 이어지는 비교적 완전한 산업 생태계를 형성하고 있다.

업스트림 단계에서는 액추에이터, 센서 장치, 제어 및 상호작용 모듈과 같은 핵심 하드웨어와 소프트웨어 기술 개발에 집중하고 있으며, 회전형 및 선형 액추에이터, 힘·촉각 및 시각 센서, 전용 칩과 알고리즘 등을 중심으로 한 핵심부품 공급 체계가 구축되고 있다. 미드스트림 단계에서는 연구 개발 설계, 로봇 본체 조립 및 테스트, 시스템 통합(소프트웨어 적용과 실제 사용 환경에 맞춘 조정 포함)을 통해 핵심부품을 완성된 로봇 제품으로 전환하는 역할을 수행한다. 다운스트림 단계에서는 군사, 산업(자동차 제조, 전자 조립 등), 서비스 분야(가정, 상업, 의료 등)와 같은 다양한 활용 분야의 수요를 기반으로 기술 성과의 상용화와 실제 가치 창출이 이루어진다.

이와 같은 공급망 생태계는 핵심 기술의 자립이라는 산업적 목표를 반영하는 동시에, 휴머노이드 로봇이 연구실 단계에서 대규모 산업 응용 단계로 발전해 가는 과정을 보여준다. 따라서 이러한 산업 구조는 현재 중국 로봇 산업의 경쟁력과 미래 발전 가능성을 이해하는 데 중요한 기준이 된다.

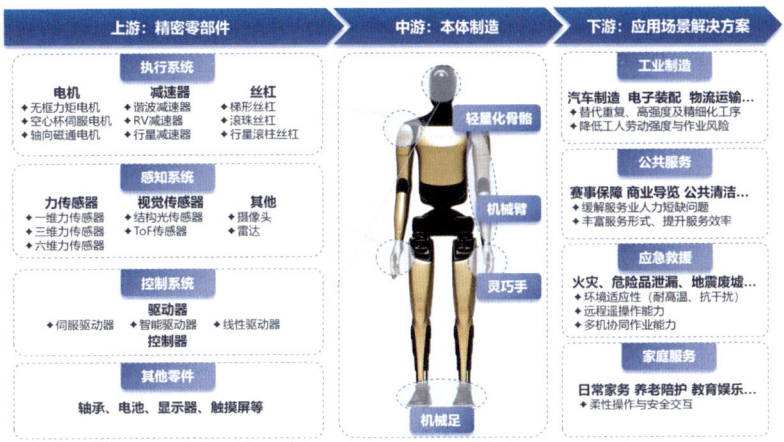

[그림 3-1] 휴머노이드 로봇 산업 체인 구조도

3.1.1. 업스트림: 정밀 핵심부품

(1) 구동 시스템

① 모터

모터는 휴머노이드 로봇 구동 시스템의 '관절 근육'으로 불리며, 로봇의 운동 능력을 결정하는 핵심부품이다. 모터는 주로 휴머노이드 로봇의 관절, 손가락, 목 등과 같은 구동 부위에 사용되며, 매우 작은 크기 안에서 높은 토크와 빠른 응답성을 동시에 제공하고 토크 폐루프 제어시스템(목표 토크를 센서로 측정한 실제값과 비교해 오차를 줄이기 위해 토크를 조절하는 폐쇄 루프 구조 시스템)을 지원할 수 있어야 한다. 일반적으로 센서, 감속기, 엔코더, 구동기(액추에이터/모터)가 하나의 모듈 형태로 통합되어 사용된다.

전통적인 산업용 로봇과 달리 휴머노이드 로봇에 사용되는 모터는 팔, 허벅지, 손가락과 같은 인체 구조를 모방한 제한된 공간에 장착되어야 한다. 따라서 모터는 높은 출력 밀도, 경량화, 저소음, 빠른 응답 속도 등의 특성을 갖추어야 한다.

현재 휴머노이드 로봇에 주로 사용되는 모터는 '프레임리스 토크 모터(Frameless Torque Motor)', '코어리스 DC 서보 모터(Coreless DC Servo Motor)', '축방향 자속 모터(Axial-Flux Motor)'의 세 가지 유형이 대표적이다. 이 밖에도 하모닉 자기장 모터와 같은 새로운 형태의 모터 기술이 연구 단계에 있으며, 각 모터 유형은 적용되는 로봇 부위와 사용 환경에 따라 서로 다른 특징과 활용 영역을 가진다.

〈표 3-1〉 다양한 유형의 모터 비교

비교 항목	프레임리스 토크 모터	코어리스 서보 모터	축방향 자속 모터
정의	• 프레임리스 토크 모터는 외부 하우징, 축, 베어링이 없는 영구자석 모터 • 핵심 성능 지표는 출력 토크	• 코어리스 서보 모터는 직경 40mm 이하의 무철심 회전자를 가진 소형 직류 서보 모터 • 마이크로 특수 모터에 속하며 회전자는 규소강판 철심 대신 컵 형태의 권선을 사용	• 축방향 자속 모터(디스크형 모터)는 자기장의 방향이 회전축과 평행하 • 고정자와 회전자가 원판 형태로 배열되며 자기장이 반경 방향으로 형성되는 기존 모터와 구별되며 구조가 더 얇고 평평한 구조
이미지			

비교 항목	프레임리스 토크 모터	코어리스 서보 모터	축방향 자속 모터
구조 특징	• 고정자(Stator)와 회전자(Rotor) 두 가지 핵심부품으로 구성 • 고정자는 외부 환형 규소강판과 구리 권선 구조이며, 회전자는 내부 영구자석이 포함된 회전 강철 링으로 구성 • 내회전자와 외회전자 방식이 있으며 장비 축이나 휠 허브에 직접 접착 또는 압입(Press-fit) 방식으로 장착 가능	• 회전자, 고정자, 정류자, 베어링, 엔드캡, 축 등으로 구성	• 고정자, 회전자, 케이스, 베어링 등으로 구성 • 원판 구조로 인해 방열 면적이 작아 보통 고정자 외경에 수냉판이나 공랭 방열핀을 설치
장점	• 구조가 컴팩트하고 공간 활용도가 높아 관절 내부에 삽입 가능하며 축 방향과 반경 방향 크기를 크게 줄일 수 있음 • 저속에서도 높은 토크를 출력할 수 있어 감속기 없이 직접 구동이 가능	• 높은 동적 응답성을 가지며 밀리초 단위의 가속과 감속이 가능해 잦은 정지와 방향 전환이 필요한 작업에 적합 • 가볍고 소음이 낮으며 구조적으로 안정적 • 브러시가 없는 타입의 경우 마모가 거의 없어 유지보수가 적고 장기간 연속 사용이 가능	• 경량화가 가능하며 외경은 일반 모터와 비슷하지만 축 방향 길이는 절반 수준으로 줄어 설치 공간을 줄일 수 있음 • 고정자 구조, 자극 배열, 권선 방식 등을 필요에 따라 유연하게 설계 가능[80]
단점	방열이 어려워 별도의 베어링 설계가 필요	권선 공정이 복잡해 제조 난도가 높고 비용이 비교적 높음	공급망이 아직 발달하지 않았으며 비용이 높음
대표 적용 분야	고관절/무릎/어깨 등 큰 토크가 필요한 관절 부위	손가락, 손목 등 정밀하고 유연한 구동 구조	무릎, 발목, 손목 등 높은 출력이 필요한 부위

80) https://www.elecfans.com/d/6439893.html

② 감속기

휴머노이드 로봇에서 사용되는 감속기는 모터와 관절 출력부 사이에 설치되는 정밀 기어 전달 장치로, 회전 속도를 낮추고 토크를 증가시키며 관성 부담을 줄이는 역할을 한다. 이러한 감속기는 일반적으로 백래시(회전 구동 시스템에서 회전 방향이 바뀔 때 발생하는 기계 이빨 간 간극)가 거의 없고, 소음이 낮으며, 수명이 길어야 하고, 양방향 운동에서도 반복 위치 정밀도 1 Arcmin(Arcmin 은 각도를 재는 단위, 1도($°$) = 60 arcmin ($'$)) 이하를 유지할 수 있어야 한다.

현재 휴머노이드 로봇에 적용되는 감속기는 주로 '정밀 유성 감속기'(Precision Planetary Reducer), 'RV 감속기(Rotary Vector Reducer)', '하모닉(조파) 감속기(Harmonic Speed Reducer)' 세 가지 유형이 사용되고 있다. 각 감속기는 기술 구조와 특성이 서로 달라 적용되는 로봇 부위와 성능 측면에서도 서로 다른 장점을 보인다.

〈표 3-2〉 다양한 유형의 감속기 비교

비교 항목	하모닉 감속기	RV 감속기	정밀 유성 감속기
정의	하모닉 감속기는 하모닉(조파) 전달 원리를 기반으로 하는 정밀 전달 장치.	RV 감속기는 유성 기어 감속 구조와 사이클로이드 핀 휠 감속 구조가 결합된 2단 정밀 전달 장치.	유성 감속기는 유성 기어계의 맞물림 전달 구조를 기반으로 한 정밀 장치로, 구조가 태양계의 행성 운동과 유사하여 유성 감속기라 함
이미지			
구조 특징	구조가 비교적 단순하며, 웨이브 제너레이터, 플렉스 스플라인(유연 기어), 서큘러 스플라인(강성 기어)의 세 가지 핵심부품으로 구성	유성기어계, 크랭크축, 사이클로이드 기어, 핀 기어 하우징, 출력 디스크 등 여러 부품으로 구성	태양 기어, 3개 이상 균등하게 배치된 행성 기어, 내치 기어, 그리고 캐리어로 이루어진 네 가지 핵심부품으로 구성

비교 항목	하모닉 감속기	RV 감속기	정밀 유성 감속기
장점	• 백래시가 거의 없는 높은 정밀도를 가지며 로봇의 작은 관절에서 필요한 정밀 동작에 적합 • 크기가 작고 무게가 가벼워 로봇의 경량화와 배터리 효율 향상에 도움 • 관성 감소로 관절 반응 속도를 높여 부드러운 동작을 구현 가능[81], [82]	• 높은 강성과 큰 하중을 견딜 수 있어 로봇의 보행이나 점프와 같은 큰 동작에 적합 • 낮은 백래시로 높은 정밀도를 유지하고 수명이 길며 전달이 안정적이고 소음이 낮음 • 모터와 통합된 일체형 관절 설계가 가능해 개발 기간을 단축 가능[83]	• 중·고하중 환경에서도 안정적인 전달 성능을 가지며 충격에 대한 저항성이 높음 • 모듈형 구조로 모터와 통합이 쉽고 내마모성이 좋아 유지보수 비용이 비교적 낮음
단점	• 플렉스 스플라인이 얇은 구조이기 때문에 충격에 약하며 비용이 유성 감속기보다 높은 편 • 조립 시 높은 동심도 정밀도가 요구	• 크기와 무게가 비교적 크며 단일 단계 감속비에 한계 존재 • 고급 제품은 아직 중국기술력이 제한적이라 수입 의존도가 높음	• 미세한 백래시가 존재하고 위치 정밀도가 중간 수준 • 상대적으로 수명이 짧은 편
대표 적용 분야	어깨, 손목, 손가락 등 중·경량 하중 관절 및 정밀도와 경량성이 중요한 부위	고관절, 무릎, 발목 등 높은 토크와 충격을 견뎌야 하는 관절	허리, 목 등 저속 조절 관절이나 공간이 비교적 넉넉하고 비용에 민감한 부위

③ 리드 스크루(Lead Screw)

리드 스크루는 휴머노이드 로봇 구동 시스템의 핵심부품으로, 회전 운동을 정확한 직선 운동으로 변환하는 역할을 하며 로봇의 동작 정밀도와 하중 지지 능력에 직접적인 영향을 미친다. 리드 스크루는 기본적으로 모터의 회전 운동을 직선 운동으로 변환하거나 반대로 전달할 수 있는 기계식 전달 장치로, 일상에서 볼 수 있는 나사와 너트가 맞물려 움직이는 구조와 유사하다.

---

81) https://www.elecfans.com/d/6439893.html
82) https://www.toutiao.com/article/7478908229540479525/?upstream_biz=doubao&source=m_redirect
83) https://blog.csdn.net/2301_81238088/article/details/150715930

휴머노이드 로봇에서는 리드 스크루가 선형 액추에이터의 핵심 구성 요소로 사용되며, 로봇의 '근육을 당기는 장치'와 같은 역할을 한다. 이를 통해 다리의 신축 운동, 팔의 밀고 당기는 동작, 손가락의 잡기 동작 등 다양한 직선 구동 동작을 구현할 수 있다. 또한 일부 구조에서는 기계적 자기 잠금(self-locking) 기능을 구현할 수 있어, 무거운 물체를 들고 있을 때도 지속적으로 전력을 공급하지 않아도 위치를 유지할 수 있으며 이는 로봇의 에너지 효율과 배터리 사용 시간을 높이는 데 도움이 된다.

현재 휴머노이드 로봇에서 주로 사용되는 리드 스크루는 세 가지 유형으로 나뉘며, 각각의 구조는 요구되는 하중과 정밀도 수준에 따라 서로 다른 적용 분야를 가진다.

〈표 3-3〉 다양한 유형의 리드 스크루 비교

비교 항목	사다리꼴 리드 스크루	볼 스크루	행성(플래닛) 롤러 스크루
정의	• 사다리꼴 리드 스크루는 슬라이딩 스크루라고도 불림 • 산업 및 로봇 분야에서 사용되는 기본적인 선형 전달 부품으로 나사 단면이 사다리꼴 형태이기 때문에 이러한 이름이 붙여짐	• 볼 스크루는 롤링 마찰을 기반으로 하는 정밀 선형 전달 장치 • 내부의 볼을 통해 모터의 회전 운동을 효율적이고 정확하게 직선 운동(또는 역방향 운동)으로 변환 • 산업 및 로봇 분야에서 사용되는 고정밀 선형 구동 핵심부품	• 행성 롤러 스크루는 롤러의 행성 운동 원리를 기반으로 하는 고급 정밀 선형 전달 장치 • 큰 하중과 높은 정밀도의 직선 운동을 구현할 수 있으며 휴머노이드 로봇 핵심 관절에 사용되는 주요 전달 부품
이미지			

비교 항목	사다리꼴 리드 스크루	볼 스크루	행성(플래닛) 롤러 스크루
구조 특징	스크루 본체, 너트, 가이드 장치, 지지단 등 네 가지 기본 구성 요소	스크루 본체, 너트, 볼, 순환 장치, 지지 유닛 등 다섯 가지 핵심부품으로 구성	스크루 본체, 롤러, 너트, 케이지 등 네 가지 핵심부품으로 구성
장점	• 제조 비용이 낮고 가공 공정이 비교적 단순 • 구조가 간단해 설치가 쉽고 전달 원리가 직관적 • 나사 간격이 비교적 넓어 먼지나 이물질에 대한 저항성이 높고 기본적인 선형 전달 작업에 안정적	• 롤링 마찰을 사용하기 때문에 슬라이딩 마찰보다 오차가 적고 정밀도 높음 • 마찰 손실이 적어 전달 효율이 높으며 마모가 적어 수명이 오래감 • 마찰 저항 변화가 작아 저속 또는 고속에서 안정적인 직선 운동을 구현 가능	• 롤러가 선 접촉 방식으로 작동해 충격을 효과적으로 분산시키며 매우 높은 하중을 견딜 수 있음 • 전달 정밀도가 높고 수명이 오래감 • 동일한 하중 조건에서도 구조를 더 작고 컴팩트하게 설계할 수 있어 경량화에 유리
단점	• 전달 효율이 낮고 정밀도가 제한적이며 마모가 비교적 빠르게 발생	• 볼 구조는 자체 잠금 기능이 없어 별도의 제동 장치를 추가해야 함 • 높은 가공 정밀도와 특수 제조 공정이 필요해 비용이 높은 편	• 가공 정밀도 요구가 매우 높고 특수 장비와 공정이 필요해 제조 비용이 매우 높음 • 기술 장벽이 높아 대량 생산이 어려움
대표 적용 분야	• 비용이 낮아 대량 사용이 필요한 전통 산업에서 많이 사용 • 휴머노이드 로봇에서는 비핵심 하중 관절(예: 팔꿈치)에 적용	• 높은 정밀도가 요구되는 장비(공작기계, 의료 장비 등)에 사용 • 휴머노이드 로봇에서는 중간 하중의 관절이나 로봇 손 등 정밀 동작 부위에 적용	• 높은 정밀도와 고속·대하중이 요구되는 분야(로봇, 항공기 착륙 장치, 정밀 공작기계 등)에 사용 • 휴머노이드 로봇에서는 다리나 몸통과 같은 핵심 하중 관절에 적용

(2) 인지 시스템

휴머노이드 로봇의 인지 시스템은 힘, 위치, 시각 등 다양한 물리적 신호를 수집하고 이를 디지털 신호로 변환하여 로봇이 자신의 상태를 인식하고 외부 환경을 이해할 수 있도록 데이터를 제공하는 핵심부품들로 구성된다. 이는 로봇의 '**감각기관과 신경 시스템**'에 해당한다고 볼 수 있다. 인지 시스템의 핵심 역할은 로봇이 '**감지-판단-실행**'으로 이어지는 폐쇄형 제어 구조를 구현하도록 하는 것이며, 이는 로봇의 지능과 안전의 기반이다.

① 포스 센서(Force Sensor)

휴머노이드 로봇에서 포스 센서와 시각 센서는 각각 로봇의 촉각 인지와 시각 인지를 담당하는 핵심 장치로, 두 센서는 함께 로봇이 외부 환경과 상호작용을 할 수 있도록 하는 핵심 인지 체계를 구성한다. 이 가운데 포스 센서는 로봇의 관절이나 말단 구동 장치에 작용하는 힘 또는 토크를 전기 신호로 변환하는 장치로, 로봇의 '촉각 신경'과 같은 역할을 한다. 반면 시각 센서는 빛 신호를 수집하여 환경의 이미지나 3차원 정보를 획득하고 이를 전기 신호로 변환하여 로봇이 위치를 파악하고 사물을 인식할 수 있도록 돕는 장치로, 로봇의 '눈'에 해당한다.

포스 센서는 감지할 수 있는 차원에 따라 크게 세 가지로 구분된다. 1차원 포스 센서는 하나의 방향에서 발생하는 힘만 측정할 수 있으며, 3차원 포스 센서는 공간상의 세 개의 직교 방향에서 작용하는 힘을 동시에 측정할 수 있다. 6차원 포스 센서는 세 방향의 힘뿐만 아니라 세 방향의 토크까지 동시에 측정할 수 있는 장치로, 세 가지 유형 중 기능이 가장 포괄적이고 기술적으로도 가장 복잡하다. 이러한 센서는 로봇이 외부 환경과 상호작용할 때 발생하는 모든 역학적 상태를 정밀하게 인식할 수 있도록 하며, 정밀한 동작 제어를 위한 중요한 데이터를 제공한다.

〈표 3-4〉 포스 센서 유형 비교

비교 항목	1차원 포스 센서	3차원 포스 센서	6차원 포스 센서
핵심 기능	한 방향의 힘만 측정 (예: 직선 관절의 밀기·당기기 힘)	공간상의 세 개의 직교 방향 힘을 동시에 측정	3차원 공간의 힘과 토크를 동시에 측정
이미지			
핵심 구성 요소	탄성체, 스트레인 게이지, 신호 처리 회로	탄성체, 여러 개의 스트레인 게이지 브리지 회로, 신호 증폭 모듈	정밀 탄성체(십자 빔 또는 스포크 구조), 여러 스트레인 게이지, 내장 프로세서, 디커플링 보정 모듈
구조 특징	• 탄성체가 원통형 또는 판형 구조이며 구조가 단순 • 힘이 작용하는 방향에만 스트레인 게이지를 배치하며 복잡한 디커플링 구조가 필요 없음 • 전체 크기가 작고 컴팩트해 협소한 관절 구조에 쉽게 통합 가능	• 탄성체는 십자 빔 또는 평면 프레임 구조를 사용하며 세 개의 직교 방향에 스트레인 게이지 브리지 회로를 배치 • 회로 설계를 통해 각 방향의 힘 신호를 구분하며 구조 복잡도는 1차원과 6차원 센서의 중간 수준	• 탄성체는 십자 빔 또는 스포크 구조를 사용하며 정밀 가공으로 변형 집중 영역을 형성 • 내부에 전용 프로세서를 탑재하고 보정 행렬을 통해 실시간 디커플링 연산을 수행하여 각 차원 간 신호 간섭을 최소화
장점	• 생산비용이 낮고 단일 축 측정 정밀도가 높으며 빠른 응답 속도 • 안정성이 높고 유지보수가 비교적 간단	• 3차원 힘 측정이 가능하며 가격 대비 고성능 • 교차 간섭을 제어할 수 있어 다방향 힘 측정 환경에 적용 가능	• 측정 차원이 가장 많고 데이터 정확도가 높음 • 복잡한 힘 상태를 정밀하게 파악할 수 있으며 간섭에 강해 고정밀 응용 분야에 적합
단점	• 측정 차원이 하나뿐이라 다방향 힘이나 토크를 측정할 수 없어 적용 범위가 제한적.	• 토크 측정 기능이 없으며 복잡한 힘 작용 환경에서는 활용이 제한 • 고정밀 제품의 경우 비용이 높은 편	• 제조 비용이 매우 높고 가공 기술 요구 수준이 높음 • 보정 과정이 복잡하며 유지 비용이 높고 사용 환경 조건이 까다로움
대표 적용 분야	팔이나 다리의 직선 관절 등 기본적인 힘 피드백이 필요한 부위	어깨, 팔꿈치, 허리 등 여러 방향의 힘을 측정해야 하는 관절	손목, 발목 등 정밀 동작 제어와 균형 제어가 필요한 부위

② 시각 센서(Vison Sensor)

휴머노이드 로봇의 시각 센서는 빛 신호를 포착하여 주변 환경의 이미지나 깊이 정보 등을 획득하고, 이를 로봇 제어 시스템이 인식할 수 있는 전기 신호로 변환하는 핵심 장치로 로봇의 '눈'에 해당한다. 현재 휴머노이드 로봇에 적용되는 시각 센서는 주로 3D 비전 기술을 기반으로 하며, 대표적인 유형으로는 **구조광 센서**(Structured Light Sensor)와 ToF(Time of Flight) 센서가 있다. 구조광 센서는 근거리에서 정밀한 환경 인식에 강점을 가지며 물체를 잡거나 조작하는 작업과 같은 상황에 적합하다. 반면 ToF 센서는 복잡한 조명 환경이나 비교적 먼 거리에서도 안정적으로 작동하기 때문에 로봇의 이동, 경로 탐색, 장애물 회피와 같은 기능에 적합하다. 두 센서는 서로 다른 장점을 가지기 때문에 함께 사용되어 로봇의 종합적인 시각 인지 시스템을 구성하는 경우가 많다.

많은 휴머노이드 로봇은 이 두 가지 센서를 동시에 탑재하여 **원거리와 근거리 인식을 결합한 상호 보완적 인지 체계**를 구축한다. 예를 들어 야외에서 강한 햇빛이 있는 환경에서는 ToF 센서가 주로 사용되어 원거리 이동과 장애물 회피의 안정성을 확보한다. 반면 실내 환경에서는 물체를 집거나 조작하는 등 근거리의 정밀 작업이 필요하기 때문에 구조광 센서의 고정밀 데이터를 활용하게 된다. 이러한 두 센서의 데이터를 알고리즘을 통해 통합하고 상황에 따라 가중치를 조정함으로써 로봇은 복잡한 환경에서도 보다 안정적으로 주변을 인식하고 대응할 수 있게 된다.

〈표 3-5〉 다양한 유형의 시각 센서 비교

비교 항목	구조광 센서	ToF 센서
핵심 기능	• 미리 설정된 패턴(점 배열, 줄무늬 등)을 투사하고 카메라로 이를 촬영하여 깊이 정보를 계산하는 방식의 센서 • 근거리에서 높은 정밀도의 3차원 모델링을 수행할 수 있어 로봇의 환경 인식과 정밀 상호작용에 적합	• 비행 시간 원리를 기반으로 빛 신호를 발사하고 반사된 신호가 돌아오는 시간을 측정하여 거리 정보를 계산하는 센서 • 중·장거리에서 빠른 깊이 측정이 가능
이미지		
핵심 구성 요소	듀얼 카메라 모듈, 구조광 발사 모듈, 자체 개발 깊이 연산 칩, 신호 처리 회로	변조 광원(LED 또는 레이저 다이오드), 대역통과 필터, ToF 전용 칩, 제어 및 연산 모듈
기술 특징	• 컴팩트한 듀얼 렌즈 구조로 크기가 작아 로봇과 같은 공간 제약 장치에 쉽게 통합 가능 • 내장된 깊이 연산 칩을 통해 엣지 컴퓨팅 기반의 깊이 데이터 계산을 독립적으로 수행하 • IMU를 통해 시각 데이터와 운동 데이터를 하드웨어 수준에서 동기화해 동적 환경에서도 안정적인 측정이 가능	• 광원과 센서 간의 정밀한 동기 제어가 필요하며, 대역통과 필터를 통해 특정 파장의 빛만 통과시켜 외부 간섭을 줄임 • 센서 픽셀 내부에 전자 셔터가 내장되어 위상 또는 비행 시간을 측정하고, 큰 픽셀 구조로 약한 빛 환경에서도 거리 측정 정확도를 유지 • AI 알고리즘을 통해 포인트 클라우드 데이터를 보정해 장면 정보를 복원 가능
장점	• 근거리 측정 정밀도가 높아 물체의 형태와 세부 구조를 정확하게 복원 가능 • 높은 프레임 속도로 동적 장면을 빠르게 포착할 수 있으며 로봇의 머리나 손 부위에 적용되어 자연스러운 인간-로봇 상호작용을 지원	• 측정 가능한 거리 범위가 넓어 근거리 인식부터 중·장거리 장애물 감지까지 다양한 상황에 대응 가능 • 환경 조명 변화의 영향을 비교적 적게 받아 밝기 변화가 큰 환경에서도 안정적으로 작동하며, 로봇의 머리, 하부 플랫폼, 다리 등 다양한 위치에 유연하게 설치 가능
단점	• 강한 외부 조명에 영향을 받기 쉬워 데이터 정확도가 떨어질 수 있음 • 먼 거리에서는 측정 정밀도가 크게 감소하며 투명하거나 반사율이 높은 물체 인식 성능이 낮아 실내 근거리 환경에 주로 적합	• 근거리 측정 정밀도가 구조광 센서보다 낮음 • 작은 물체의 세부 구조 복원 능력이 약해 손을 이용한 정밀 작업과 같은 고정밀 작업에는 적합하지 않음
대표 적용 분야	로봇 손을 이용한 정밀 물체 파지(물체 형태 및 크기 인식), 얼굴 인식 및 표정 인식, 근거리 장애물 감지	로봇의 전신 장애물 회피(중·장거리 장애물 감지), 실내외 환경 지도 구축, 보행 조정 및 지면 높이 감지, 다중 사용자 상호작용 거리 인식

(3) 제어 시스템

드라이버(구동기)와 컨트롤러는 휴머노이드 로봇 제어 시스템의 핵심 구성 요소로, 로봇의 움직임을 지탱하는 '신경 중추'와 '동력 전달 장치'와 같은 역할을 한다. 이 가운데 드라이버는 컨트롤러와 모터를 연결하는 핵심부품으로, 컨트롤러에서 전달되는 약한 전기 제어 신호를 강한 전력 신호로 변환하고 전력 증폭, 신호 변환, 폐루프 제어 등의 기능을 수행하여 모터를 구동하고 관절의 움직임을 만들어낸다. 한편 컨트롤러는 전체 시스템의 '두뇌'에 해당하며, 힘 센서나 시각 센서 등 다양한 센서 데이터를 통합하여 사전에 설정된 알고리즘이나 인공지능 모델을 실행하고 그 결과로 움직임 명령을 생성한다. 이를 통해 로봇은 동작 계획 수립, 자세 조정, 자율적인 의사결정 등을 수행할 수 있다.

① 드라이버(Driver)

휴머노이드 로봇의 드라이버는 로봇 관절의 '동력 엔진'과 같은 장치이다. 손가락의 정밀한 물체 파지 동작이나 다리의 보행과 점프와 같은 움직임 모두 드라이버를 통해 전기 에너지가 기계적 에너지로 변환되어 이루어진다. 따라서 드라이버는 제어 시스템과 실제 구동 장치를 연결하는 중요한 핵심 장치라고 할 수 있다.

〈표 3-6〉 드라이버 유형 비교

비교항목	서보 드라이버	스마트 드라이버	선형 드라이버
핵심기능	모터의 회전 속도와 토크를 정밀하게 제어하며 밀리초 단위의 빠른 응답을 지원하여 관절의 정밀 동작에 적합	서보 제어 알고리즘과 전원 관리 모듈이 내장되어 있으며 일부 제품은 별도의 저수준 프로그래밍 없이도 고급 토크 및 위치 제어를 구현 가능	리드 스크루 구조를 이용해 모터의 회전 운동을 직선 운동으로 변환하며 높은 강성과 큰 추진력, 자기 잠금 기능을 갖춤
이미지			
핵심 구성 요소	명령 수신 모듈, 엔코더 신호 처리기, FOC 알고리즘 유닛, SVPWM 변조기, 보호 회로 등	전원 관리 모듈, 게이트 제어 회로, 정밀 분류 저항, 고주파 제어 유닛, 전력 트랜지스터, 통합 제어 칩 등	내장 구동 모터, 볼 스크루 또는 행성 롤러 스크루, 직선 가이드 구조, 힘/위치 센서, 외부 케이스
구조 특징	• 엔코더와 서보 모터가 함께 사용되며 폐루프 제어를 통해 높은 제어 정밀도를 제공 · 크기가 비교적 적당해 다양한 로봇 부위에 설치 가능	• 높은 통합 구조로 추가 프로그래밍이나 별도 부품이 거의 필요 없음 • 응답 속도가 빠르고 구조가 컴팩트해 공간이 제한된 관절에 적합	• 모터와 전달 장치가 일체형 구조이며 안정적인 추진력을 제공 • 축 방향 길이가 다소 크고 높은 전달 정밀도가 요구되며 정기적인 유지 관리가 필요
장점	• 제어 정밀도가 높고 응답 속도가 빠르며 토크 밀도가 높음 • 폐루프 피드백을 통해 오차를 실시간으로 보정할 수 있어 정밀 동작에 적합	• 통합도가 높아 설치와 사용이 편리하고 소음이 낮으며 부하 변화에 대한 안정성이 높음 • 추가 프로그래밍 없이도 고급 제어 기능을 구현 가능	• 추진력이 크고 움직임이 안정적이며 동력 전달 효율이 높음 • 힘과 위치를 정밀하게 제어할 수 있어 하중이 큰 관절에 적합
단점	• 기술적 난도가 높고 엔코더 보정에 의존하며 비용이 비교적 높음 • 여러 부품이 함께 필요해 시스템 통합이 다소 복잡	• 출력 전력이 제한적이어서 중·소형 관절에 적합 • 고급 모델은 비용이 높고 기능 확장성이 제한적이며 유지관리가 비교적 어려움	• 구조가 복잡하고 전달 부품의 마모가 발생하기 쉬우며 동작 속도가 비교적 느림 · 축 방향 크기가 커 경량화 설계에 불리
대표 적용 분야	손목, 손가락 등 정밀 동작 부위, 목이나 발목 관절 등 정밀 자세 제어가 필요한 부위	손가락, 팔꿈치 등 중·소형 출력 관절, 어깨 보조 관절, 얼굴 표정 구동 장치	허리, 무릎, 엉덩이 관절 등 하중을 지탱하는 부위에서 큰 추진력과 보행 동작을 구현하는 데 사용

② 컨트롤러

휴머노이드 로봇의 컨트롤러는 로봇의 '슈퍼 두뇌'에 해당하는 핵심 장치로, 로봇이 다양한 동작을 수행하고 지능형 상호작용을 구현하도록 총괄하는 역할을 한다. 컨트롤러는 로봇이 무엇을 해야 하는지와 어떻게 수행해야 하는지를 계획하는 동시에, 동작을 실시간으로 조정하여 안정적인 작동을 유지하도록 한다. 따라서 컨트롤러는 로봇의 지능화와 인간과 유사한 움직임을 가능하게 하는 핵심 제어 중심 장치이며, 로봇의 동작 정밀도와 복잡한 작업 수행 능력을 직접적으로 결정한다. 일반적으로 컨트롤러는 하드웨어와 소프트웨어 두 부분으로 구성되며, 두 요소가 함께 작동하여 전체 기능을 구현한다.

컨트롤러의 작동 과정은 크게 상위 수준 의사결정 단계와 하위 수준 실행 단계로 구분되며, 감지–연산–실행–피드백으로 이어지는 고속 폐루프 제어 구조를 통해 로봇의 동작을 정확하고 안정적으로 수행하도록 한다. 먼저 인공지능 기반 대형 모델을 활용하여 다양한 센서에서 수집된 데이터를 처리하고 환경 인식 정보를 통합하여 전체 행동 계획을 수립한다. 이후 상위 단계에서 생성된 명령을 각 관절에 필요한 세부 제어 변수로 변환하고, 모델 예측 제어(MPC)와 역동역학 계산을 통해 실제 동작을 제어한다. 이 과정에서 센서가 제공하는 실시간 피드백을 이용해 밀리초 단위로 제어를 조정한다. 예를 들어 보스턴 다이내믹스의 Atlas 로봇은 이러한 제어 구조를 통해 보행 중에도 동작을 실시간으로 수정하며 높은 외란 대응 능력을 보여준다.

고성능 컨트롤러는 높은 실시간 응답 속도, 높은 제어 정밀도, 그리고 다양한 시스템과 연결할 수 있는 모듈화 구조와 같은 특성을 갖추어야 한다. 실제 사례로는 유니트리(Unitree)의 H1 로봇이 자체 개발한 컨트롤러를 탑재하여 이족 보행과 공중 회전과 같은 복잡한 동작을 안정적으로 수행하고 있으며, 유비테크(UBTECH)의 Walker X는 고성능 컨트롤러를 통해 다자유도 관절을 정밀하게 구동하여 산업 조립이나 의료 돌봄과 같은 고정밀 작업에 활용되고 있다.

(4) 기타 부분

① 베어링(Bearing)

휴머노이드 로봇에서 베어링은 로봇의 관절이나 감속기와 같은 핵심부품을 지지하고 회전 또는 흔들림 운동을 안내하며 마찰과 에너지 손실을 줄여 주는 정밀 기계 부품이다. 베어링은 로봇 시스템에서 두 가지 중요한 역할을 수행한다. 첫째, 관절 부위의 완충 장치처럼 작용하여 매우 낮은 마찰 계수를 통해 부품 간 마모를 줄이고 사용 수명을 연장한다. 둘째, 정밀한 안내 장치로서 복잡한 하중이 작용하는 상황에서도 관절이 설계된 경로를 따라 미세한 수준의 정확도로 움직이도록 돕는다.

이러한 베어링은 주로 엉덩이, 무릎, 손목과 같이 움직임이 빈번한 관절 부위나 하모닉 감속기, RV 감속기 내부에서 사용된다. 대표적인 베어링 유형으로는 교차(크로스) 롤러 베어링, 플렉서블 베어링, 니들 롤러 베어링, 자가 윤활 베어링 등이 있다.

〈표 3-7〉 베어링 유형 비교

베어링 유형	핵심 구조	구조 특징
교차 롤러 베어링	분할형 내륜·외륜, 90°로 교차 배열된 롤러, 케이지	• 전체 구조가 콤팩트하며 내륜과 외륜이 분리된 구조라 간극 조정이 가능 • 작은 부피에서도 높은 강성을 확보할 수 있어 로봇 관절의 좁은 설치 공간에 적합
플렉서블 베어링	얇은 내륜·외륜, 롤러, 케이지	• 내륜과 외륜의 두께가 매우 얇아 탄성 변형이 가능 • 하모닉 감속기의 콤팩트한 구조에 맞게 설계된 베어링
자가 윤활 베어링	강철 레이어, 구리 중간층, PTFE 등 고분자 윤활 표면층	• 다층 복합 구조로 이루어져 있으며 표면에 고체 윤활제가 포함되어 있어 별도의 윤활이 필요 없음 • 두께를 약 0.35mm까지 얇게 만들 수 있어 밀폐된 관절 공간에 적합
니들 롤러 베어링	가늘고 긴 니들 롤러, 내륜·외륜(일부는 내륜 없음), 케이지	• 구조가 매우 단순하고 콤팩트하며 롤러 밀도가 높음 • 큰 공간 없이도 설치 가능해 행성 감속기 등 공간 제약이 있는 부품 내부에 사용하기 적합

베어링의 핵심 원리는 구조 설계를 통해 운동 과정에서 발생하는 마찰을 줄이고 하중을 안정적으로 전달하는 데 있으며, 이는 휴머노이드 로봇이 요구하는 높은 정밀도와 긴 수명을 충족시키는 데 중요한 역할을 한다. 교차 롤러 베어링은 높은 하중 지지 능력과 높은 정밀도를 동시에 갖추고 있어 여러 방향에서 작용하는 복합 하중을 견딜 수 있으며, 마찰 토크가 낮고 유격이 매우 작아 장시간 운전 후에도 높은 내구성과 정밀도를 유지할 수 있다. 이러한 특성 때문에 로봇의 회전 관절에 가장 적합한 베어링으로 활용되며, 엉덩이 관절이나 손목 관절과 같은 부위에서 관절이 회전하거나 흔들리는 복잡한 동작을 수행할 때 움직임이 걸리거나 멈추는 현상을 방지한다.

플렉서블 베어링은 탄성 변형 능력이 뛰어난 것이 핵심 특징이며, 동시에 높은 토크 전달 능력과 높은 정밀도를 갖추고 있다. 하모닉 감속기와 함께 사용될 경우 손가락이나 팔꿈치와 같은 정밀 관절에서 작은 범위의 섬세한 움직임을 정확하게 구현할 수 있다.

자가윤활 베어링의 가장 큰 장점은 별도의 유지보수가 필요 없다는 점이다. 또한 온도 변화에 대한 내성이 넓고, 먼지나 부식과 같은 열악한 환경에서도 안정적으로 작동할 수 있다. 마찰 계수가 낮고 마모가 적어 수명이 길기 때문에 로봇의 어깨나 무릎처럼 분해와 유지보수가 어려운 보조 관절이나 링크 부위에 널리 사용된다. 이를 통해 관절을 자주 분해해 윤활유를 보충해야 하는 번거로움을 줄이고 로봇 전체 시스템의 사용 수명을 연장할 수 있다.

② 배터리

휴머노이드 로봇에 사용되는 배터리는 에너지 저장 매체와 기술 성숙도를 기준으로 분류할 수 있으며, 현재는 크게 세 가지 유형이 주류를 이룬다. 그중 액체 리튬 배터리는 고니켈 NMC 계열을 중심으로 발전해 왔으며 액체 전해질을 사용한다. 기술이 비교적 성숙하고 비용 관리가 가능해 현재 양산 단계에서 가장 널리 사용되는 방식이다. 반면 반고체 배터리와 전고체 배터리는 안전성과 수명 측면에서 뛰어난 성능을 보여 향후 핵심적인 발전 방향으로 평가되고 있다.

전고체 배터리 기술의 발전과 주요 로봇 기업들의 양산 속도가 빨라지면서, 휴머노이드 로봇용 리튬 배터리 시장은 2025년부터 2032년 사이에 급격한 성장 국면에 진입할 것으로 전망된다. 현재 산업은 '개념 검증 단계'에서 '대규모 양산 단계'로 넘어가는 중요한 전환기에 있으며, 아직 배터리 가격이 비교적 높은 편이지만 출하량이 증가함에 따라 비용은 빠르게 하락할 것으로 예상된다.

현재 시장 공급 구조는 액체 리튬 배터리를 기반으로 하고, 반고체 배터리가 점차 확대되며, 전고체 배터리 기술을 집중적으로 개발하는 단계적 발전 구조를 형성하고 있다. 업스트림 소재 기업과 미드스트림 배터리 제조 기업들은 고체 배터리 기술로의 전환을 빠르게 추진하고 있다. 중국의 대표 기업인 CATL(宁德时代)은 이미 응집형 또는 반고체 배터리 샘플을 출시했으며 전고체 배터리의 공정화 문제 해결에 집중하고 있다. 또한 칭타오에너지(清陶能源)와 웨이란에너지(卫蓝新能源) 같은 기술 전문 기업들은 반고체 배터리를 고급 전기차에 실제 적용했으며 이를 휴머노이드 로봇 분야로 확대하려 하고 있다. EVE 에너지(EVE Energy, 亿纬锂能)와 푸능에너지(Farasis Energy, 孚能科技)는 파우치형 배터리의 경량화 장점을 활용해 중국 로봇 기업들과 공동 개발을 진행하며 시장 선점을 시도하고 있다.

해외 기업인 도요타, 파나소닉, 삼성SDI 등은 전고체 배터리의 기초 연구와 핵심 소재 특허 분야에서 여전히 기술 축적을 유지하고 있지만, 상용화 속도는 비교적 신중한 편이다. 또한 최근 산업 경쟁은 단순히 배터리 셀 성능을 비교하는 수준을 넘어, 배터리 팩 구조 통합 설계, 고효율 열 관리 기술, AI 기반 BMS(배터리 관리 시스템) 등 시스템 수준의 기술 경쟁으로 확대되고 있다. 따라서 소재 연구부터 시스템 통합까지 전 과정을 아우르는 역량을 갖춘 기업이 장기적인 경쟁에서 더 큰 경쟁력을 가질 것으로 평가된다.

3.1.2. 미드스트림: 본체 제조

(1) 정교한 로봇 손

정교한 로봇 손은 인간의 손 구조와 기능을 모방해 설계된 말단 실행 장치로, 로봇의 손목 부위에 장착된다. 높은 유연성과 정밀한 제어 능력을 바탕으로 물건을 잡거나 집는 등 사람의 손이 수행하는 복잡한 동작을 재현하여 다양한 정밀 작업을 수행할 수 있으며, 휴머노이드 로봇이 여러 종류의 작업을 수행하기 위해 필요한 핵심 말단 부품이다.

이 장치는 단순히 물체를 집는 기존의 로봇 그리퍼와 달리, 다양한 비정형 작업 환경에 대응해야 하므로 높은 수준의 정밀 제어와 적응 능력이 요구된다. 또한 생체 모방 기술과 유연 감지 기술 등 여러 첨단 기술이 결합된 결과물로, 휴머노이드 로봇의 지능화 수준을 보여주는 핵심 요소 가운데 하나로 평가된다.

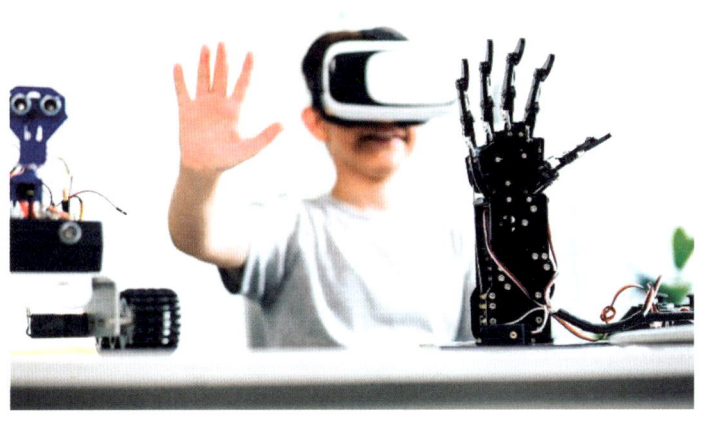

[그림 3-2] 정교한 로봇 손(롯巧手)

정교한 로봇 손의 핵심 작동 원리는 동력 전달과 신호 피드백이 서로 협력하여 인간의 손과 유사한 움직임을 구현하는 데 있다. 다만 구동 방식에 따라 작동 논리는 서로 다르다. 그중 전기 모터 구동 방식이 가장 널리 사용되는데, 내부에 장착된 공심컵 모터 등에서 동력을 발생시키고, 이를 기어박스와 볼스크루(Ball Screw)를 통해 회전 운동에서 직선 운동으로 변환한 뒤, 힘줄 케이블(Tendon Cable)이 손가락을 당겨 굽힘과 펴짐 동작을 수행하도록 한다. 동시에 센서는 힘과 위치 데이터를 실시간으로 수집하여 제어 시스템에 전달하고, 이를 통해 동작을 보정하고 오차를 방지한다. 이 외에도 다양한 구동 방식이 활용되는데, 예를 들어 유압 구동은 서보 밸브를 이용해 압력을 제어하여 강한 파지력을 구현할 수 있으며, 공압 구동은 기체 압력 변화를 이용해 빠르고 간단한 동작을 수행한다. 또한 형상기억합금 구동 방식은 온도 변화에 따른 복원 특성을 이용해 소형이면서도 정밀한 동작에 적합하다.

정교한 로봇 손의 핵심 동력원으로는 공심컵 모터나 브러시리스 직류 모터가 주로 사용된다. 반면 극도의 생체 모방이 필요하거나 큰 하중을 처리해야 하는 특수한 상황에서는 유압 펌프, 공압 밸브 또는 형상기억합금 장치가 사용되기도 한다. 이러한 구동 장치는 로봇 손의 '근육'과 같은 역할을 하며 각 관절에 정확한 동력을 공급한다. 최근에는 손 자체의 크기를 줄이고 유연성을 높이기 위해 구동기를 전완부에 배치하는 방식이 주요 설계 추세로 자리 잡고 있다. 힘줄 케이블, 기어, 링크 등의 구조는 동력을 전달하는 역할을 하며, 육축 포스 센서와 유연 촉각 센서는 여러 방향의 힘과 토크를 감지하여 물체의 재질, 형태, 온도 등을 인식하고 동작 조정을 위한 데이터를 제공한다. 또한 정교한 로봇 손은 일반적으로 다지 구조를 채택하는데, 세 손가락이나 다섯 손가락 형태가 흔하며 특히 다섯 손가락 구조는 인간의 손과 가장 유사하다. 여기에 다관절 구조가 결합되면 높은 자유도의 움직임을 구현할 수 있다.

높은 자유도와 뛰어난 정교성이 바로 정교한 로봇 손의 핵심 특징이다. 현재 고급 제품의 자유도는 이미 20개를 넘어섰으며, 예를 들어 테슬라의 Optimus Gen3는 22개의 자유도를 갖고 있고 중국과학기술대학교에서 개발한 의수는 19개의 자유도를 갖는다. 여기에 다중 감각 인식 기능이 결합되면 작은 공을 잡거나 악기를 연주하고, 심지어 타이핑이나 바둑 두기와 같은 정밀한 작업도 수행할 수 있다. 또한 이러한 생체 모방 구조 덕분에 사용자는 특별한 조작 방식에 적응할 필요 없이 자연스럽게 로봇과 상호작용할 수 있다. 예를 들어 요양 환경에서는 로봇 손이 노인을 부드럽게 부축하거나 옷을 입는 것을 도와줄 수 있으며, 교육 환경에서는 교사의 손동작을 모방해 실험 과정을 시연함으로써 보다 자연스러운 상호작용을 제공할 수 있다.

비록 초기 개발과 제조 비용은 다소 높은 편이지만, 정교한 로봇 손은 다양한 작업에 적용될 수 있는 높은 범용성을 지니고 있어 여러 종류의 전용 말단 장치를 대체할 수 있다. 예를 들어 정교한 로봇 손을 장착한 휴머노이드 로봇 한 대는 기존에 여러 대의 특수 목적 로봇이 수행해야 했던 작업을 동시에 수행할 수 있다. 3C(컴퓨터, 통신, 소비자 가전) 제조 공장에서는 부품 집기, 정밀 조립, 외관 검사 등의 공정을 하나의 로봇이 연속적으로 수행할 수 있어 설비 투자 비용을 줄이고 생산 라인의 유연성과 생산 효율을 크게 높일 수 있다.

(2) 로봇 팔

로봇 팔은 인간의 팔 구조인 상완, 전완, 손목의 구조와 움직임 방식을 모방해 설계된 장치로, 로봇 몸체 양쪽에 장착되는 말단 실행 부품이다. 여러 개의 관절이 서로 협력해 움직이면서 물체를 잡거나 운반하고 조립하는 등 다양한 작업을 수행할 수 있다. 전통적인 산업용 고정 로봇 팔과 달리, 휴머노이드 로봇의 로봇 팔은 경량화, 유연성, 그리고 인간과 유사한 움직임 특성을 더욱 중요하게 고려한다. 이러한 로봇 팔은 로봇의 의사결정 시스템과 실제 작업 수행을 연결하는 핵심 장치로서 중요한 역할을 한다.

[그림 3-3] 로봇 팔

로봇 팔의 전체 구조는 크게 세 가지 핵심 부분으로 나눌 수 있다. 첫째는 관절 및 구동 모듈, 둘째는 본체와 연결 구조, 셋째는 센서 및 제어 장치이다. 로봇 팔의 각 관절은 인간 팔의 서로 다른 부위의 회전 기능을 모방하도록 설계되어 있으며, 전용 연결 부품을 통해 서로 연결된다. 각 관절에는 다양한 유형의 구동기가 장착되고 내부에 모터가 내장되어 관절 회전에 필요한 동력을 제공한다. 본체 프레임은 일반적으로 알루미늄 합금과 ABS 소재를 사용해 구조적 강도를 유지하면서도 무게를 줄인다. 또한 로봇 팔 하단에는 임바디드 컨트롤러가 장착되어 자체 개발된 운동학 및 동역학 알고리즘을 통해 운동 제어와 안전 모니터링을 동시에 처리하며, 각 관절의 움직임 각도와 속도가 명령에 맞게 수행되도록 관리한다. 로봇 팔은 기본적으로 "명령 전달 – 동력 전달 – 동작 수행 – 신호 피드백"으로 이어지는 폐루프 제어 과정을 통해 인간과 유사한 동작을 구현하며, 기술 방식에 따라 생체 모방 힘 제어형, 고역동성 운동형, 모듈형 범용형 등으로 구분될 수 있다.

현재 로봇 팔에서 가장 중요한 성능 지표는 초경량화와 높은 출력 밀도이다. 탄소섬유나 항공용 알루미늄 합금과 같은 신소재를 사용하고 토폴로지 최적화 설계를 적용함으로써 하중 대비 자중 비율을 높이고, 로봇 전체 시스템의 에너지 소비를 줄일 수 있다. 동시에 팔 자체의 회전 관성을 줄여 휴머노이드 로봇의 보행 균형 제어 시스템에 가해지는 부담을 낮추고 움직임의 안정성을 높인다. 또한 연구와 개발 과정에서는 운동 정밀도와 유연성 확보에도 큰 비중을 두고 있다. 첨단 운동 제어 알고리즘과 고정밀 센서를 활용하면 현대 로봇 팔은 마이크로미터 수준의 궤적 추적 능력과 넓은 작업 범위를 갖게 되며, 산업 정밀 조립, 의료 보조, 가정 서비스 등 비정형 환경에서도 다양한 작업을 안정적으로 수행할 수 있다.

이처럼 로봇 팔의 다기능성은 휴머노이드 로봇의 활용 범위를 크게 넓힌다. 로봇 팔은 의료, 산업, 가정 등 다양한 분야에 적용될 수 있을 뿐만 아니라 높은 안정성과 환경 적응 능력을 바탕으로 인간의 신체적 한계를 넘어서는 작업도 수행할 수 있다. 예를 들어 휴식이 필요 없고 감정에 영향을 받지 않기 때문에 장시간 작업을 안정적으로 수행할 수 있으며, 이를 통해 인간 작업에서 발생할 수 있는 실수를 줄이고 작업 품질의 일관성과 높은 생산성을 유지할 수 있다.

(3) 경량화 골격

경량화 골격은 인간의 골격이 수행하는 지지와 운동 기능을 모방해 설계된 로봇의 핵심 하중 지지 구조로, 경량 소재를 사용해 제작된다. 이는 로봇의 '신체 프레임'과 같은 역할을 하며, 모터와 배터리 등 내부 부품의 무게를 지탱하는 동시에 각 관절을 연결하고 운동 시 발생하는 토크를 전달하는 기능을 수행한다. 또한 내부의 비교적 취약한 부품을 보호하는 역할도 한다. 이러한 구조의 설계 핵심은 충분한 구조 강도와 운동 안정성을 유지하면서도 자체 무게를 최대한 줄이는 데 있다. 이는 두꺼운 금속 프레임을 사용하는 기존 산업용 로봇과 달리, 휴머노이드 로봇이 보다 유연하게 움직이고 배터리 지속 시간을 늘릴 수 있도록 하기 위한 중요한 요소이며, 실제 상용화를 가능하게 하는 핵심부품 중 하나로 평가된다.

휴머노이드 로봇의 경량화 골격은 일반적으로 생체 모방 기반의 구역별 구조 설계를 적용한다. 즉 신체 각 부위의 기능에 따라 서로 다른 소재와 구조를 사용하며, 전체 구조는 크게 세 가지 핵심 모듈로 나눌 수 있다. 첫째는 핵심 하중 지지 구조로, 다리와 골반과 같은 주요 하중 부위가 여기에 해당한다. 이 부분은 로봇 전체의 무게와 보행 시 발생하는 충격 하중을 견뎌야 하기 때문에 보통 마그네슘-알루미늄 합금 일체형 다이캐스팅 구조가 사용된다. 예를 들어 중신다이카(中信戴卡, CITIC Dicastal)의 로봇 다리 골격 부품이나 IRON 샤오펑(小鹏, Xpeng) 의 골반 구조가 이러한 방식으로 제작된다. 이러한 제조 방식은 여러 부품을 연결하는 구조보다 부품 수를 크게 줄일 수 있으며, 구조 강성을 높이는 동시에 전체 무게를 줄여 보행이나 점프 시 발생하는 동적 하중을 안정적으로 견딜 수 있게한다.

둘째는 유연한 운동 구조로, 척추나 팔과 같이 큰 범위의 움직임이 필요한 부위가 여기에 해당한다. 이 영역에서는 유연성과 경량화가 설계의 핵심 요소가 된다. 예를 들어 샤오펑(小鹏, Xpeng) IRON의 척추 구조는 생체 모방 다관절 설계를 적용하고, 항공 등급 탄소섬유 복합소재 외피를 결합하여 몸통의 강도를 유지하면서도 매우 높은 유연성을 확보했다. 이를 통해 로봇은 허리를 크게 굽히거나 몸을 회전시키는 동작 등 인간 척추와 유사한 움직임을 수행할 수 있다.

셋째는 보조 연결 구조로, 관절 연결 부품이나 외부 보호 커버 등이 이에 해당한다. 이러한 부품에는 PEEK나 PA(나일론) 같은 고성능 엔지니어링 플라스틱이나 섬유 강화 복합소재가 주로 사용된다. 이 부품들은 주요 정적 하중을 직접 지지하지는 않지만 관절의 반복적인 움직임에 잘 대응해야 한다. 예를 들어 테슬라의 Optimus Gen2는 일부 관절 허브와 외부 케이스에 PEEK 소재를 사용해 고온과 마모에 대한 내성을 확보하면서도 관절의 회전 관성을 줄였다. 또한 일부 외장 구조는 3D 프린팅 격자 구조를 적용해 무게를 극도로 줄이면서도 내부 장치를 보호할 수 있도록 설계된다.

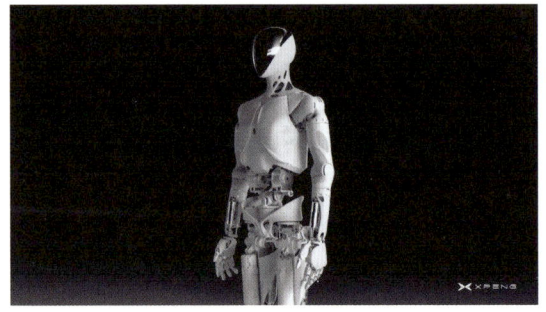

[그림 3-4] Xpeng 'IRON' 경량화 골격 디자인

현재 경량화 골격 기술의 연구 개발은 소재와 구조 설계를 혁신적으로 결합하여 무게를 극도로 줄이면서도 로봇의 운동에 필요한 강도를 확보하는 데 집중되고 있다. 소재 측면에서는 고성능 복합소재와 경량 금속의 조합이 큰 잠재력을 보인다. 예를 들어 샤오펑의 IRON 로봇은 탄소섬유 복합소재로 설계된 척추 구조를 사용하여 기존 금속 구조보다 무게를 크게 줄였으며, 이를 통해 몸통의 회전 관성을 크게 낮췄다. 동시에 마그네슘-알루미늄 합금으로 제작된 주요 하중 지지 부품은 매우 높은 비강도를 갖추어 보행이나 한쪽 다리로 서 있을 때 발생하는 동적 충격 하중을 안정적으로 견딜 수 있도록 한다.

제조 공정 측면에서는 향후 대량 생산을 고려해 고압 다이캐스팅과 3D 프린팅 같은 근접 순형(Net-shape) 공정이 주목받고 있다. 예를 들어 중신다이카는 진공 고압 다이캐스팅 기술을 활용해 로봇 다리 골격을 일체형으로 제작했다. 이 공정은 기존에 여러 개의 부품을 조립해야 했던 구조를 단일 주조 부품으로 단순화하여 생산 효율과 치수 정밀도를 크게 높였으며, 동시에 정밀 골격 부품이 갖고 있던 높은 비용과 대량 생산의 어려움이라는 문제를 효과적으로 해결했다.

골격의 경량화는 로봇 전체 시스템에도 뚜렷한 이점을 가져온다. 우선 구동 시스템에 걸리는 부하를 줄여 모터의 최대 출력 요구를 낮출 수 있으며, 팔과 다리의 관성을 줄여 관절 제어의 반응 속도를 높일 수 있다. 예를 들어 샤오펑 'IRON' 로봇은 이러한 경량 골격 구조 덕분에 전체 구조 강성을 유지하면서도 적절한 수준의 자중을 유지할 수 있었고, 그 결과 좌우로 미끄러지듯 이동하는 동작이나 빠른 방향 전환 같은 고역동성 움직임을 안정적으로 수행할 수 있었다. 또한 균형 제어 알고리즘의 복잡도 역시 크게 낮출 수 있었다.

현재 휴머노이드 로봇의 경량화 골격 기술은 새로운 소재 개발과 대량 생산 공정 기술이 동시에 발전하는 단계에 들어섰다. 세계 각국의 기업과 연구기관들이 이 분야에서 중요한 기술적 성과를 내고 있으며, 앞으로는 다양한 소재를 결합하는 다중 소재 설계와 제조 공정의 고도화를 통해 "더 가볍고, 더 강하며, 더 저렴한" 골격 구조로 발전해 나갈 것으로 전망된다.

(4) 로봇 발

로봇 발은 인간의 발 뼈 구조와 관절, 그리고 움직임 형태를 모방해 설계된 휴머노이드 로봇 하체의 말단 부품이다. 이 구조는 로봇 전체의 무게를 지탱해야 할 뿐만 아니라 발목 관절과 다리 구조와의 협력 작용을 통해 보행, 달리기, 계단 오르내리기 등의 동작을 수행한다. 일부 모델에는 센서가 내장되어 지면 상태를 감지하는 기능도 포함된다.

기존의 단순한 기능 중심의 보행 로봇 발 구조와 달리, 휴머노이드 로봇의 로봇 발은 인간과 유사한 보행 패턴, 동적 균형 유지 능력, 그리고 다양한 지형에 대한 적응 능력을 동시에 고려해 설계된다는 점이 특징이다. 이러한 특성 때문에 로봇 발은 휴머노이드 로봇이 인간의 생활 및 작업 환경에 자연스럽게 적용되기 위해 필요한 핵심부품으로 평가된다. 대표적인 사례로는 테슬라 Optimus 'Gen3'의 생체 모방 로봇 발과 유니트리(Unitree) 'G1'의 고기동성 로봇 발 등이 있다.

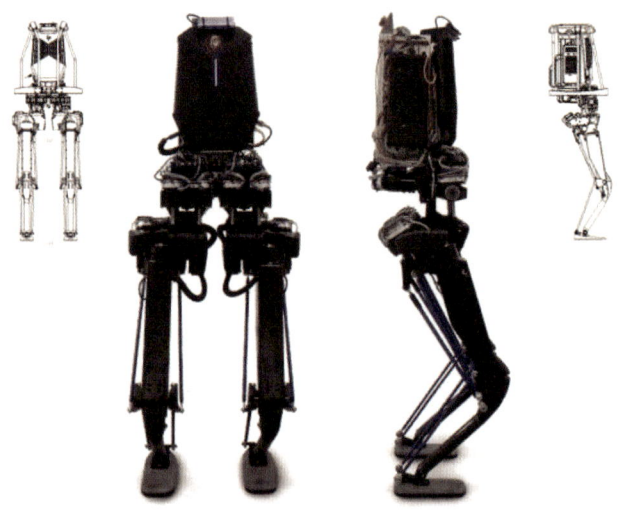

[그림 3-5] 휴머노이드 로봇 기계 발 예시

구동 방식, 구조 형태, 그리고 적용 환경에 따라 휴머노이드 로봇의 기계식 발은 크게 세 가지 주요 유형으로 나눌 수 있으며, 각 유형은 작동 원리, 구조, 그리고 적용 분야에서 뚜렷한 차이를 보인다.

〈표 3-8〉 기계식 발 유형 비교

분류 유형	핵심 구동 방식	구조 특징	적용 환경	대표 사례
수동 생체 모방 완충형 기계 발	• 종아리/발목 관절 모터를 이용해 탄성 부품(스프링, 힘줄)을 당김 • 기계적 구조의 수동 변형을 이용해 에너지를 저장 및 방출하는 방식	• 인간의 뒤꿈치, 발바닥 아치, 발가락 뼈구조를 모방 • 내부에는 비틀림 스프링(토션 스프링) 또는 유연한 연결 메커니즘 • 일부는 장력 구조(Tensegrity) 구성을 채택하며 적응형 지형 기능을 갖춤	• 홈/오피스 서비스는 도로 표면을 평탄하게 하고 저속으로 이동 • 에너지 소비, 소음 감소, 바닥 쿠셔닝에 중점을 두고 바닥에 미치는 충격을 줄임	• 프로토타입: SLIP 모델을 기반으로 한 한 다리 로봇, 전체 발 장력 • 프로토타입과 상업적 제품 참고: 부분적으로 재활된 외골격 발(예: 스테핑 로봇).
지능형 구동 기계식 발	• 다자유도 관절 모터(일반적으로 발목 관절의 피치/요우 운동 포함)를 탑재 • AI 알고리즘 및 전신 센서와 연동하여 힘 제어	• 발 부분은 발목, 손바닥, 발가락 모듈 • 감속기 직접 구동 또는 힘줄 구동 • 통합 6D 힘 센서, IMU, 족저 압력 배열.	• 달리기, 점프, 계단 오르내림, 경사면 걷기, 방해에 맞서 균형을 회복하는 등 복잡한 동작을 수행	• 테슬라Optimus Gen3, 보스턴 다이내믹스Atlas, 유니트리 G1 WalkerX
궤도 보조 복합형 기계식 발	• 독립된 궤도 구동 모터와 발 스윙 모터를 장착하여, 두 시스템이 상호 협력하며 작동	• 발바닥에 내장된 작은 트랙 어셈블리; 프레임은 고강도 알루미늄 합금 • 크랭크 링크를 통해 발 스윙 각도를 제어	• 야외 특수 작전 현장 점검, 유적지 구조, 산악 교통과 같은 매우 복잡한 지형을 장애물 통과와 선로 통과성을 수행	• 중국 국내 특허 보유 궤도식 기계발 프로토타입 및 중국회사 산허지능(Sunward Intelligent) 특수 목적 휴머노이드 로봇의 발

기계식 발의 기본 구조는 일반적으로 네 가지 핵심 모듈로 구성된다. 첫째는 하중을 지지하는 프레임 구조, 둘째는 움직임을 수행하는 구동 장치, 셋째는 환경을 인식하고 상태를 감지하는 센서 및 피드백 시스템, 넷째는 다양한 환경에 맞게 기능을 보완하는 보조 구성 요소이다. 특히 구동 장치는 기계식 발 유형을 구분하는 핵심 요소로, 수동형은 스프링이나 토션 스프링, 탄성 로드 등을 이용해 충격을 완화하는 데 중점을 두며, 능동형은 고출력 밀도의 관절 모터와 정밀 감속기, 전달 링크를 이용해 강력한 동력을 제공한다. 궤도 복합형은 여기에 궤도 장치와 동기 풀리, 크랭크 링크 구조 등을 추가해 보행과 궤도 이동을 전환할 수 있도록 한다.

최근 기계식 발은 고성능 경량 소재를 적용하는 방향으로 빠르게 발전하고 있다. 예를 들어 Tesla Optimus Gen3의 기계식 발은 PEEK 소재와 탄소섬유 프레임을 대량으로 적용해 제작되었다. PEEK는 뛰어난 내마모성과 자기윤활 특성을 갖고 있을 뿐 아니라 비강도가 금속보다 높아 구조 강성을 유지하면서도 무게를 약 25% 줄이는 데 기여했다. 또한 Unitree G1은 전체 무게가 약 35kg에 불과하며, 기계식 발의 저관성 설계 덕분에 빠른 소형 보행 및 달리기 동작을 가능하게 한다.

운동 성능과 사용자 경험 측면에서도 기계식 발은 점점 더 생체 모방적이고 지능적인 방향으로 발전하고 있다. 다자유도를 갖춘 생체 모방 발 구조는 무릎을 곧게 펴는 자세를 직접적으로 결정하지는 않지만, 보행 동작의 자연스러움을 크게 향상시키고 지면을 밀어낼 때의 추진력과 착지 시 충격 흡수 능력을 강화한다. 특히 Tesla는 강력한 AI 알고리즘을 통해 전신 협동 제어를 최적화하여 로봇이 걷는 동안 보다 자연스러운 보행 리듬을 구현하고 있으며, 기존 로봇에서 흔히 보이던 굽은 무릎 보행의 부자연스러운 느낌을 크게 줄여 인간과의 상호작용을 자연스럽게 만들었다.

이처럼 다양한 기계식 발 설계는 여러 환경에서의 작업 요구를 충족시키기 위해 발전하고 있다. 일반적인 생체 모방 발은 가정이나 사무실과 같은 평평한 환경에 적합하며, 궤도형 기계식 발은 자갈이나 얼음과 같은 복잡한 지형에서도 안정적으로 이동할 수 있다. 또한 고기동성 기계식 발은 달리기나 다양한 역동적 동작을 수행할 수 있어 일상 서비스 분야부터 특수 작업 환경까지 폭넓은 활용 가능성을 보여주고 있다.

3.1.3. 다운스트림: 응용 시나리오 솔루션

중국정부의 「로봇 + 적용 실행 계획」[16]에 따르면, 로봇 산업 공급망의 다운스트림 응용 분야는 경제 발전과 사회 민생이라는 두 가지 핵심 영역을 중심으로 분류되며, 총 10개의 주요 적용 분야로 구성되어 있다.

〈표 3-9〉 응용 분야별 적용 방향

1차 분야	2차 적용 분야	핵심 적용 단계/장면
경제 발전 분야	제조업	• 자동차, 전자, 기계 산업에서의 용접, 조립, 도장, 운반, 연마, 적재 등 핵심 공정; 위생도기, 태양광, 주조 등 세부 산업 생산
	농업	• 재배 단계(토지 정리, 파종, 작물 보호, 수확, 선별); 축산 단계(사료 공급, 소독, 질병 예방 및 관리); 저장·운송·가공 및 순찰 점검
	건설	• 시공 단계(측량, 자재 운반, 철근 가공, 콘크리트 타설, 인테리어 공사); 운영·유지 단계(안전 모니터링, 보안 점검, 고층 건물 청소)
	에너지	• 풍력 발전소, 태양광 발전소, 수력 발전소, 원자력 발전소 등 에너지 기반 시설의 건설, 점검, 운영, 유지보수 및 긴급 대응
	상업·물류	• 창고 관리, 하역, 운반, 분류, 포장, 최종 배송 등 물류 전 과정
사회 민생 분야	의료·보건	• 수술, 검사 보조, 중환자 간호, 응급 구조, 재활 치료, 검사 샘플 채취, 소독 및 청소, 원격 의료, 방역
	노인 돌봄 서비스	• 장애 보조, 목욕 보조, 간호, 재활 훈련, 가사 지원, 정서적 돌봄, 안전 모니터링
	교육	• 수업, 실습 훈련, 대회 활동, 캠퍼스 안전 관리, 연구 실험
	상업·커뮤니티 서비스	• 상업 환경(식당 서비스, 배송, 안내, 접객, 청소); 가정 환경(요리, 청소, 돌봄, 동반 서비스)
	안전·긴급 대응 및 극한 환경	• 광산 채굴, 위험 화학물질 점검, 폭발물 작업, 보안 순찰, 폭발물 처리, 화재 진압 및 구조, 자연재해 구조, 극한 환경 탐사

현재 휴머노이드 로봇 산업의 다운스트림 응용 분야는 점차 실험실 단계에서 벗어나 산업 제조, 공공 서비스, 응급 구조 등 다양한 실제 영역으로 확대되고 있다. 각 분야에서 제시되는 솔루션은 공통적으로 위험도가 높거나 반복적인 노동을 대체하거나, 인력 부족 문제를 보완하는 데 초점을 맞추고 있다.

(1) 산업 제조 분야

이 분야에서 휴머노이드 로봇의 핵심 솔루션은 반복적이고 고강도의 작업이나 정밀한 공정을 대체하는 데 초점을 맞추고 있으며, 부품 운반, 조립, 품질 검사 등의 작업에 활용된다. 이러한 로봇은 자동차 제조나 전자제품 조립과 같은 표준화된 생산 환경에 적용될 수 있으며, 공장 자동화 시스템과 연동하여 생산 공정을 지능적으로 최적화하고 동시에 작업자의 노동 강도와 작업 위험을 줄이는 역할을 한다.

현재 휴머노이드 로봇은 이미 자동차 공장에서 대규모 실증 훈련 단계에 진입했으며, 밀리미터 수준의 작업 정밀도를 갖추고 있다. 일부 작업 환경에서는 작업 효율이 인간보다 40% 이상 향상되었고, 24시간 연속 작업도 가능하다. 예를 들어 UBTECH의 여러 휴머노이드 로봇은 자동차 산업 현장에서 실제로 대규모 적용이 이루어지고 있다. Walker S는 NIO의 제2 첨단 제조 공장 최종 조립 공정에 투입되어 세계 최초로 실물 크기의 휴머노이드 로봇과 인간이 협력하여 자동차 조립과 품질 검사를 수행하는 사례를 만들었다. 이 로봇은 다차원 힘 감지와 시각 인식 시스템을 통해 자동차 엠블럼이나 헤드라이트와 같은 부품을 밀리미터 단위로 검사할 수 있으며, 품질 검사 정확도는 99% 이상에 달한다. 또한 단순히 결함을 발견하는 것을 넘어 문제를 수정하는 단계까지 이어지는 폐루프 작업을 구현했다.

Walker S 시리즈는 BYD 공장에서는 물류 운반 작업을 담당하며, 동시에 작업자 이동 차량, 무인 지게차, 스마트 제조 관리 시스템과 협력해 작업을 수행하고 있다. 이를 통해 휴머노이드 로봇이 공장 내 다양한 장비와 협력 작업을 수행할 수 있는 핵심 기술이 구현되었다. 또한 Walker S

Lite는 Zeekr 스마트 공장에서 CTU 창고 입고 및 적재 작업 공정에서 3주 동안 연속 실증 테스트를 수행했으며, 창고와 생산 공정을 연결하는 물류 작업에서 상자 운반의 안정성을 검증했다.

이러한 사례들은 휴머노이드 로봇이 산업 생산 현장에서 조립, 품질 검사, 물류 운반, 창고 연계 등 핵심 작업에 효과적으로 적용될 수 있음을 보여준다. 동시에 산업 시스템과 다양한 장비 간 협력 작업 가능성을 입증하며 제조업의 지능화 전환을 위한 효율적인 해결책을 제시하고 있다.

[그림 3-6] 산업 제조 분야의 UBTECH 'Walker S'

모건스탠리는 기술이 발달함에 따라 휴머노이드 로봇이 점차 용접, 도장 등 핵심 제조 공정에까지 확대 적용되어 제조업의 지능화 전환을 이끄는 핵심 장비가 될 것으로 전망하고 있다. 현재 중국 시장에서는 실제 적용 속도가 빠르게 증가하고 있으며, UBTECH과 같은 선도 기업들은 단일 계약 기준 2억 6천만 위안 이상의 주문을 수주하고 누적 수주 규모도 10

억 위안을 넘어섰다. 이는 휴머노이드 로봇 산업이 본격적인 상용화 단계에 진입했음을 보여준다.

(2) 공공 및 상업 서비스 분야

이 분야에서는 휴머노이드 로봇의 인간-로봇 상호작용 능력과 다양한 환경에 대한 적응 능력이 특히 중요하게 요구된다. 적용 분야는 대형 행사 운영 지원, 상업 공간 안내, 공공시설 청소 등 다양한 서비스 영역을 포함한다. 로봇은 자연어 대화 능력과 기본적인 서비스 수행 기능을 갖추어야 하며, 이를 통해 서비스 산업의 인력 부족 문제를 완화하는 동시에 서비스 형태를 다양화하고 서비스 효율을 높일 수 있다.

[그림 3-7] 광구(光谷) 마라톤에서 공개된 응급 의료 구조용 휴머노이드 로봇

현재 휴머노이드 로봇은 단순 안내 기능을 넘어 복합 서비스 기능을 수행하는 방향으로 발전하고 있다. 일부 제품은 멀티모달 상호작용, 기본적인 의료 상담, 심층 청소와 같은 비교적 복잡한 작업도 수행할 수 있다. 특히 대형 스포츠 행사, 오피스 빌딩, 공항과 같은 환경에서 상용화 적용 속도가 빠르게 증가하고 있으며, 실제 로봇 기반 강화학습 기술을 통해 새로운 기능을 학습하는 데 필요한 시간도 과거 몇 주에서 약 수십 분 수준으로 크게 단축되고 있다.

예를 들어 우한대학교 중난병원은 관련 기관들과 협력하여 응급 의료 구조용 휴머노이드 로봇을 개발했으며, 이 로봇은 광구 마라톤 대회 28km 지점 의료 지원 구역에서 초기 문진과 환자 분류 작업을 지원했다. 참가자가 심장 두근거림 등의 불편 증상을 호소할 경우, 로봇은 내장된 의료 지식 데이터베이스를 기반으로 관련 정보를 제공하며 의료 지원 인력을 보완하는 역할을 했다. 이는 중국에서 처음으로 휴머노이드 로봇이 마라톤 대회 의료 지원에 활용된 사례이다.

(3) 응급 구조 분야

이 분야는 화재, 위험 물질 유출, 지진으로 인한 붕괴 현장, 대형 행사 중 발생하는 돌발 상황 등 극도로 위험한 환경에 대응하는 것을 핵심 목표로 한다. 이러한 환경에서 사용되는 로봇은 높은 환경 적응 능력(고온 내성, 전자기 간섭 저항 등), 원격 조작 능력, 그리고 여러 대의 로봇이 협력해 작업할 수 있는 다중 로봇 협업 능력을 갖추어야 한다.

현재 이 분야의 국제적인 연구 개발 방향은 실험실 단계의 기술 검증을 넘어 실제 현장 적용을 위한 실전형 시제품 테스트 단계로 빠르게 발전하고 있다. 일부 최신 프로토타입 로봇(예: Kawasaki Kaleido 9, LimX Dynamics Oli 등)은 VR 장비와 외골격 조작 슈트를 이용해 인간의 동작을 그대로 로봇에 전달하는 기술을 갖추고 있으며, 이를 통해 사람이 접근하기 어려운 위험 지역에 투입되어 환경 탐지, 생존자 수색, 위험 요소 차단, 긴급 물자 전달 등의 핵심 작업을 수행할 수 있다. 이러한 기술은 구조 인력의 위험 노출을 크게 줄이는 데 중요한 역할을 한다.

싱가포르 내무부 산하 과학기술 기관(HTX)는 Unitree와 협력하여 H1

과 G1 휴머노이드 로봇을 도입하고 있으며, 이를 화재 대응, 위험 물질 처리, 수색 및 구조 작업 등 고위험 업무에 활용하는 프로젝트를 추진하고 있다. 이 프로젝트의 핵심은 VR 헤드셋과 외골격 조작 장치를 통해 조작자의 움직임을 로봇에 실시간으로 반영하여 위험 지역에서도 정밀한 원격 작업을 수행할 수 있도록 하는 것이다. 이를 지원하기 위해 싱가포르는 세계 최초의 공공 안전 휴머노이드 로봇 센터를 건설하고 있으며, 해당 시설은 2026년 중반 완공될 예정이다. 완공 이후에는 실제와 유사한 환경에서 로봇의 실전 대응 능력을 종합적으로 시험하고 평가할 계획이다.

앞으로 임바디드 AI(Embodied AI) 기술이 발전함에 따라 구조용 로봇은 단순히 인간의 원격 조작에 의존하는 단계에서 벗어나 AI가 의사결정을 보조하는 형태로 발전하고, 궁극적으로는 일정 조건에서 자율적으로 작동할 수 있는 방향으로 진화할 것으로 예상된다. 이를 통해 구조 작업의 효율성과 대응 속도 역시 크게 향상될 것으로 전망된다.

(4) 가정 및 소비 서비스 분야

이 분야는 일상 가사, 노인 돌봄, 교육 및 엔터테인먼트 등 가정 생활에서의 핵심적인 필요를 중심으로 발전하고 있으며, 로봇이 유연한 작업 수행 능력과 안전한 인간-로봇 상호작용 능력을 동시에 갖추는 것이 중요하다. 최근 정교한 로봇 손기술과 체화형 대형 AI 모델의 발전 덕분에 휴머노이드 로봇은 고양이를 쓰다듬거나 두부를 집고, 옷을 접는 것과 같은 난도가 높은 정밀 작업도 수행할 수 있게 되었다.

노인 돌봄 분야에서는 텐센트의 '샤오우(小五)'나 Fourier의 GR-3와 같은 차세대 로봇이 등장해 단순한 정서적 동반 기능을 넘어 노인을 부축하거나 일상 생활을 돕는 능동적인 지원과 스마트 돌봄 기능을 제공함으로써 고령화 사회에서 나타나는 다양한 문제를 해결하는 데 기여하고 있다. 또한 가정용 서비스 분야에서는 OpenAI가 투자한 NEO와 같은 제품이 이미 사전 판매 단계에 들어가면서 휴머노이드 로봇 산업이 단순한 기술 시연 중심에서 실제 생활에 활용되는 실용 단계로 전환되고 있음을 보여주고 있다.

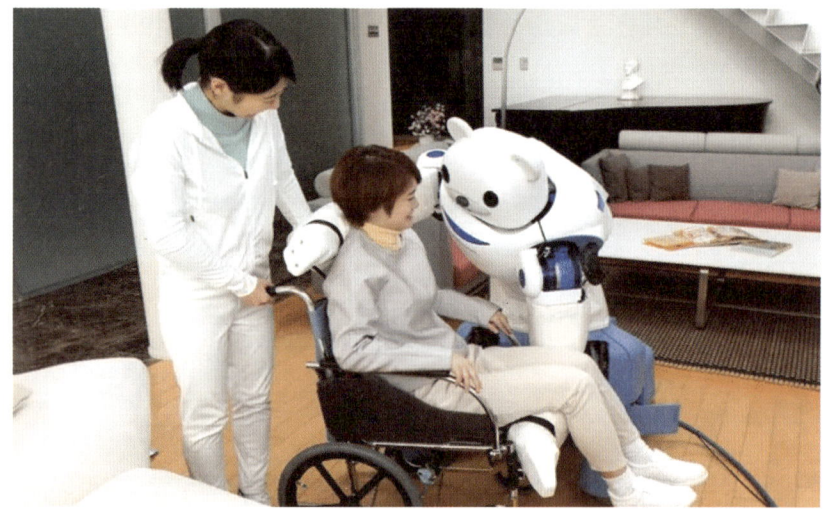

[그림 3-8] 간호 휴머노이드 로봇

그러나 현재는 하드웨어 비용과 다양한 환경에 대한 적용 능력의 한계로 인해 대부분의 제품이 기술 검증이나 소규모 시범 운영 단계에 머물러 있으며, 아직 대규모 보급 단계에는 이르지 못한 상황이다. 그럼에도 불구하고 로봇 임대 모델이 등장하고 공급망 비용이 점차 낮아지면서 가사 서비스와 노인 돌봄을 위한 휴머노이드 로봇에 대한 시장 수요는 빠르게 증가하고 있으며, 이는 향후 로봇 산업 성장의 핵심 동력으로 평가된다.

3.2. 중국 핵심 공급망 단계의 산업 현황

3.2.1. 핵심 관절 모듈

(1) 모터(Motor)

프레임리스 토크 모터를 예로 들면, 최신 산업 데이터에 따르면 2024년 기준 전 세계 휴머노이드 로봇 전용 프레임리스 토크 모터 시장 규모는 약 4,200만 달러로 추정되며, 2031년에는 약 5억 7,500만 달러까지 확대될 것으로 전망된다. 2025년부터 2031년 사이 이 세부 시장의 연평균 성장률(CAGR)은 약 44.3%에 이를 것으로 예상되어 매우 높은 성장 잠재력을 보여주고 있다[84]. 협동 로봇이나 의료 장비와 같은 기존 응용 분야까지 포함하면, 2023년 전 세계 프레임리스 토크 모터 전체 시장 규모는 약 6억 5,700만 달러였으며 2030년에는 약 9억 300만 달러 수준까지 성장할 것으로 전망된다. 이 기간의 연평균 성장률은 약 4.65%로 예상된다[85]. 휴머노이드 로봇 산업의 성장으로 인해 시장 구조 역시 빠르게 변화하고 있으며, 전체 시장에서 휴머노이드 로봇이 차지하는 비중은 2023년의 낮은 수준에서 빠르게 확대되어 향후 산업 성장을 이끄는 핵심 동력이 될 것으로 보인다.

프레임리스 토크 모터는 휴머노이드 로봇 관절 모듈의 핵심 동력원으로, 일반적으로 하나의 관절 부품 비용 중 20% 이상을 차지한다. 휴머노이드 로봇은 전신에 약 28~40개의 관절이 필요하므로 모터의 총비용은 로봇 전체 경제성에 큰 영향을 미친다. 현재 중국에서는 협동 로봇 분야

---

84) https://www.shangyexinzhi.com/article/30150303.html
85) https://www.toutiao.com/article/7533130274909995539/#:~:text=%E6%97%A0%E6%A1%86%E5%8A%9B%E7%9F%A9%E7%94%B5%E6%9C%BA%E7%9A%84%E5%B8%82,%E8%87%B39.03%E4%BA%BF%E5%85%83%E3%80%82

등을 중심으로 프레임리스 토크 모터가 이미 대량 생산 및 적용 단계에 들어섰지만, 휴머노이드 로봇용 고급 제품 분야에서는 여전히 "규모는 크지만 기술 경쟁력은 부족한" 구조적 문제가 존재한다. 특히 극한 환경에서의 안정성 측면에서 해외 브랜드와의 격차가 남아 있어 고급 시장에서는 여전히 수입 제품 의존도가 높다. 이러한 수입 제품의 가격은 보통 중국산 동급 제품보다 2~3배 높은 수준이다. 예를 들어 Kollmorgen의 TBM 시리즈는 토크 밀도가 최대 45Nm/kg에 달하는 반면, 중국 주요 기업인 Kinco Holdings(步科股份)의 3세대 제품은 약 35~40Nm/kg 수준까지 따라왔지만 소재 공정과 장기간 운전 신뢰성 측면에서는 여전히 격차가 존재한다.

현재 산업에서는 모터, 감속기, 엔코더를 하나의 시스템으로 통합한 일체형 관절 모듈 개발이 빠르게 진행되고 있으며, 이를 통해 시스템 통합도와 제어 성능을 동시에 향상시키려는 움직임이 나타나고 있다.

〈표 3-10〉 로봇 모터의 글로벌과 중국의 대표 기업

기업 유형	대표 기업	핵심 강점	시장 지위 및 주요 고객
해외 기업	콜모겐 (Kollmorgen, 미국)	TBM2G 등 시리즈 보유, 토크 밀도 45Nm/kg 이상. 전자기 부품 경량화 설계를 통해 하모닉 감속기와의 높은 호환성 확보	고급 의료 장비 및 로봇 분야에서 높은 시장 점유율 보유. Boston Dynamics, NASA, Tesla Optimus 초기 프로토타입 등에 공급
	TQ-RoboDrive (독일)	독일 TQ 그룹에서 파생된 기술 기반. −40℃~85℃의 극한 온도 환경에서도 안정적 작동, 낮은 구리 손실, 의료 장비 인증 보유	유럽 고급 산업 장비 및 의료 장비 시장에서 높은 점유율. Siemens Healthineers, KUKA 로봇 등에 공급
	파커 하니핀 (Parker Hannifin, 미국)	위치 정밀도 ±0.01° 수준. TK 시리즈 프레임리스 모터 키트 제공, 고도의 맞춤형 피드백 및 브레이크 통합 지원	글로벌 산업 자동화 분야에서 높은 시장 점유율. 수술 로봇 및 고급 CNC 공작기계에 널리 사용
중국 기업	부커 (KincoAutomation, 步科股份)	3세대 FMC 시리즈 토크 밀도 35~40Nm/kg. 프레임리스 몰딩 공정 최초 도입, 발열이 낮고 수입 제품 대비 약 40% 낮은 비용	국내 시장 점유율 선도, 협동 로봇 분야에서 높은 출하량. UBTECH, AGIBOT 공급망 진입, 2025년 로봇 사업 빠른 성장
	레이사이 (Leadshine Tech, 雷赛智能)	FM1 시리즈 토크 밀도 경쟁사 대비 약 15% 높고 출력 밀도 20% 향상, 구리 손실 15% 감소. 소형화 설계 강점	Unitree 로봇(G1 모델 등) 공급망 진입. 2025년 1분기 안정적 매출 기록, 주요 휴머노이드 로봇 기업 공급망 진입 추진
	하오즈 (HaoZhi Electomechanical, 昊志机电)	토크 변동률 ≤1%(업계 최고 수준), 최대 6배 과부하 대응, 빠른 동적 응답으로 정밀 힘 제어에 적합	Fourier Intelligence 등 로봇 기업 공급망 진입. 경량형부터 고출력까지 다양한 로봇 관절 모터 제품 보유
	허촨 (HechuanTechnology, 禾川科技)	3세대 Hu-MDB 시리즈 출시, $\varphi14$~$\varphi160$mm 전 규격 제품 제공. Huawei, Xiaomi와 휴머노이드 로봇 분야 협력	자체 개발 휴머노이드 로봇 'Youlong-01'의 부품 자제 생산 비율 90%. Xiaomi, ByteDance 등 기업에서 대량 구매

향후 프레임리스 토크 모터 시장은 다운스트림 수요 확대와 산업 정책의 이중 동력에 힘입어 성능 향상과 비용 절감이 동시에 추진될 것으로 전망된다. 2025년부터 2030년 사이 전 세계 휴머노이드 로봇용 프레임리스 토크 모터 시장은 폭발적인 성장세를 보일 것으로 예상된다. 중국 기업들은 희토류 자원 우위와 산업 공급망의 협력 효과를 바탕으로 고급 제품의 국산화 대체를 빠르게 추진하고 있다. 업계 전망에 따르면 2030년까지 해당 분야에서 중국의 국산화율은 새로운 수준에 도달할 가능성이 있으며, 이를 통해 글로벌 공급망 내에서 지배적인 지위를 확고히 할 것으로 보인다.

(2) 감속기

감속기 시장 규모는 휴머노이드 로봇의 양산 확대와 함께 급격한 성장세를 보이고 있다. 전 세계 휴머노이드 로봇용 정밀 감속기 시장은 폭발적으로 확대되고 있으며, 2024년 기준 약 1억 7,600만 달러 규모에서 2031년에는 약 152억 4,000만 달러까지 증가할 것으로 전망된다. 2025년부터 2031년까지의 연평균 성장률(CAGR)은 약 88.3%에 달할 것으로 예상된다.

중국 시장을 보면, 2024년 중국 휴머노이드 로봇 정밀 감속기 시장 규모는 약 5,530만 달러로 전 세계 시장의 약 31.5%를 차지한다. 기술 발전과 정책 지원의 영향으로 중국 시장의 성장 속도는 글로벌 평균보다 더 빠르며, 2031년에는 약 547억 2,000만 달러 규모까지 확대될 것으로 전망된다. 이 기간의 연평균 성장률은 약 91.8%로 예상된다.

세부 기술 노선을 보면, 하모닉 감속기는 소형화와 경량화라는 장점 덕분에 주요 구성 요소로 자리 잡을 전망이다. 2025년에는 전 세계 하모닉 감속기 시장 규모가 33억 2,000만 위안을 넘어설 것으로 예상된다. RV 감속기는 대형 하중을 담당하는 관절의 핵심부품으로서 시장 규모가 꾸준히 확대되고 있으며, 행성 감속기는 높은 가격 경쟁력을 바탕으로 시장 점유율을 빠르게 늘리고 있다. 2030년에 전 세계 휴머노이드 로봇 연간 생산량이 100만 대에 이를 것으로 가정할 경우, 감속기 시장 규모만 해도 200억 위안을 넘어설 것으로 추산된다. 이 중 절반 이상의 증가분은 중국 기업들이 담당할 것으로 예상되며, 글로벌 공급망에서 중요한 역할을 하게 될 것으로 전망된다[86].

감속기 시장은 다음과 같은 특징을 보인다. 첫째, 단일 로봇에 사용되는 수량이 많고 부품 가치가 높다. 예를 들어, 약 40개의 자유도를 가진 휴머노이드 로봇 한 대에는 일반적으로 대형 관절 회전에 사용되는 하모닉 감속기 14~18개, 손가락 및 선형 구동에 사용되는 행성 감속기 12~20개, 그리고 허리와 다리 등 고하중 부위에 사용되는 RV 감속기 2~4개가 장착된다. 이는 감속기가 휴머노이드 로봇에서 비용 비중이 가장 큰 핵심부품 중 하나임을 의미한다. 둘째, 기술 노선이 세 가지로 분화되어 있다. 하모닉 감속기, RV 감속기, 행성 감속기는 각각 휴머노이드 로봇의 서로 다른 부위에 적용되며 기능적으로 역할이 구분된다. 셋째, 국산화 비율이 빠르게 상승하고 있다. 2023년 기준 중국 기업 뤼디하모닉(绿的谐波)은 전 세계 시장 점유율 약 8%를 차지했다. 글로벌 시장에서는 여전히 해외 기업들이 주도적인 위치를 유지하고 있지만, 중국 기업들의 경쟁력도 빠르게 강화되고 있으며 수입 대체 흐름이 뚜렷해지고 있다. 대표적으로 녹디하모닉은 국제 독점 구조를 일부 깨뜨린 기업으로 평가된다. 중국 시장 기준

---

86) https://www.msn.cn/zh-cn

으로 보면, 2023년 하모닉 감속기 분야에서 일본 하모닉 드라이브 (Harmonic Drive)의 시장 점유율은 약 40%였으며, 녹디하모닉은 약 18%까지 확대되며 지속적으로 점유율을 높이고 있다. 현재 중국산 하모닉 감속기의 전달 정밀도는 이미 국제 선진 수준(1 arcmin 이하)에 도달했으며, 가격 경쟁력을 기반으로 글로벌 시장 점유율을 확대하고 있다.

〈표 3-11〉 감속기 산업의 글로벌기업과 중국의 대표기업

기업 유형	대표 기업	핵심 강점	시장 지위 및 주요 고객
해외 기업	하모닉 드라이브 (Harmonic Drive, 일본)	하모닉 감속기 분야 글로벌 선도 기업, 200건 이상의 특허 보유. '컵형 플렉스 스플라인' 기술로 진동 30% 감소, 수명 약 4만 시간	글로벌 고급 하모닉 감속기 시장 점유율 약 28%. Boston Dynamics Atlas, Honda ASIMO 등에 공급
	나브테스코 (Nabtesco, 일본)	RV 감속기 분야 세계적 점유율 보유, 높은 내충격성으로 고하중 관절에 적합	FANUC, KUKA 등 산업용 로봇 기업과 협력. Tesla Optimus 초기 모델 RV 감속기 공급
	니덱 (Nidec, 일본)	행성 감속기 단일 단계 전달 효율 98% 이상, 일체형 설계로 시스템 복잡도 감소, 산업용 운반 로봇에 적합	글로벌 행성 감속기 시장 점유율 약 19%. ABB, GE(General Electric) 등 고객 보유
중국 기업	뤼디하모닉 (绿的谐波)	중국 하모닉 감속기 선도 기업. 정밀도는 Harmonic Drive 수준에 근접하면서 가격은 약 20% 저렴. 일본의 40년 기술 독점을 깨뜨린 대표적 국산 기업	UBTECH Walker X, Xiaomi CyberOne 공급망 진입. 어깨·팔꿈치 관절 등에 적용. 2025년 순이익 59.21% 증가
	하오즈 (昊志机电.)	독자적인 이중 강철 휠 기술 적용, 무게 0.32kg 수준, 소음 45dB 이하로 의료 장비 수준의 저소음 구현	UBTECH 등 주요 로봇 기업에 제품 샘플 테스트 진행. 2026년 생산 능력 15만 세트 계획, 공작기계에서 로봇 산업으로 빠르게 확장
	스링 (斯菱股份)	하모닉 감속기의 소형화 및 대량 생산에 특화. 작은 크기와 빠른 응답 속도로 휴머노이드 로봇 손가락 관절에 적합	소형 하모닉 감속기를 대량 생산할 수 있는 중국 내 몇 안 되는 기업. Tesla Optimus 등 글로벌 기업 공급망 진입

현재 글로벌 감속기 시장은 일본과 미국 기업들이 고급 기술을 중심으로 시장을 주도하고, 중국 기업들이 중저가 시장을 빠르게 점유하는 경쟁 구조를 보이고 있다. 주요 기술 장벽은 정밀 가공 능력과 특허 축적에 집중되어 있다. 향후 2026~2029년 휴머노이드 로봇 생산량이 각각 15만 대, 30만 대, 50만 대, 100만 대에 이를 것으로 가정하면, 하모닉 감속기 수요만 약 1,400만 대에 달하며 이에 따른 추가 시장 규모는 약 84억 위안에 이를 것으로 추산된다.

국내 기업들은 기술 고도화를 통해 감속기, 모터, 센서를 하나로 통합한 일체형 관절 모듈 개발을 추진하고 있으며, 제품은 점차 더 높은 통합도를 갖는 방향으로 발전하고 있다. 글로벌 시장에서는 일본 주요 기업들의 증설 속도가 비교적 보수적인 반면, 중국 기업들은 적극적인 증설에 나서고 있다. 예를 들어 2026년 하모닉 드라이브(Harmonic Drive)의 생산 능력은 약 347만 대 수준으로 증가하는 데 그칠 것으로 예상되지만, 같은 시기 중국 기업들의 합산 생산 능력은 500만 대를 넘어설 것으로 전망된다. 이는 처음으로 글로벌 수요 부족분을 중국 기업들이 충족할 수 있는 수준에 도달함을 의미한다[87].

(3) 포스/토크 센서

로봇 공학에서 포스 센서(Force Sensor, 힘 센서)와 토크 센서(Torque Sensor, 토크/회전력 센서)는 모두 외부의 물리적 힘을 측정한다는 공통점이 있지만, 측정하는 힘의 종류와 주요 활용 목적에서 명확한 차이가 있다.

87) https://pdf.dfcfw.com/pdf/H3_AP202506231696241900_1.pdf?1750706256000.pdf

로봇 산업은 6축(6-axis) 포스 센서의 주요 응용 분야로, 전체 수요의 약 72%를 차지한다. 휴머노이드 로봇 산업화가 빠르게 진행되면서, 실시간 정밀 힘 제어를 구현하는 핵심부품인 6축 포스 센서는 폭발적인 성장세를 보이고 있다. 올해 중국의 휴머노이드 로봇용 6축 포스 센서 출하량은 약 1만 2,300대로 예상되며, 이는 전년 대비 510.1% 증가한 수치이다. 또한 시장 집중도도 높아져 선도 기업인 蓝点触控(Link-Touch)의 시장 점유율은 72.6%로 이미 70%를 넘어섰다. 향후 2030년에는 출하량이 약 40배 증가하여 46만 대 이상에 이를 것으로 전망된다.

관절 토크 센서의 출하량은 더욱 두드러진다. Link-Touch 한 기업만 해도 2025년 상반기에 7만 세트 이상을 출하했으며, 이는 중국 전체 출하량의 95% 이상을 차지한다. 비용 구조 측면에서 보면 포스 센서는 로봇 전체 BOM 비용의 약 15%를 차지하며, 한 대의 휴머노이드 로봇에는 일반적으로 4개의 6축 포스 센서와 28개의 관절 토크 센서가 장착된다.

이 기준으로 계산하면 6축 포스 센서 시장 규모만 해도 약 2억 4,600만 위안에 이른다. 휴머노이드 로봇 양산이 가속화됨에 따라 포스 센서 분야 역시 빠르게 성장하는 핵심 세부 시장으로 부상하고 있다. 낙관적인 전망에 따르면, 휴머노이드 로봇이 가정용 및 의료 등 소비자 시장으로 확산될 경우 2035년에는 포스/토크 센서 시장 규모가 100억 위안 수준으로 확대될 가능성이 있다.

현재 6축 포스 센서 분야에서는 해외 기업들이 선발 주자로서 뚜렷한 우위를 가지고 있다. 미국과 유럽의 제조업체들이 시장을 주도하고 있으며, 대표적으로 ATI(미국), Schunk(독일), AMT(미국) 등이 있다. 이 세 기업은 2023년 기준으로 총 52.48%의 시장 점유율을 차지했다. 동시에 중국 기업들도 높은 가격 경쟁력, 맞춤형 설계 능력, 빠른 서비스 대응력을 바탕으로 점차 시장의 핵심 세력으로 부상하고 있다. 주요 중국 기업으로는 蓝点触控(Link-Touch), 柯力传感(커리센싱), 坤维科技(쿤웨이 테크), 安培龙(암페론), 宇立仪器(위리이치), 鑫精诚(신징청) 등이 있다.

2025년에는 중국 6축 포스 센서 산업에서 여러 차례 투자 유치가 이루어졌으며, 선도 기업인 Link-Touch는 3개월 사이 두 차례의 수억 위안 규모 투자 유치에 성공했다. 자본 시장에서도 이를 휴머노이드 로봇의 핵심 촉각 부품으로 보고 성장 잠재력을 높게 평가하고 있다. 다만 핵심 기술 장벽과 복잡한 제조 공정 때문에 현재 안정적인 대량 생산 능력을 갖춘 기업 수는 아직 제한적인 상황이다.

〈표 3-12〉 포스/토크센서 산업 글로벌 및 중국 대표 기업

구분	기업명	본사 지역	핵심 기술 강점	주요 적용 분야	점유율 및 고객 협력
해외 기업	ATI	미국	세계 최초의 6축 포스 센서 개발 기업으로 기술 축적이 깊으며 과부하 대응 능력이 뛰어남	산업용·수술 로봇, 자동차 테스트	글로벌 시장 점유율 30% 이상, Tesla Optimus 초기 모델 핵심 공급업체
	Schunk	독일	고속 동적 응답 기술과 온도 드리프트 보정 기술이 뛰어나며 산업 환경에서 높은 안정성	정밀 조립, 산업 자동화	유럽 시장 점유율 약 25%, 고객사로 KUKA, Siemens 등
	Kistler	스위스	압전식 센서 기술(Piezoelectric Technoogy) 세계 최고 수준, 매우 넓은 동적 측정 범위	자동차 충돌시험, 항공우주 Wind Tunnel Test	고급 연구 및 자동차 시험 시장에서 사실상 독점적 지위, BMW·Airbus 등 고객

구분	기업명	본사 지역	핵심 기술 강점	주요 적용 분야	점유율 및 고객 협력
	Epson	일본	초소형 설계 기술 강점, 경량·저전력·우수한 비용 경쟁력	전자제품, 경량 로봇 팔	일본 시장 점유율 약 40%, Sony·FANUC 등 고객
중국 기업	쿤웨이 테크놀로지 (坤维科技)	중국 창저우	항공우주 수준의 크로스토크 디커플링 알고리즘, 국가 표준 제정 참여	협동·휴머노이드 로봇, 의료용	협동 로봇 시장 점유율 70% 이상, 고객사로 AGIBOT, Xiaomi, UBTECH 등
	블루 닷 터치 (蓝点触控)	중국 베이징	휴머노이드 로봇 분야 시장 점유율 1위, 소형화 설계, 100% 국산화, 빠른 납품	휴머노이드 로봇 손목/발목	휴머노이드 6축 포스 센서 시장 점유율 72.6%, 2025년 상반기 출하량 7만 세트 이상, 관절 토크 센서 점유율 95% 이상
	위리설비 (宇立仪器, SRI)	중국 난닝	크로스토크 오차 제어 기술 우수, Tesla 공급망 인증 획득	휴머노이드 로봇 발목, 자동차 테스트	중국 시장 점유율 약 12.2%, Tesla 및 미국·독일·일본 시장 수출 중
	커리 센싱 (柯力传感)	중국 닝보	계량 센서(Weighing Sensor) 분야 선도 기업이 로봇 센서 시장으로 확장, 대규모 생산 능력과 자본력	협동·휴머노이드 로봇(검증 단계)	중국 A주 상장 기업, 연간 50만 세트 생산 계획, 주요 고객사에 샘플 공급
	암페론 (安培龙)	중국 선전	MEMS 공정을 기반으로 한 초소형 센서 기술, 미세 힘 측정에 적합	가정용 전기 제어, 치과 수술	소비자용 초소형 센서 시장 점유율 확대 중, 휴머노이드 로봇용 센서 개발 진행

중국 국가의《제14차 5개년 로봇 산업 발전 계획(이하, "十四五"机器人产业发展规划")은 고정밀 포스 센서를 핵심 기술 개발 과제로 명확히 지정하였다. 지방정부 역시 관련 산업 지원 정책을 적극 추진하고 있다. 예를 들어 광둥성은 2025년에 지원 정책을 발표하여, 인공지능 및 로봇 분야 제조업 혁신센터로 승인된 기관에 대해 신규 연구 개발 장비 구매 금액의 40%를 보조금으로 지원하고(최대 1,000만 위안), 동시에 '소거인(小巨人)' 기업 일회성 보조금과 성·시 1:1 매칭 지원 제도를 통해 기업의 기술 혁신을 장려하고 있다.

현재 다운스트림 산업의 빠른 성장과 정책 지원 확대 속에서 6축 포스 센서의 2025년 평균 가격은 약 1만 5,000~2만 위안 수준으로 형성되어 있다. 향후 2026~2027년 자동화 칩 부착(SMT) 및 보정(Calibration) 기술이 성숙함에 따라, 2030년에는 단가가 5,000위안 이하로 하락할 것으로 예상되며, 일부 제품은 2,000위안 수준까지 낮아질 가능성도 있다.

관절 토크 센서는 블루 닷 터치(蓝点触控, Link-Touch)과 같은 중국 선도 기업들의 생산 능력 확대에 힘입어 이미 '천 위안대' 가격 단계에 진입하였다. 2025년 평균 가격은 약 800위안 수준까지 내려왔으며, 2030년에는 약 300위안 수준까지 추가 하락할 것으로 전망된다.

센서 가격의 이러한 급격한 하락은 휴머노이드 로봇 전체 BOM(부품 자재명세서) 비용을 15% 이상 절감시키는 효과를 가져올 것으로 예상되며, 이는 가정용 서비스 로봇 시장의 상용화를 가능하게 하는 핵심 전제 조건으로 평가된다.

3.2.2. 말단 실행기(End Effector)

■ 휴머노이드 로봇 손

휴머노이드 로봇 손 산업은 자본 투자 확대와 기술 발전에 힘입어 실험실 연구 단계에서 대규모 산업 적용 단계로 빠르게 전환되고 있다. 시장 자료에 따르면 휴머노이드 로봇 손 산업은 이미 고속 성장 단계에 진입했다.

2024년 전 세계 휴머노이드 로봇용 다지(多指) 로봇 손 시장 규모는 약 1억 1,900만 달러, 판매량은 약 1만 4,900개에 달했다. QY Research에 따르면 2030년에는 글로벌 시장 규모가 50억 달러(약 360억 위안) 이상으로 확대될 전망이다. GGII 통계에 따르면 2024년 중국 휴머노이드 로봇 손 판매량은 약 5,700개였으며, 휴머노이드 로봇 양산이 본격화됨에 따라 2030년에는 중국 시장 판매량이 34만 개 이상으로 증가할 것으로 예상된다.

현재 휴머노이드 로봇 손은 "고가의 연구 장비"에서 "표준화된 산업 제품"으로 전환되는 과정에 있다. 로봇 손은 휴머노이드 로봇 전체 가치의 30% 이상을 차지하는 핵심부품이며, 일부 선도 기업들은 제품 가격을 이미 1만 위안 수준, 나아가 1,000위안 수준까지 낮추기 시작했다. 이러한 가격 하락은 시장 확대 속도를 더 가속화할 것으로 전망된다.

2023년까지만 해도 고급 휴머노이드 로봇 손은 대부분 수입 제품에 의존했지만, 2025년에는 중국 제품이 성능은 동등 수준에 도달하고 비용은 절반 수준으로 낮추는 성과를 이루었다. 예를 들어 星动纪元(Robot Era)이 출시한 XHAND1은 완전 직구동(Full Direct-Drive) 구조를 채택해 12개의 능동 자유도를 제공하며 80N의 그립력과 25kg의 하중을 지원한다. 이 제품의 핵심 강점은 데이터 일관성과 촉각 피드백으로, 임바디드

AI(Embodied AI) 대형 모델 학습에 적합하다는 점이다. 이러한 기술력 덕분에 Skild AI, Humanoid AI 등 글로벌 선도 기업으로부터 공급 계약을 확보하며 고급 기술 분야에서 수입 제품을 대체하기 시작했다.

또한 囚时机器人(Inspire Robots)은 링크 구동 기술을 통해 대량 생산 체계를 구축했으며, 이를 통해 5지 휴머노이드 로봇 손의 생산 비용을 크게 낮추었다. 그 결과 2025년 판매량이 폭발적으로 증가했다.

현재 중국에서는 이른바 "휴머노이드 로봇 손 4대 기업(四小龙)"이 중고급 시장을 중심으로 빠르게 성장하고 있으며, 국제 기업들은 상대적으로 고급 제품 시장에 집중하는 구조로 변화하고 있다. 이 분야에서 선도 기업들의 핵심 기술 장벽은 구동·전달 시스템 설계와 감지 알고리즘 기술에 집중되어 있다. 중국의《휴머노이드 로봇 혁신 발전 지도의견(人形机器人创新发展指导意见)》에서는 휴머노이드 로봇 손을 '핵심 기초 부품'으로 명확히 규정하며, 산업 공급망에서의 전략적 위치를 확립하였다.

2025년에는 중국 국가 및 지방정부(예: 베이징, 광둥)가 **보험 보상, 고신기술기업 연구 개발 장비 구매 보조금, '특화·정밀·특색·신기술(专精特新)' 기업 지원금** 등 다양한 정책을 통해 휴머노이드 로봇 손 개발 기업을 재정적으로 적극 지원하고 있다.

유럽연합(EU)에서는 'Horizon Europe(지평선 유럽)' 프로그램을 중심으로 12개국 연구기관이 협력하여 로봇 **감지 기술과 정밀 조작 기술의 표준화 체계 구축**을 추진하고 있다. 현재 EU는 휴머노이드 로봇 손의 **안전 규격, 인터페이스 프로토콜, 시험 방법** 등에 대한 국제 표준 제정에도 적극 참여하고 있으며, 이를 통해 글로벌 시장의 대규모 상용화를 위한 기반을 마련하려 하고 있다.

〈표 3-13〉 휴머노이드 로봇 손(Dexterous Hand) 산업의 중국 및 글로벌 대표 기업

기업 유형	대표 기업	핵심 강점	점유율 및 고객 협력
중국 기업	灵心巧手 (Linkerbot)	고자유도 로봇 손을 세계 최초로 '천 대 단위' 양산한 기업. 자체 개발 '고성능 전동 실린더(Super Electric Cylinder)' 기술로 긴 수명과 낮은 비용 확보	월 주문량 1,000대 돌파, 글로벌 고자유도 로봇 손 시장의 약 80% 점유. 삼성, 지멘스 등에 공급, 2026년 5만~10만 대 납품 계획
	因时机器人 (Inspire Robots)	링크 구조 기반 직선 구동 방식 적용, 서브밀리미터급 정밀도, 손가락 당 하중 3kg. 높은 가성비와 긴 수명	중국에서 가장 먼저 상업적 양산을 달성한 기업 중 하나. 2024년 약 2,000대 납품, 자동차 부품 조립 및 신에너지 산업 등에 활용
	傲意科技 (OY Motion)	뇌-컴퓨터 인터페이스(BCI) 기술 선도. ROHand 로봇 손 하중 30kg, 의료 재활 분야에 적합. 80건 이상 특허 보유	신경 재활 분야에서 강점. 제품 CE·FDA 인증 획득, 해외 시장 수출
	强脑科技 (BrainCo.)	비침습형 뇌-컴퓨터 인터페이스 분야 글로벌 선도. TS-F 촉각 센서로 물체 재질 인식 가능	대규모 투자 유치, 재활 보조기기 분야에서 세계적 인지도. 사용자에게 피아노 연주·필기 등 정밀 동작 가능
	星动纪元 (Robot Era)	완전 직구동 구조 최초 적용. XHAND1: 그립력 80N, 하중 25kg. Skild AI, Rainbow Robotics 등 글로벌 기업에 채택	글로벌 고급 시장 점유율 약 15%, 여러 국가 로봇 제조사의 표준 부품으로 채택, 대형 AI 모델 학습 지원
해외 기업	ShadowRobot (영국)	24자유도 초고정밀 로봇 손 보유, 세계 연구기관에서 '표준 장비'로 사용. 다만 가격이 매우 높고 내구성은 제한적	Boston Dynamics, NASA 고객. 우주 작업 및 미세 수술 연구에 활용
	SCHUNK (독일)	. 산업 환경에서 매우 높은 안정성, 다지 로봇 손 100만 회 이상 수명, 자동차 제조 환경에 적합	유럽 산업 시장의 대표 선택지. BMW, Mercedes-Benz 고객. 산업용 파지 분야에서 높은 신뢰성과 내구성 유지

향후 휴머노이드 로봇 손 시장은 **통합화(integration)와** 응용 시나리오 확대 방향으로 발전할 전망이다. 단순한 로봇 손 단일 제품에서 벗어나 **"로봇 손 + 로봇 팔 + AI 알고리즘"이** 결합된 통합 시스템 형태로 발전하고 있다. 예를 들어 Dex Robot(灵巧智能)은 단순히 자유도를 늘리는 방식 대신 "비전(시각) – 로봇 팔 – 로봇 손 – 촉각"을 연결하는 전체 기술 체계를 구축하였다. 또한 원격 조작 장치를 통해 데이터를 수집하고, 이를 기반으로 물체 파지 알고리즘을 지속적으로 최적화하고 있다.

응용 분야 역시 점차 소비자 시장(C-end)으로 확장되고 있다. 가격이 1만 위안 수준까지 낮아지면서 2026년은 휴머노이드 로봇 손이 가정용 시장에 진입하는 '전환점'이 될 것으로 평가된다. 예를 들어 Fourier의 GR-1 로봇은 의류 정리나 책상 정리와 같은 일상적인 가사 작업을 수행할 수 있으며, Unitree의 G1 로봇은 손상되기 쉬운 과일을 집거나 카드 게임을 하는 등 정밀한 상호작용 능력을 보여주고 있다. AGIBOT의 로봇은 수건 접기를 불과 30초 만에 완성했다.

업계에서는 2026~2027년 가정용 서비스 로봇 시장이 폭발적으로 성장할 것으로 예상하며, 연평균 성장률이 40% **이상에** 이를 것으로 전망한다. 이는 휴머노이드 로봇 손 출하량 증가의 핵심 성장 동력이 될 것으로 보인다. 또한 **의료 및 재활 분야에서도** 휴머노이드 로봇 손 수요가 급격히 증가하고 있으며, 연간 구매 증가율이 약 35%에 달하는 등 가장 빠르게 성장하는 핵심 시장으로 부상하고 있다.

3.2.3. 제어 시스템(Controller)

전 세계적으로 빠른 성장세를 보이는 가운데 **중국이 로봇 컨트롤러 시장의 핵심 성장 시장으로** 부상하고 있다. 2025년 글로벌 로봇 컨트롤러 시장 규모는 약 7억 6,000만 달러이며, 2026년에는 8억 1,000만 달러, 2035년에는 14억 6,000만 달러까지 확대될 것으로 전망된다. 2026년부터 2035년까지의 연평균 성장률(CAGR)은 약 6.6%로 예상된다[88]. 현재 산업은 기존의 "산업용 로봇 중심 구조"에서 "휴머노이드 로봇 전용 컨트롤러"로 발전하는 단계에 있으며, 중국 기업들은 기술 이전(기존 산업 로봇 기술 활용)과 가격 경쟁력을 바탕으로 빠르게 시장을 확대하고 있다.

컨트롤러 구조는 크게 **중앙집중형**과 **분산형**으로 나뉜다.

- **중앙집중형 컨트롤러**는 하나의 컨트롤러가 모든 관절을 제어하는 방식으로 구조가 단순하지만, 단일 장애 발생 시 전체 시스템에 영향을 줄 수 있다는 단점이 있다. 주로 **중소형 로봇**에 적용된다.

- **분산형 컨트롤러**는 각 관절에 독립적인 지능형 제어 모듈을 배치하는 구조로, 유연성과 안정성이 높다. 현재 Tesla Optimus, UBTECH Walker S2 등 휴머노이드 로봇에서 주류 방식으로 채택되고 있으며, 2025년 기준 고급 휴머노이드 로봇에서 분산형 컨트롤러 비중은 약 45%에 달하는 것으로 추산된다.

또한 AI 알고리즘과 깊은 통합이 중요한 기술 트렌드로 부상하고 있다. 최신 컨트롤러는 환경 데이터를 학습해 스스로 작업 환경에 적응할 수 있으며, 2030년에는 **AI 기반 컨트롤러 비중이 70% 이상**으로 확대될 것으로 예상된다.

현재 글로벌 컨트롤러 시장에서는 **해외 기업들이 고급 산업용 시장**을 주도하고 있는 반면에 중국 기업들은 휴머노이드 로봇과 중급 시장을 중심으로 빠르게 점유율을 확대하고 있다.

---

88) https://www.businessresearchinsights.com/zh/market-reports/robot-controllers-market-112080

〈표 3-14〉 제어시스템 제조 해외 및 중국 대표 기업

기업유형	대표 기업	핵심 강점	점유율 고객 협력
해외 기업	FANUC (일본)	초정밀 제어 기술 보유, 자사의 CNC 시스템이 전 세계 시장의 약 62%를 점유할 정도로 기술력과 안정성이 뛰어남	산업용 제어기 시장에서 세계 최고 수준의 점유율 유지. 고객사로 BMW, Mercedes-Benz, Tesla 등 주요 자동차 기업 포함. 독자적인 "블랙박스 기술"로 유명하며 현재는 산업 자동화에 주력
	ABB (스위스)	분산형 제어 시스템(DCS) 분야 선도 기업. 다수 장비의 협업 제어 및 대규모 생산 라인 통합 기술에 강점	전력·화학 등 공정 산업에서 높은 시장 점유율, 전자 제조 분야에서도 강세. OmniCore 제어 플랫폼은 업계 대표 기술로 평가되며 AI 기반 차세대 제어 기술 개발 추진
국내 기업	汇川技术 (Inovance Technology)	중국 대표 서보 시스템 기업. 핵심 제어 알고리즘 자체 개발, IS810 시리즈는 다축 협동 제어 지원과 빠른 응답 속도, 높은 가격 경쟁력 보유	중국 서보 시스템 시장 점유율 약 28%로 1위. 제품은 배터리·태양광 생산 라인 등에 널리 사용. Unitree, Tesla 등 여러 휴머노이드 로봇 기업 공급망에 진입
	埃斯顿 (Estun Automation)	로봇 핵심부품 자체화율 90% 이상, 자체 개발 모션 제어 시스템과 프로그래밍 환경 보유	중국 산업용 로봇 시장 점유율 약 8.5%, 중국 브랜드 중 선도 그룹. 용접·판금 공정 분야에서 강점, 신에너지 자동차 산업에 폭넓게 적용
	Huazhong Numerical Control (华中数控)	중국 우한시 화중과기대학(Huazhong University of Science and Technology) 기반 기술, Alibaba Cloud와 협력하여 지능형 알고리즘 개발. 고급 5축 제어 기술 확보	고급 공작기계 CNC 시스템 분야에서 해외 독점을 일부 돌파. UBTECH 등 휴머노이드 로봇 기업과 협력하며 핵심 기술 자립 추진

3.3. 공급망 병목과 기술 돌파구

3.3.1. 핵심부품의 기술 병목 문제와 기술적 돌파구

휴머노이드 로봇은 정밀 제조 기술이 집약된 시스템으로 수백 개의 핵심부품으로 구성된다. 산업 전망에 따르면 2030년 기준 휴머노이드 로봇 핵심부품의 가치 비중은 행성 롤러 스크루(19%), 프레임리스 토크 모터(16%), 감속기(13%), 토크 센서(11%), 코어리스 모터(8%), 관성 측정 장치(IMU,2%)로 예상된다. 또한 배터리, 반도체 칩, 레이더, 드라이버, 엔코더 등 기타 부품은 '기타' 항목으로 분류되며, 이들의 총가치 비중은 약 31%를 차지한다.

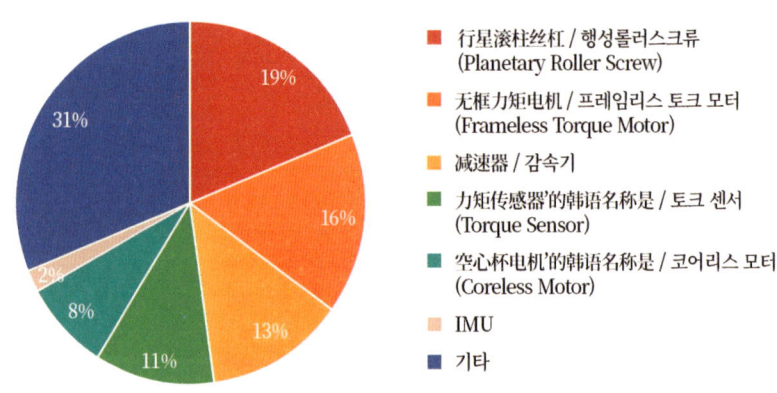

[그림 3-9] 휴머노이드 로봇 핵심부품 가치 비중

핵심부품의 비용은 휴머노이드 로봇의 상용화 과정과 밀접한 관련이 있다고 할 수 있다. 그러나 현재 중국 시장에서는 핵심부품 분야에서 고급 제품의 수입 의존도가 높고 국산 대체율이 낮은 문제가 장기간 지속되고 있다.

현재 휴머노이드 로봇 핵심부품의 고급 시장은 일본, 스위스, 미국 기업들이 주도하고 있으며, 전체적으로 국산 대체율은 30% 이하 수준에 머물러 있다. 특히 행성 롤러 스크루는 기술 장벽이 매우 높은 분야로 국내 시장 점유율이 약 19%에 불과하다. 또한 하모닉 감속기의 고급 제품 국산화율도 30% 미만이며, 프레임리스 토크 모터와 고정밀 센서 등 핵심부품 역시 주요 성능 지표에서 국제 수준과 여전히 상당한 격차가 존재한다.

〈표 3-15〉 핵심부품 국산화율 및 주요 기술 병목

핵심부품	국산화율(2025)	주요 기술 병목
행성 롤러 스크루	19%	소재 피로 수명, 정밀 가공 장비 의존
하모닉 감속기	35%-50%	고급 제품의 수명 일관성, 소음 제어
프레임리스 토크 모터	40%	출력 밀도, 열 관리, 엔코더 기술
6축 포스 센서	20%	크로스토크 오차, 미세 신호 처리 기술
3D 비전/IMU	28%	알고리즘 지연, 칩 기반 아키텍처

행성 롤러 스크루를 예로 들면, 행성 롤러 스크루는 선형 구동 장치의 핵심부품이자 휴머노이드 로봇 제조 과정에서 비용 비중이 높은 부품 중 하나이다. 이 부품의 높은 비용은 주로 원재료, 공정 기술, 가공 장비라는 세 가지 기술 장벽에 의해 결정된다.

먼저 **원재료**는 부품의 하중 지지 능력, 내마모성, 수명을 직접적으로 좌우한다. 국내와 국제 선진 수준의 차이는 주로 **재료 순도, 열처리 효과, 특수 코팅 기술**에서 나타난다. 고급 행성 롤러 스크루에는 고강도 합금강이 필요하며, 이러한 강재는 불순물 함량이 매우 낮고 내부 성분이 균일해야 한다. 그러나 국내 강재는 불순물이 상대적으로 많고 성분 분포가 균일하지 않은 경우가 많아 스크루 롤러 경로 표면에 미세 균열이 발생하기 쉽고, 이는 사용 수명이 크게 단축된다. 또한 고급 제품의 경우 표면에 내마모 코팅을 적용해 마찰 손실을 크게 줄이는데, 국내 코팅 기술은 아직 성숙하지 않아 코팅이 쉽게 벗겨지거나 두께가 균일하지 않아 수입 제품보다 마모 속도가 빠른 문제가 있다.

둘째, **공정 기술** 측면에서 행성 롤러 스크루의 제조 과정은 매우 복잡하며 성형, 연삭, 조립 등 여러 정밀 공정을 거쳐야 한다. 정밀 제조 난도가 높고 대량 생산 시 품질 일관성이 떨어지며 수율도 낮은 편이다. 구조상 롤러는 동력 전달의 핵심부품으로 거의 완벽한 원형과 동일한 크기를 유지해야 한다. 하지만 국내 가공 기술은 대량 생산에서 이러한 정밀도를 확보하기 어려워 일부 롤러에서 미세한 치수 차이가 발생하고, 이는 전달 효율 저하와 소음 발생으로 이어질 수 있다. 또한 스크루 표면의 나사산은 핵심 전달 구조로 고정밀 연삭 공정이 필요하며, 가공된 나사산의 표면이 충분히 매끄럽지 않으면 전달 정밀도에 영향을 미친다. 더불어 스크루, 롤러, 너트의 조립 과정에서는 정확한 예압(preload) 제어가 필요하다. 그러나 국내에서는 여전히 수작업이나 단순 장비에 의존하는 경우가 많아 예압 제어가 정확하지 않아 백래시가 커지고, 이는 휴머노이드 로봇 관절의 위치 정밀도를 떨어뜨린다.

셋째, **가공 장비** 역시 중요한 기술 장벽이다. 정밀 가공 장비는 고정밀 제조를 위한 필수 조건이지만, 국내 고급 장비 시장은 해외 기업들이 장기간 독점하고 있다. 이에 따라 장비 가격이 매우 높고 기술 접근에도 제한이 있어 국산 행성 롤러 스크루 발전을 제약하고 있다. 예를 들어 나사 연삭 공정에는 고정밀 전용 연삭기가 필요하지만, 국내 생산 장비는 아직 고급 제품 가공 요구를 충분히 충족하지 못하는 경우가 많다. 반면 수입 장비는 한 대당 가격이 수천만 위안에 달해 많은 기업이 도입하기 어렵다. 또한 너트 내부 나사 가공에는 5축 회오리 밀링 장비와 같은 특수 장비가 필요한데, 국내 장비의 정밀도는 아직 고급 제품 요구를 만족하기 어렵고 수입 장비는 가격뿐 아니라 기술 제한과 긴 납기 문제도 존재한다. 예를 들어 Hangzhou Seenpin Transmission Technology(新剑传动)과 같은 기업은 설계 기술을 확보했음에도 고급 나사 연삭 장비 부족으로 일부 고급 제품을 해외 기업에 위탁 가공해야 하며, 가공 비용만으로도 제품 원가의 상당 부분을 차지해 가격 경쟁력이 떨어진다. Hiecise Precision Equipment(华辰装备)등 국내 장비 기업이 기술적 돌파를 이루고 있지만 고급 시장 점유율은 아직 낮아 산업 전체 수요를 충분히 충족하지 못하는 상황이다.

이처럼 원재료 성능 부족은 공정의 허용 오차 범위를 매우 좁게 만들고, 가공 장비의 정밀도 부족은 공정 기술 발전을 다시 제한하는 구조를 만든다. 세 요소는 서로 영향을 주며 "재료 부족 → 공정 난이도 증가 → 장비 부족 → 비용 상승 → 시장 확대 제한"이라는 악순환을 형성한다. 이것이 국내 행성 롤러 스크루 시장 점유율이 낮고 고급 제품에서 수입 의존도가 높은 핵심 이유이다.

물론 이러한 높은 기술 장벽에도 불구하고 국내 기업들은 행성 롤러 스크루의 국산화를 적극 추진하고 있다.

2025년은 국내 행성 롤러 스크루 산업의 중요한 전환점으로 평가된다. 2025년 초 Ningbo Shuanglin Auto Parts(双林股份)은 Wuxi Kezhixin Machinery(无锡科之鑫)을 인수하면서 핵심 연삭 기술을 확보

했다. Kezhixin Machinery(科之鑫)이 개발한 고정밀 내부 나사 연삭기는 C2급(하이엔드 장비 표준) 정밀도를 달성했으며, 핵심 장비의 국산화는 가장 중요한 돌파로 평가된다. 이로써 독일과 일본 기업이 약 30년 동안 유지해 온 기술 독점이 일부 깨졌으며, 장비 가격도 수천만 위안 수준에서 약 300만 위안 수준으로 낮아지고 납기 기간도 약 75% 단축되었다. 또한 2025년 6월 Hiecise Precision Equipment(华辰装备)의 정밀 나사 연삭기는 P0급(업계 최고 수준) 정밀도를 달성했으며, Freewon(福立旺)과 100대 규모의 특수 연삭기 공급 계약을 체결해 마이크로 스크루 가공에 사용될 예정이다.

제품 구조 혁신에서도 중요한 기술 진전이 이루어졌다. 역방향식 행성 롤러 스크루는 휴머노이드 로봇, 특히 로봇 손과 다리 관절에 사용되는 핵심부품으로 기술 난도가 매우 높다. 2025년 3월 Ningbo Shuanglin Auto Parts(双林股份)은 중국 최초의 역방향식 행성 롤러 스크루를 개발했다. 이 제품은 혁신적인 구조 설계를 통해 기존 제품보다 하중 지지 능력, 회전 속도, 수명을 크게 높이고 대량 생산 비용을 낮추었으며 휴머노이드 로봇 핵심부품 요구에 정확히 부합한다. 현재, 이 제품은 Tesla Optimus Gen2 관절 모듈 테스트를 통과했으며 Unitree와 AGIBOT 등 기업에도 샘플이 제공되어 검증이 진행되고 있다[89].

또한 Nanjing Technical Equipment Manufacture(南京工艺)와 Qinchuan Machine Tool & Tool(秦川机床)은 재료와 열처리 공정에서 중요한 기술 돌파를 이루었다. 두 기업은 GCr15 베어링강 진공 담금질

---

89) https://www.shuanglin.com/news/624551.htm?f_link_type=f_linkinlinenote&flow_extra=eyJkb2N faWQiOiI0MWUwZTdiZGVhOWNkODZiLTMzYjYxNzhlZGM2ZWQzMGQiLCJpbmxpbmVVf ZGlzcGxheV9wb3NpdGlvbiI6MCwiZG9jX3Bvc2l0aW9uIjowfQ%3D%3D

기술을 개발해 행성 롤러 스크루의 내구성을 크게 향상시켰다. 이를 통해 제품의 정적 하중 수명이 1,000만 회에서 3,000만 회 수준으로 증가했으며 성능 지표도 스위스 Rol 등 국제 기업 수준에 근접했다. 이는 고하중·고빈도 작업 환경에서 국산 제품 적용 가능성을 크게 높였다.

또한 2025년 7월 天工이 개발한 고질소 합금 소재 TPMDC02A가 공식 양산에 들어갔다. 이 소재는 질소 함량 제어와 고순도 확보 문제를 해결해 내식성과 피로 저항성을 크게 향상시켰으며, 기존 제품의 수명 단축과 파손 문제를 개선해 수입 의존 구조에서 국산 대체로 전환하는 중요한 계기가 되었다.

이러한 기술 진전은 결국 비용 절감으로 이어지고 있다. 2025년부터 국내 기업들은 규모의 경제를 활용해 가격을 낮추기 시작했다. 자동차 부품 기업인 Ningbo Tuopu(拓普集团)과 Wanxiang Qianchao(万向钱潮)은 자동차 산업에서 축적한 대량 생산 경험을 바탕으로 로봇 스크루 시장에 진입했다. Ningbo Tuopu(拓普集团)은 태국 공장에서 연간 100만 대 생산 능력을 계획하고 있으며 제품 가격을 해외 제품 대비 약 40% 낮출 것으로 예상된다. Wanxiang Qianchao(万向钱潮) 역시 2025년 연간 10만 세트 생산 라인을 구축하고 주요 로봇 기업에 샘플 공급을 시작했다.

행성 롤러 스크루 산업의 기술 현황은 휴머노이드 로봇 핵심부품 산업 전반의 축소판이라 할 수 있다. 기술적 난관과 연구 개발 성과가 동시에 존재하며 기회와 도전이 공존하고 있다. 아직 국제 선진 수준과 일정한 격차가 존재하지만, 정책 지원과 시장 확대가 지속되면서 기술 장벽은 점차 낮아지고 있으며 핵심부품의 국산화 역시 빠르게 진행되고 있다.

3.3.2. 상용화 과제

　2026년 미국 국제전자제품박람회(CES)는 1월 6일부터 9일까지 라스베이거스에서 개최되었다. 전시회 공식 통계에 따르면 이번 CES의 휴머노이드 로봇 전시 구역에는 총 38개 기업이 참가했으며, 그중 중국 기업이 21개로 전체의 55% 이상을 차지하며 가장 큰 비중을 차지했다.

　CES 2026 기간 동안 Omdia는 최신 보고서를 발표했다. 이에 따르면 2025년 전 세계 휴머노이드 로봇 출하량은 약 1만 3,000대에 이를 것으로 예상된다. 이 가운데 AGIBOT(智元机器人)은 5,100대 이상을 출하하며 약 39%의 시장 점유율로 1위를 차지했고, Unitree(유니트리, 宇樹科技)는 4,200대 출하로 약 32%의 점유율을 기록하며 2위를 차지했다. 두 기업의 점유율을 합하면 전 세계 휴머노이드 로봇 시장의 약 71%를 차지하는 것으로 나타났다[90].

[그림 3-10] 2026년 미국 라스베이거스에서 개최된 CES

---

90) https://www.leikeji.com/article/73965

자본 시장에서도 휴머노이드 로봇 관련 기업들의 움직임이 활발하다. Unitree는 이미 중국 과학기술혁신판(科创板) 상장을 위한 IPO 준비 절차에 들어갔으며, AGIBOT은 우회 상장 가능성이 시장에서 거론된 바 있다. 또한 2025년 7월 30일, 하모닉 감속기를 주력으로 하는 Sichuan Tianlian Robot(四川天链机器人) 역시 과학기술혁신판 상장 준비를 공식적으로 발표하였다.

그러나 이러한 화려한 수치의 이면에는 대량 생산의 병목과 상용화의 어려움이라는 현실이 존재한다. 실제 납품 금액은 증가하고 있지만, 주문 규모와 비교하면 실제 공급량은 제한적이며 대부분의 주문이 단계별·분할 납품 방식으로 진행된다. 정책 지원으로 일부 기업이 핵심부품 시장 점유율을 빠르게 확대하고 있지만, 핵심부품 생산 능력 부족과 생산 공정의 한계가 드러나면서 대부분의 완성형 로봇 기업은 여전히 "수백 대 수준의 양산"을 넘어서지 못하고 있다. 또한 가격 측면에서도 핵심부품 국산화로 소비자용 제품 가격은 10만 위안 이하로 낮아지고 있지만, 산업용 제품은 여전히 50만~60만 위안 수준으로 많은 기업의 예산을 크게 초과하고 있다.

중국 정보통신연구원(CAICT)의 2025년 3분기 통계에 따르면 휴머노이드 로봇의 상용화 적용은 주로 자동차 생산 라인 시범 적용, 물류 창고, 문화·관광 공연, 대학 연구 분야에 집중되어 있다. 반면 농업이나 가정 서비스 분야는 전체의 10% 미만에 불과하다. 자동차 생산 라인과 같은 일부 사례를 제외하면 대부분의 상업 적용 분야(안내 서비스, 공연, 농업 수확, 물류 운반 등)의 주문 규모는 1,000대 미만에 머물고 있다.

휴머노이드 로봇 상용화의 핵심 문제는 여러 측면에서 나타난다.

첫째, 응용 환경 적응 문제이다. 현재 휴머노이드 로봇의 많은 사례는 실제 작업보다 시연 목적에 가까운 경우가 많으며 "걸을 수는 있지만 실제 일을 수행하기는 어려운" 수준에 머물러 있다. 예를 들어 농업 수확 분야에서 Unitree의 자회사 Lingyi Technology (灵翌科技) 가 2025년 베이징 근교 딸기 농장에서 진행한 테스트에서는 단순한 "수확 힘 조절" 문제만 해결하기 위해 엔지니어가 200회 이상 수동 조정을 해야 했으며, 여전히 손상률 5% 이하 기준을 안정적으로 충족하지 못했다. 또한 현재까지 상업적으로 활용할 수 있는 과일·채소 수확용 멀티모달 데이터 세트도 공개된 사례가 없다. 더불어 휴머노이드 로봇의 범용성도 낮은 편이다. 동일한 로봇이 캔 따기, 상자 운반, 사과 깎기와 같은 서로 다른 작업을 수행하려면 각각 다른 말단 장치와 약 60시간의 동작 데이터 재수집이 필요하며, 새로운 환경에 배치하는 데 4~6주가 소요된다.

둘째, 높은 제조 비용이다. 일부 핵심부품은 여전히 60~80%를 수입에 의존하고 있으며 BOM 비용이 높다. 또한 로봇은 매우 복잡한 시스템이기 때문에 MCU, 모터, 감속기 등 개별 부품 가격이 내려가더라도 여러 공급업체의 부품을 안정적으로 통합하는 비용과 공정 난이도는 여전히 높다. 산업 생태계가 아직 표준화되지 않은 상황에서는 각 로봇 기업이 공급망을 직접 관리해야 하며 이는 숨겨진 비용을 크게 높인다. 책의 마지막 부분에 설명하겠지만 핵심부품에 들어가는 주요 지하자원 역시 수요 증가로 인한 제조원가를 높이고 있다.

셋째, 표준과 규제의 부재이다. 중국 공업정보화부는 휴머노이드 로봇을 미래 산업의 핵심 분야로 지정했지만, 표준 제정에는 기술·산업·법률 등 다양한 영역의 협력이 필요해 단기간 내 통일된 규격을 마련하기 어렵다. 현재 가정용 및 의료용 분야에서는 명확한 안전 기준조차 마련되지 않은 상황이며, 서비스 로봇 안전 기준(GB/T40026-2021) 역시 이족 보행 로봇의 동적 균형 위험을 충분히 반영하지 못한다. 또한 로봇이 지속적으로 환경 및 개인 데이터를 수집하기 때문에 데이터 유출 위험과 개인정보 보호 문제도 해결되지 않았다. 정부는 2027년 이후에야 기본 안전 기준과 시험 규격이 마련될 것으로 예상되며, 이러한 상황 때문에 보험 상품이나 대규모 구매도 제한되고 있다.

넷째, 애프터서비스 및 비즈니스 모델 문제이다. 현재 휴머노이드 로봇은 대부분 "하드웨어 일회성 판매" 방식으로 판매되며 유지보수, OTA 업데이트, 사고 보험 비용을 사용자에게 전가하는 경우가 많다. UBTECH의 2025년 보고서에 따르면 문화·관광 프로젝트에 투입된 Walker X 460대의 연간 수리율은 27%였으며 현장 유지보수 비용은 평균 1만 8,000위안에 달해 하드웨어 이익을 초과했다. 이 때문에 회사는 2026년 2,000대 신규 주문 협상을 중단하기도 했다. 또한 브랜드마다 부품 인터페이스가 달라 유지보수 비용과 부품 재고 부담이 높고 원격 진단 능력이 부족해 현장 점검에 의존하는 경우가 많다. 예를 들어 로봇을 하루 8,000위안에 임대하더라도 기술자(일당 2,000위안)를 동행시켜야 하는 경우가 있어 실제 수익성이 제한된다.

요약하면, 2026년 휴머노이드 로봇 산업은 초기 아날로그 휴대전화와 유사한 단계에 있다. 기술 자체는 구현됐지만 높은 비용, 데이터 부족, 표준 부재, 애프터서비스 문제라는 네 가지 구조적 한계 때문에 대규모 상용화가 아직 어려운 상황이다. 그럼에도 2026년은 휴머노이드 로봇이 개념 단계에서 실제 산업으로 전환되는 중요한 전환점으로 평가된다. 많은 기업이 기술 검증 단계에서 벗어나 실제 응용 환경에 맞춘 전략을 모색하고 있다.

특히 가격 하락이 가장 눈에 띄는 변화이다. 최근 데이터에 따르면 중소형 휴머노이드 로봇 가격은 빠르게 낮아지고 있다. 대표적으로 Unitree G1, EngineAI PM01, Songyan N2의 가격은 각각 9만9천 위안, 8만8천 위안, 3만 9천 위안부터 시작하며 교육 및 연구 시장을 대상으로 "최저 가격 경쟁"을 시작했다. 이러한 가격 경쟁력의 배경에는 기업들의 기술 혁신이 있다. 예를 들어 Unitree는 약 90%의 부품을 자체 개발하며 산업에서 가장 높은 자립도를 보여준다. 자체 개발한 관절 모터의 비용은 Boston Dynamics 제품의 약 1/5 수준, 4D 라이다는 기존 솔루션의 약 1/10 수준이다. 이러한 기술 기반 덕분에 Unitree는 휴머노이드 로봇 관절 비용을 Tesla 대비 50% 이하로 낮출 수 있었고, 결국 9만 9천 위안이라는 공격적인 가격 전략을 가능하게 했다.

[그림 3-11] CES 전시회에서 발표된 Unitree 'R1' 최신가격표

물론 모든 완성형 로봇 기업이 전 스택 자체 개발(Full-stack 자율 개발)을 실현할 만큼 충분한 기술 축적과 자본을 갖춘 것은 아니다. 경쟁이 치열한 이 시장에서 올바른 발전 전략을 찾는 것 역시 기업이 경쟁에서 돌파구를 마련하는 중요한 방법이다. 즉, 자금과 인력을 특정 응용 환경에 집중하여 실제 활용 가능한 구체적인 적용 시나리오 중심 전략을 선택하는 것이다. 이러한 방식은 특정 분야에서 강한 인지도를 구축하고 차별화된 경쟁력을 확보하는 데 도움이 된다.

실제로 중국의 여러 선도 기업은 이러한 전략을 통해 의미 있는 사례를 만들어내고 있다. 예를 들어 샤오펑(Xpeng, 小鹏)의 'Iron' 로봇은 자동차 공장에서 부품 운반과 품질 검사 등 반복적인 작업을 수행하기 시작했으며, Leju Robotics(乐聚)와 Unitree(宇树科技)의 'Unitree X' 로봇은 재활 치료 센터에서 보조 치료 장비로 활용되며 환자에게 맞춤형 재활 프로그램을 제공하고 있다. 이러한 사례들은 기업들이 특정 응용 분야에서 먼저 실제 적용 경험을 축적하고 산업 생태계 내에서 자신만의 위치를 확보하려는 전략을 보여주고 있다[91].

현재 휴머노이드 로봇 산업의 상용화는 "기술 검증 단계"에서 "대규모 적용 단계"로 전환되는 중요한 전환점에 있다. 기술 발전, 비용 하락, 새로운 비즈니스 모델의 등장과 함께 2026~2027년 사이 대규모 상용화의 돌파구가 마련될 것으로 전망된다. 단기적으로는 산업용 분야가 가장 먼저 수익 구조를 형성할 가능성이 높고, 상업 서비스 분야는 점진적으로 확대될 것으로 예상된다. 반면 가정용 로봇 시장은 기술과 시장이 모두 성숙하기까지 약 5~10년의 시간이 더 필요할 것으로 보인다.

91) https://www.36kr.com/p/3293773017499656

4

중국 휴머노이드 로봇 산업 공급망 주요 기업 경영 분석

4.1. 완성형 휴머노이드 로봇 제조 대표 기업

4.2. 핵심부품 공급업체

4.3. 기술 솔루션 제공 중국의 대표 기업

중국 휴머노이드 로봇: 유니트리, 애지봇, 유비테크, 갤봇, 케플러 등 사업 현황 및 기업 발전 보고서

04 중국 휴머노이드 로봇 산업 공급망 주요 기업 경영 분석

4.1. 완성형 휴머노이드 로봇 제조 대표 기업

4.1.1. 대표 기업 사례

(1) 응용 시나리오 기준 분류

제1장에서 제시한 휴머노이드 로봇의 분류 기준에 따르면, 응용 시나리오에 따라 휴머노이드 로봇은 다음 세 가지 유형으로 구분할 수 있다.

첫째, 특수 환경에서 활용되는 특수 작업형 로봇

둘째, 제조업 현장에서 활용되는 산업용 로봇

셋째, 민생 서비스 및 주요 산업 분야에서 활용되는 휴머노이드 로봇

현재 휴머노이드 로봇 관련 기업들은 이 세 가지 응용 분야 가운데 하나 또는 두 개의 분야를 핵심 전략 시장으로 설정하는 경우가 많다. 예를 들어 'AGIBOT(智元机器人)'은 제조업 분야와 민생 서비스 분야 모두에서 일정한 성과를 거두며 관련 기술과 응용 분야를 확대해 나가고 있다.

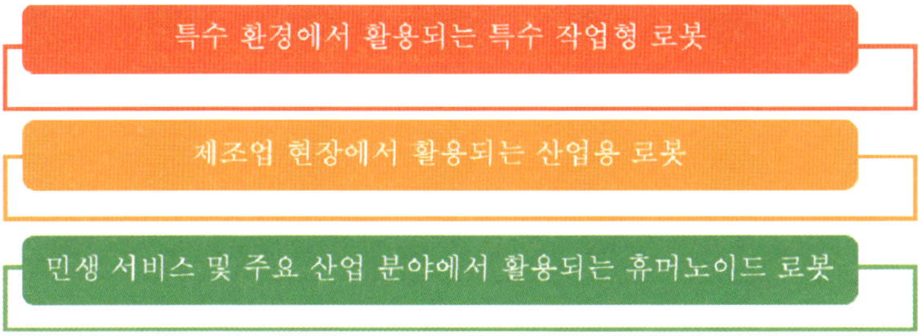

[그림 4-1] 휴머노이드 로봇의 분류 (응용 시나리오별)

논의의 편의를 위해 이 책에서는 여러 적용 분야를 동시에 다루는 기업의 경우, 해당 기업의 주요 발전 방향이 되는 하나의 응용 분야에 포함하여 분석하였다. 아래는 세 가지 주요 응용 분야별 대표 기업 사례이다.

〈표 4-1〉 세 가지 주요 응용 분야별 대표 기업 사례

적용 분야	대표 기업	핵심 제품 예시	주요 특징 및 활용 방향
특수 작업형	Deep Robotics (云深处科技)	DR02	• 국제 표준의 방진방호(IP66) 등급과 광범위한 작동 온도(-20℃ ~ 55℃)를 갖추어 치안 순찰, 광산 점검, 응급 구조 등 복잡한 지형과 극한 환경에 특화되었으며, 뛰어난 환경 적응성을 보유
	TetraBOT (天创机器人)	Tiankui-1	• 수소, 메탄 등 유해 가스가 존재하는 석유화학, 전력 등 폭발성 환경에서 인간을 대신해 밸브 조작 및 순찰 작업을 수행할 수 있는, 세계 최초로 방폭 인증(IIC T6 등급)을 획득한 특수 목적 휴머노이드 로봇으로, 양팔의 하중 용량은 25kg
산업 제조형	Ubitech (优必选)	Walker	• S 시리즈는 BYD, Foxconn 등 자동차 및 전자 공장에서 물류 운반, 자동 배터리 교체 등의 작업에 적용되어 약 5억 위안 규모의 주문을 확보한 산업용 적용 사례
	Topstar (拓斯达)	XiaoTuo	• 산업 현장에 특화되어 설계된 이 로봇은 1.2~1.8m까지 조절 가능한 적응형 리프팅 바디를 채택하여 기존 생산

적용 분야	대표 기업	핵심 제품 예시	주요 특징 및 활용 방향
			라인(예: 사출 성형 산업) 에 빠르게 적용가능 하며, 양팔 하중 용량은 20kg이며, 반복 위치 정밀도가 ±0.05mm로 높아 로딩/언로딩, 분류, 검사 등 공정에 활용. 대규모 상용화의 벤치마크로 평가받고 있음
	Dobot (越疆科技)	Dobot Atom	• 정밀 작업에 초점을 맞췄고, 자체 개발한 신경 구동 정교 조작 시스템(NDS)과 인간형 직진 보행 시스템(AWS)을 탑재. 에너지 소비가 낮고 반복 위치 정밀도가 ±0.05mm에 달해, 자동차 공장 조립 및 자재 공급, 전자 부품 선별 등 고정밀도가 요구되는 산업용 작업에 적합
민생 및 주요 산업	Unitree (宇树科技)	H1	• 운동 제어(예: 빠른 보행, 달리기, 점프) 분야의 기술적 우위를 바탕으로 유명하며, 현재는 주로 범용 로봇 플랫폼으로 활용되어 첨단 기술 시연, 알고리즘 개발 및 테스트에 사용. 이는 향후 다양한 서비스 및 민생 분야로 확장가능
	AGIBOT (智元机器人)	A2	• 전시 안내, 프런트 데스크 응대 등 상업용 시나리오에 특화되어 상호작용 능력이 높음. 또한 산업용 모델(예: A2-W)은 산업 물류 분류 작업 등에도 활용되어 다양한 환경에서의 적용 가능
	银河通用 (Galbot)	G1	• 이 회사의 '스마트 약국 창고' 솔루션은 중국 10여개 도시에 수백 개 약국에 배포되어 야간 의약품 판매 등 민생 수요를 해결함, 서비스 소비 분야의 대표적인 성공 사례
	Xiaomi (小米)	CyberOne	• 생체 모방 비전과 감정 상호작용 능력을 강조하며, Xiaomi자동차 라인에도 테스트중이며 특히 현재는 주로 생활 동반자 및 지능형 상호작용 등 민간 분야에서의 잠재력을 시연 미래 생활 서비스형 로봇 개발을 위한 중요한 탐구 사례

이 책에서는 위 세 가지 응용 분야 가운데 기술 성숙도가 높고 산업적 대표성이 있는 기업들을 선별하여 이후 장에서 보다 심층적으로 분석할 예정이다.

(2) 기업의 기존 산업 기반 및 특성에 따른 분류

앞서의 분류는 제품의 주요 응용 시나리오를 기준으로 한 것이다. 보다 종합적이고 정확하게 중국 휴머노이드 로봇 시장을 이해하기 위해, 기업의 기존 산업 기반과 특성을 기준으로 대표 기업을 다음 네 가지 유형으로 구분할 수 있다.[92]

- 기존 선도 기업(资深玩家)
- 스타트업(初创企业)
- 이종 산업 참여 기업(跨界玩家)
- 로봇 전문 기업(原生机器人厂商)

이와 같은 분류는 각 기업의 기술 축적, 산업 배경, 자본 구조 및 발전 전략의 차이를 더욱 명확하게 파악하는 데 도움이 된다.

---

92) 2024中国人形机器人产业发展蓝皮书-高工咨询

[그림 4-2] 휴머노이드 로봇 분류 (기업의 기존 산업 기반 및 특성 기준)

이 네 가지 유형의 기업은 각각 다음과 같은 특징과 장단점을 가지고 있다.

첫째, 기존 선도 기업(또는 베테랑 기업)이다. 이 유형의 기업은 설립 초기부터 로봇 기술 연구 개발에 집중해 왔으며, 특히 휴머노이드 로봇 분야에서 깊은 기술 축적을 보유하고 있다. 일반적으로 전문적인 연구 개발 인력을 갖추고 있어 하드웨어 설계와 소프트웨어 개발 모두에서 탄탄한 역량을 보유하고 있다. 오랜 기간 해당 분야를 집중적으로 연구해 온 만큼 기술 기반은 비교적 성숙한 편이다. 그러나 휴머노이드 로봇 산업의 상용화 단계가 아직 초기 단계에 머물러 있어 제품의 대규모 시장 적용이 본격적으로 이루어지지 않았기 때문에, 시장 채널과 다운스트림 산업 자원 측면에서는 축적이 상대적으로 제한적이다. 또한 지속적인 연구 개발 투자 부담으로 인해 자금 압박을 겪는 경우도 적지 않다.

둘째, 스타트업 기업이다. 이 유형의 기업은 주로 신생 연구팀을 중심으로 구성되며, 뛰어난 인력 구성과 기술 혁신 역량을 바탕으로 자본 시장의 관심과 투자를 비교적 쉽게 유치하는 특징이 있다. 이를 통해 연구 개발과 제품 상용화에 필요한 자금 지원을 확보할 수 있다. 많은 경우 대학이나 연구기관의 연구 성과를 기반으로 창업된 기업이기 때문에 특정 기술 분야에서 독자적인 경쟁력을 보유하고 있으며, 새로운 기술 경로를 탐색하는 데 적극적이고 기존 기술에 대해 비판적이고 실험적인 접근을 시도하는 경향이 있다. 다만 핵심 인력이 대부분 기술 중심의 배경을 가지고 있어 기업 운영 및 경영 관리 경험 측면에서는 보완이 필요한 경우가 많다. 향후 기술 발전과 제품 혁신이 지속된다면 이러한 기업들은 채널 구축과 경영 능력의 부족을 점차 보완하며 빠르게 성장할 가능성이 있다.

셋째, 이종 산업 진입 기업(또는 크로스오버 기업)이다. 이 유형은 자동차, 소비전자, 가전 등 기존 제조 산업의 기업들이 대표적이다. 이러한 기업들은 로봇 기술에 대한 실질적인 활용 수요를 가지고 있으며, 특히 자동차 기업의 경우 두 가지 측면에서 강점을 갖는다. 첫째, 안정적인 사업 기반을 통해 장기 연구 개발이 필요한 로봇 분야에 지속적인 자금을 투입할 수 있다. 둘째, 자동차 생산 라인이 곧 로봇 기술의 테스트와 실제 적용 환경으로 활용될 수 있다는 점이다. 또한 전동화 기술, 시각 인식 기술, 자율주행 기술 등에서 축적한 기술을 휴머노이드 로봇에 이전 적용할 수 있어 성능과 효율을 향상시키는 데 유리하다. 더불어 이들 기업은 이미 성숙한 생산 제조 체계, 공급망 관리 능력, 제품 상용화 경험을 보유하고 있어 휴머노이드 로봇의 설계와 산업화 과정에서 상당한 경쟁력을 가진다.

넷째, 로봇 전문 기업이다. 이 유형의 기업은 산업용 로봇, 협동 로봇, 이동 로봇 등 기존 로봇 분야에서 오랜 기간 연구 개발을 수행하며 실제 산업 적용 사례를 축적해 온 기업들이다. 이러한 기업들이 축적한 공학적 경험과 기술은 휴머노이드 로봇 개발에도 일정 부분 참고될 수 있다. 다만 휴머노이드 로봇은 하드웨어와 소프트웨어 양 측면에서 훨씬 높은 수준의 시스템 통합 능력을 요구하기 때문에 기존 로봇 분야와는 다른 새로운 기술적 도전을 수반한다. 특히 소프트웨어 알고리즘과 첨단 기술 혁신 분야에서는 추가적인 연구 개발과 기술적 돌파가 필요한 상황이다. 위에서 제시한 네 가지 유형에 해당하는 휴머노이드 로봇 대표 기업은 다음과 같다. 이 책의 부록(Appendix)에서는 위 기업들과 주요 제품을 간략히 소개하여 독자들이 관련 기업에 대해 기본적인 이해를 할 수 있도록 하였다.

⟨표 4-2⟩ 유형별 중국 휴머노이드 로봇 대표 기업

기존 선도 기업	스타트업 기업	이종 산업 진입 기업	로봇 전문 기업
Ubitech (优必选)	Deep Robotics (云深处科技)	Xiaomi (小米)	TetraBOT (天创)
Leju Robotics (乐聚)	Unitree (宇树科技)	Xpeng (小鹏汽车)	Topstar (拓斯达)
钢铁侠科技	AGIBOT (智元机器人)	GAC 广汽集团	YueJiang (DOBOT) 越疆科技
Weijing Robotics (伟景)	Galbot (银河通用)	CMCC (中国移动)	AuBO (遨博智能)
CloudMinds (达闼)	Fourier (傅利叶)	······	ESTUN COOL (埃斯顿酷卓)
...	Daimon (戴盟)		FDROBOT (福德)
	Leju (逐际动力)		Tiantai Robot (天太)
	开普勒로봇		Boshi (博实股份)
	RobotEra (星动纪元)		······
	······		

4.1.2. 딥로보틱스(DEEP Robotics)

항저우 딥로보틱스 테크놀로지 주식회사(DEEP Robotics)는 사족 및 휴머노이드 로봇의 연구 개발, 생산 및 판매에 집중하는 국가급 첨단 기술 기업이자 국가급 '전문화·정밀화·특화·혁신형'(专精特新) 강소기업이다. 중국정부에서는 이러한 강소기업을 '작은 거인(小巨人)' 기업이라고 칭한다. 2017년 11월 29일에 설립된 창업 팀은 저장대학교(Zhejiang University)에서 배출되었으며, 창업자 겸 CEO인 주추궈(朱秋国) 박사는 족형 로봇의 운동 제어 분야에서 깊은 역량을 보유하고 있다. 기술 연구 개발과 실제 응용 분야에서 지속적인 성과를 거두며 '딥로보틱스'는 현재 항저우의 대표적인 로봇 기업 그룹으로 불리는 '항저우 6마리의 용(杭州六小龙)' 중 하나로 자리매김했다.

DEEP Robotics
云深处科技

[그림 4-3] 딥로보틱스 테크놀로지 주식회사(DEEP Robotics) 로고

<표 4-3> 딥로보틱스(Deep Robotics) 휴머노이드 로봇 제품 소개

모델명	제품 이미지
DR01	
DR02	

출처: 딥로보틱스(Deep Robotics)기업 공식 홈페이지

　제품 측면에서 딥로보틱스(Deep Robotics, 云深处科技)는 이미 두 세
대의 대표적인 휴머노이드 로봇을 출시하였다. 첫 번째 휴머노이드 로봇
인 'DR01'은 2024년 8월 세계 로봇 대회(World Robot Conference)
에서 처음 공개되었다. 이 로봇의 가장 큰 특징은 뛰어난 동적 균형 능력
을 보여준다는 점이다. 현장 시연에서 'DR01'은 바닥이 미끄러운 상황이

나 직원이 밀거나 당기는 경우, 심지어 뒤에서 갑작스럽게 충격을 받는 상황에서도 빠르게 균형을 회복하고 안정적으로 보행할 수 있었다.

이 로봇에는 회사가 자체 개발한 J60 경량 관절과 J100 고출력 관절이 탑재되어 있으며, 보행 속도는 초당 1.6미터를 넘는다. 또한 높이 18cm의 계단과 경사도 25도의 경사면도 안정적으로 이동할 수 있다. 'DR01'의 발표는 딥로보틱스가 사족 로봇 분야에서 휴머노이드 로봇 분야로 본격적으로 진출했음을 의미한다.

[그림 4-4] 휴머노이드 로봇 'DR02'의 야외 우천 테스트 모습

2025년 10월, 딥로보틱스(Deep Robotics, 云深处科技)는 두 번째 세대 제품인 글로벌 최초의 산업용 전천후 휴머노이드 로봇 'DR02'를 발표하였다. 'DR02'는 중요한 기술적 돌파를 이루었으며, 그 핵심은 로봇 전체가 IP66 국제 표준 등급의 방수·방진 성능을 달성하고 -20℃에서 55℃까지의 넓은 온도 범위에서 안정적으로 작동할 수 있다는 점이다. 이를 통해 'DR02'는 야외 비, 습기, 먼지 등 복잡한 환경에서도 사용할 수 있는 세계 최초의 전신형 휴머노이드 로봇으로 평가된다.

'DR02'는 키 175cm, 체중 75kg의 크기를 가지며 31개의 자유도를 갖추고 있다. 기본 보행 속도는 1.5m/s이며 최대 속도는 4m/s에 달한다. 양팔 작업 하중은 10kg이고 전체 로봇의 적재 능력은 20kg이다. 또한 모듈식 퀵 탈착 설계를 적용하여 핵심부품을 빠르게 교체할 수 있으며, 275TOPS의 연산 성능을 갖춘 처리 장치와 다중 센서 융합 시스템을 탑재해 향후 기능 업그레이드를 위한 기반을 마련하였다.

상용화 측면에서 딥로보틱스의 제품은 이미 국내 전력 설비 점검, 긴급 구조, 보안 순찰 등 다양한 산업 분야에서 규모화된 적용을 이루었다. 특히 '절영(绝影)' 시리즈 사족 로봇(예: 절영 X30)은 전력 설비 점검 분야에서 실제로 활용되고 있으며, 휴머노이드 로봇 'DR02'는 산업용 유연 생산 및 고위험 작업 대체와 같은 응용 환경을 주요 목표로 하고 있다[93]. 현재 회사의 사업은 중국 전역의 모든 성급 행정구역을 [94]포함하며, 싱가포르, 한국, 미국, 독일 등 해외 시장에도 진출하였다.

기술 측면에서 딥로보틱스는 자체 기술 개발을 핵심 전략으로 삼고 있으며, 하드웨어 구조 설계, 지능형 운동 제어 알고리즘, 멀티모달 환경 인식, 자율 주행 등 임바디드 인텔리전스(Embodied Intelligence)의 핵심 기술을 포함하는 전 스택 자체 개발 체계를 구축하였다. 회사는 현재까지 100건 이상의 특허를 출원했으며, 특히 강화학습 기반 운동 제어 기술을 통해 로봇의 움직임 안정성과 복잡한 환경에 대한 적응 능력을 크게 향상시켰다.

93) 机器人DR02_百度百科
   https://bkso.baidu.com/item/%E6%9C%BA%E5%99%A8%E4%BA%BADR02/66824151
94) 云深处科技加速推动具身智能机器人规模化落地-德清新闻网
   http://dqnews.zjol.com.cn/dqnews/system/2025/12/25/035119726.shtml

4.1.3. 유비테크(UBTECH, 优必选)

유비테크(UBTECH, 优必选)는 휴머노이드 로봇 산업 초기부터 활동해 온 대표적인 베테랑 로봇 기업으로, 주요 휴머노이드 로봇 제품으로는 'Walker', 'Walker X', 'Walker S' 시리즈 등이 있다[95].

[그림 4-5] UBTECH(优必选) 기업 로고

유비테크(UBTECH, 优必选)는 2012년에 설립되었으며, 2014년 첫 소형 휴머노이드 로봇 'Alpha'를 성공적으로 개발·생산하였다. 2017년 에는 상업용 서비스 로봇 제품과 솔루션을 발표하였다. 2018년 1세대 휴 머노이드 로봇 'Walker'를 공개한 이후 유비테크는 지속적으로 제품을 업그레이드해 왔다. 2019년에는 '2세대 Walker' 로봇을 출시했으며, 2023년 12월에는 'Walker S'를 발표하였다. 이어 2024년에는 휴머노이 드 로봇 'Walker S1'을 출시했고, 2025년 7월에는 최신 세대 휴머노이드 로봇 'Walker S2'를 발표하였다.

---

95) 人形机器人行业深度：驱动因素、现状及趋势、产业链及相关公司深度梳理【慧博出品】 - 知 乎 https://zhuanlan.zhihu.com/p/1951970206575499155

〈표 4-4〉 UBTECH 휴머노이드 로봇 제품 시리즈 소개

분류	제품명 및 이미지		
산업용 휴머노이드	Walker S2	Walker S1	Walker S
상업용 휴머노이드	Walker C	Walker X	—
기타	휠형 휴머노이드 Cruzr S2	판다 로봇 Youyou	—

출처: UBTECH 공식 웹사이트

2025년 4월, 유비테크(UBTECH, 优必选)가 주요 주관 기관으로 참여한 휴머노이드 로봇 관련 국가 표준 시리즈가 공식적으로 제정 추진 단계에 들어갔다. 베이징기계공업자동화연구소(Beijing Research Institute of Mechanical & Electrical Technology, TC591 사무국)의 조정 아래 유비테크는 베이징 휴머노이드 로봇 혁신센터, 상하이 인공지능 실험실 등 여러 기관과 함께 해당 국가 표준 제정 작업을 공동으로 추진하였다. 이 과정에서 유비테크는 특히 작업 수행 및 조작 기술 요구 사항의 제정을 주도하며, 정밀 조작과 보행 기반 작업 등 핵심 기술에 대한 규격을 마련하였다. 해당 표준은 환경 인식, 의사결정 및 경로 계획 등 다양한 기술 요구 사항을 포함하고 있다.

상용화 측면에서 유비테크는 이미 여러 자동차 기업과 협력을 진행하고 있다. 2024년 이후 유비테크는 니오(NIO, 蔚来), 둥펑리우치(Dongfeng, 东风柳汽), FAW-폭스바겐(一汽大众), 지커(Zeekr, 极氪), FAW 훙치(Hongqi, 一汽红旗), BYD(比亚迪), 베이징자동차(BAIC, 北汽) 등과 협력 관계를 구축하여 휴머노이드 로봇을 공장 생산 라인에 투입하고 물류 운반, 품질 검사, 조립 등의 작업을 수행하도록 추진하고 있다.

2025년 1월에는 산업용 휴머노이드 로봇 'Walker S1'이 BYD 자동차 공장에서 1단계 실증 테스트를 완료했으며, 이를 통해 작업 효율이 두 배로 향상되고 안정성은 약 30% 개선되었다. 또한 같은 해 2분기에는 대량 납품이 가능할 것으로 계획되었다. 실증 과정에서 이 로봇은 시각 기반 위치 인식, 운동 제어 알고리즘, 관절 열 관리 기술 등 여러 분야에서 기술적 돌파를 이루었다.

같은 해 3월에는 유비테크가 지커 공장에서 세계 최초로 다수의 휴머노이드 로봇 협동 실증 테스트를 진행하였다. 이어 4월에는 대규모 휴머노이드 로봇 구매 계약을 체결했으며, 해당 제품은 자동차 제조와 상업용 접객 서비스 분야에 활용될 예정이다. 또한 5월에는 화웨이(华为)와 전면적인 협력 관계를 구축하여 임바디드 인텔리전스(Embodied Intelligence)과 휴머노이드 로봇 분야에서 공동으로 기술 혁신을 추진하고 다양한 응용 시나리오에서의 상용화를 가속화하기로 했다.

[그림 4-6] 휴머노이드 로봇 'Walker S1' 자동차 공장에서 실습 훈련

또한 유비테크(UBTECH, 优必选)는 2025년 3월 12일 베이징 휴머노이드 로봇 혁신센터와 공동으로 전신형 연구·교육용 휴머노이드 로봇 '톈궁 싱저(TianGongXingZhe ,天工行者)'를 발표하였다. 이 로봇의 가격은 29만9천 위안으로 책정되었으며, 이미 사전 주문이 시작되었고 2분기부터 인도가 예정되어 있다.

이 로봇은 키 170cm에 20개의 자유도를 갖추고 있으며, 최고 주행 속도는 시속 10km에 달한다. 또한 복잡한 지형에서도 안정적으로 이동할 수 있도록 설계되었으며 '후이쓰 카이우(慧思开物)' 플랫폼을 탑재해 대학과 연구기관의 연구 활동을 지원하도록 개발되었다. 핵심 구조에는 항공용 알루미늄 소재와 초고 토크 밀도 설계가 적용되어 경량화를 실현하면서도 높은 성능을 유지한다.

관절 모듈의 연산 성능은 최대 550TOPS까지 확장 가능하며, 공기 흐름 기반 냉각 설계를 통해 장시간 고성능 작동을 유지할 수 있다. 로봇 본체는 유연한 확장 구조를 지원하여 심도 카메라, 라이다(LiDAR), NVIDIA Orin 연산 모듈, 6축 힘 센서, 7자유도 양팔, 5지 다지(多指) 로봇 손 등 핵심 장비를 추가로 탑재할 수 있다. 또한 '톈궁 싱저'는 모터 인터페이스, 센서 인터페이스, 운동 제어 인터페이스 등 하위 시스템을 전면 개방하고 있으며, 연구자들이 2차 개발을 수행할 수 있도록 상세한 개발 가이드와 예제 코드도 함께 제공하고 있다.

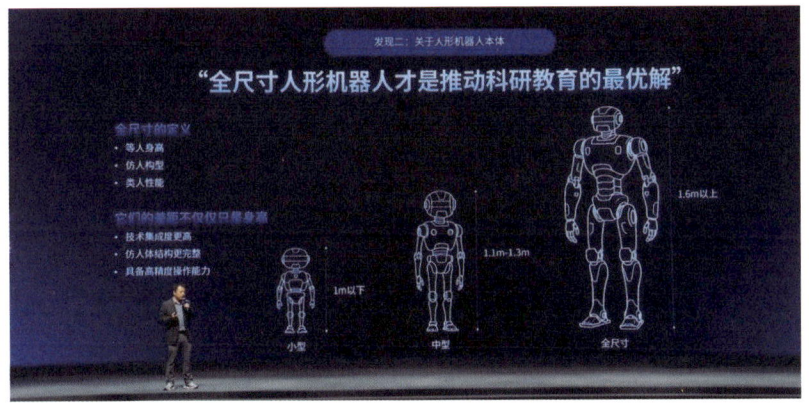

[그림 4-7] '톈궁 싱저(TianGongXingZhe, 天工行者)' 발표 당시 현장

4.1.4. 유니트리(Unitree Technology, 宇树科技)

유니트리 테크놀로지(Unitree Technology)의 제품 라인은 주로 사족 보행 로봇과 휴머노이드 로봇으로 구성되어 있다. 유니트리는 2016년 8월 왕싱싱(王兴兴)이 창립했으며, 본사는 중국 저장성 항저우에 위치해 있다. 이 회사는 글로벌 최초로 사족 보행 로봇을 상업화한 기업 중 하나이다. 2025년 6월에는 주식회사로 체제를 전환하여 사명을 '항저우 유니트리 테크놀로지 유한공사(杭州宇树科技有限公司)'에서 '항저우 유니트리 테크놀로지 주식회사(杭州宇树科技股份有限公司)'로 변경했다.

UNITREE
宇树科技

[그림 4-8] 유니트리 테크놀로지(宇树科技)기업 로고

사족 보행 로봇 분야에서는 'A1', 'A2', 'Laikago', 'Go1', 'Go2' 등의 제품을 출시했으며, 2023년 7월에는 사족 보행 로봇인 Unitree 'Go2' 모델을, 같은 해 11월에는 전력 점검 등 다양한 산업 및 특수 구조 현장에 특화된 산업용 사족 보행 로봇 Unitree 'B2' 모델을 발표했다. 또한 휴머노이드 로봇 분야에서는 전신형 'H1' 휴머노이드 로봇과 높은 자유도와 가성비를 갖춘 'G1' 휴머노이드 로봇을 개발했다.

〈표 4-5〉 유니트리(Unitree) 휴머노이드 로봇 관련 제품 소개

제품 소개	제품 이미지
범용 휴머노이드 로봇	 **H2** 天命觉醒 **R1** 极致轻巧 自由改造 **G1** 人形智能体 AI化身 **H1 / H1-2** 宇树首款 通用人形机器人
응용 시나리오	 **G1-D** 解码智能体进化商数据 **G1-Comp** 为赛事打造足球巨星 **铁甲拳王** 铁甲拳王 觉醒!
로봇 손	 **Dex1-1** 精巧专业 **Dex3-1** 力控灵巧手, 操作万物 **Dex5-1** 灵动多变, 随心触动

출처: 유니트리(Unitree) 공식 웹사이트

2023년 전 세계 사족 로봇 판매량은 약 3만4천 대였으며, 그중 유니트리(Unitree, 宇树科技)가 약 69.8%의 시장 점유율을 차지해 세계 1위를 기록하였다. 중국 기업들은 소비자용 및 일부 산업용 시장에서 강한 경쟁력을 보이고 있는 반면, 해외 기업들은 고급 산업 응용 분야에서 여전히 뚜렷한 우위를 유지하고 있다. 같은 해 인공지능 대형 모델 기술이 발전하면서 휴머노이드 로봇 분야에도 새로운 발전 기회가 열렸고, 유니트리(Unitree) 역시 로봇 본체 제조 분야에서 축적한 기술력을 바탕으로 이 분야에 진출하였다. 2023년 8월 유니트리(Unitree)는 첫 이족 보행 로봇 Unitree H1을 발표했으며, 가격은 9만 달러로 책정되었다. 2025년 CCTV 춘절 연회에서는 16대의 H1 모델이 무대에 올라 AI 훈련을 통해 레이저 SLAM 위치 측정을 구현했고, 완전 자동화된 이동 및 대열 변환을 성공적으로 수행하며 여러 핵심 기술의 통합을 선보였다. 2026년 동일한 CCTV춘절 방송에서 유니트리(Unitree)를 비롯한 3대 로봇 기업의 휴머노이드 로봇의 무술 및 군무 공연을 선보였다. 중국 최고 시청률 프로그램에 로봇기술을 국가전략의 상징으로 보여준 것이다.

[그림 4-9] 휴머노이드 로봇 Unitree 'H1'의 춘절 연회
'양거춤(秧歌舞)' 공연 장면

2024년 5월, 유니트리(Unitree)는 휴머노이드 로봇 'G1' 모델을 출시했으며, 시작 가격은 9만 9천 위안으로 'H1' 대비 80% 이상 낮아졌다. 이 모델은 23개에서 43개의 관절 자유도를 가지며, 힘 제어 기능이 있는 정교한 로봇 손을 장착했다. 'G1' 모델은 일반형 'G1'과 교육용 'G1 EDU' 두 가지 모델로 구분된다. 그중 'G1 EDU'는 연산 능력, 자유도, 하중 지지력 등에서 더욱 우수한 성능을 발휘하도록 다양한 모듈식 구성을 제공한다. 'G1' 모델은 유니트리(Unitree)가 자체 연구·개발하고 생산한 관절 모듈을 채택했는데, 이는 총 3가지 종류로 구성되며, 그중 듀얼 인코더를 탑재한 유성 감속기 관절 모듈의 순간 최대 토크는 140Nm에 달한다.

[그림 4-10] 휴머노이드 로봇 'Unitree G1' 광고

2025년 1월, 유니트리(Unitree)는 G1 모델 기반의 첫 번째 응용 솔루션인 'G1-Comp'를 출시했다. 이 로봇은 축구장에서 달리기, 방향 전환, 원형 주행 등의 동작을 수행할 수 있으며, 'Yolo11' 네트워크 알고리즘을 활용해 경기장 환경을 신속하게 인식하고 정확하게 위치를 파악할 수 있으며, 배터리 지속 시간은 약 2시간이다. 같은 해 7월에는 26개의 자유도

를 갖춘 신형 로봇 'R1' 모델을 발표했는데, 가격은 3만 9,900위안으로 책정되었다. 또한 음성과 영상 정보를 동시에 처리하는 멀티모달 대형 모델이 탑재되어 있다.

양산 측면에서는 2024년 8월 유니트리(Unitree)가 G1이 대규모 양산 능력을 갖추었다고 발표하였다. 해당 제품은 엔드 투 엔드 심층 강화학습과 시뮬레이션 기반 학습 기술 경로를 채택하여 빠른 반복 업그레이드를 지원한다. 2025년 7월에는 유니트리(Unitree) 테크놀로지와 AGIBOT 공동으로 항저우 중국이동(CMCC)통신사의 '2025~2027년 휴머노이드 이족 보행 로봇 OEM 서비스 프로젝트' 입찰에 성공했다. 해당 프로젝트의 총예산은 1억 2,405만 위안이다. 휴머노이드 이족 보행 로봇을 공급하는 '입찰 패키지 1'(예산 7,800만 위안)은 AGIBOT에서 낙찰 받았으며, 소형 휴머노이드 이족 보행 로봇과 탑재 연산 백팩(로봇의 본체에 직접 탑재하기에는 무게가 너무 무겁거나 발열 및 공간 제약으로 장착이 어려운 고성능 컴퓨팅 장치를 로봇의 등에 메고 다니도록 만든 외부 장비), 정교한 로봇손과 손가락을 포함하는 '입찰 패키지 2'(예산 4,605만 위안)는 유니트리(Unitree)가 낙찰받았다.

4.1.5. 애지봇(AGIBOT, 智元机器人)

AGIBOT(智元机器人)은 2023년 2월 설립되었으며, 창업팀에는 '즈후이쥔(稚晖君)'으로 알려진 펑즈후이(彭志辉)를 비롯한 여러 업계 베테랑 인사들이 포함되어 있다. 이들은 상호 보완적인 배경을 갖추고 있으며 핵심 기술 역량, 산업 경영 경험, 산업 자원 등 다양한 측면에서 강점을 보유하고 있다. 또한 회사는 설립 이후 여러 차례의 투자 유치를 완료하였다.

2025년 7월, AGIBOT은 중국 내 상장사인 Swancor Advanced Materials(上纬新材) 의 지분 63.62%를 인수했다. 해당 지분 거래가 완료되면 Swancor Advanced Materials의 최대주주는 AGIBOT과 그 경영진이 공동으로 보유한 주체로 변경되며, 실질적 지배권자는 덩타이화(邓泰华)로 변경된다. 회사의 핵심 팀에는 '즈후이쥔' 펑즈후이 등 주요 창립 멤버들이 포함되어 있다.

[그림 4-11] AGIBOT(智元机器人) 로고

로봇 제품 측면에서, AGIBOT은 2023년 8월 첫 번째 범용 임바디드 AI 기술이 들어간 휴머노이드 로봇 프로토타입인 'A1(Expedition A1)' 모델을 발표했다. 이어 2024년 8월에는 'Expedition(원정)'과 'Lingxi(X 시리즈)'라는 두 개의 제품군에 속하는 총 5종의 상업용 휴머노이드 로봇 신제품(Expedition A2, Expedition A2-W, Expedition A2-Max, Lingxi X1, Lingxi X1-W) 을 출시했다.

2024년 10월에는 기술 공유와 진보를 더욱 촉진하기 위해 X1(Lingxi X1)의 하드웨어 및 소프트웨어 전체 도면과 코드를 오픈소스로 공개했다. 또한 2025년 3월에는 감정 컴퓨팅 엔진을 탑재한 휴머노이드 로봇 Lingxi X2를 발표했으며, 이 로봇은 보행, 인간-로봇 상호작용, 작업 수행 등 다양한 기능을 갖추고 있다.

<표 4-6> AGIBOT(智元机器人) 관련 제품 소개

시리즈	제품명 및 이미지			
AGIBOT Expedition (A시리즈)	远征A2旗舰版 全尺寸人形机器人	远征A2青春版 演绎大师	智元远征A2-W 柔性智造机器人	
AGIBOT Lingxi 시리즈	智元灵羿X1 全栈开源机器人	智元灵羿 X2 全智能灵动机器人	D1 Ultra 四足智能机器人	D1 Pro/Edu 全能四足智先锋
AGIBOT G 시리즈	智元精灵G2 通用具身智能机器人	智元精灵G1 通用具身智能机器人		
AGIBOT C 시리즈	智元绝尘C5 智元首款商用清洁机器人			
AGIBOT 로봇 부품	OmniHand 灵动款 2025 小身形，奥百搭	OmniHand 专业款 2025 强感知，更有料	VR遥操作套装 仅限远征A2使用	

출처: AGIBOT 회사 공식 웹사이트

AGIBOT은 2025년 3월 11일, 감정 컴퓨팅 엔진을 탑재하고 완성도 높은 운동, 상호작용 및 작업 능력을 갖춘 이족 보행의 지능 상호작용 휴머노이드 로봇 'X2(Lingxi X2)' 모델을 정식으로 발표했다. 주요 특징은 아래와 같다.

(1) 운동 구조 측면

'X2'는 유연한 외관 설계를 채택했으며, 28개의 자유도(DOF)를 보유하지만 구조적으로 병렬 구동 방식은 사용하지 않았다. 소뇌 컨트롤러, 도메인 컨트롤러, 지능형 전원 관리 시스템, 관절 모듈 등 핵심부품을 탑재했으며, 운동 제어 알고리즘의 획기적인 발전과 딥러닝(강화학습 및 모방학습 기술 결합)을 통해 걷기, 달리기, 전동 킥보드 조작, 전동 이륜차 탑승, 자전거 주행 등 일련의 복잡한 동작을 수행할 수 있다.

(2) 상호작용 능력 측면

이 로봇은 밀리초(ms)단위의 응답 속도를 지원하는 VLM(Visual-Language Model)기반 멀티모달 상호작용 대형 모델을 통합했다. 이를 통해 인간의 감정 상태를 정확하게 인식하고 이에 상응하는 피드백을 제공할 수 있다. 또한 동작 모달리티를 융합하여 호흡 리듬을 모방하거나 '어둠 속에서 엿보기(암중관찰)'와 같은 미세한 동작 및 신체 언어를 구현함으로써 감정 표현 능력을 극대화했다.

(3) 작업 수행 능력 측면

AGIBOT의 '치위안(Qiyuan)' 대형 모델을 기반으로 하여, 'X2' 모델은 단순 작업에서 제로샷 러닝(Zero-shot Learning) 능력을 갖추고 있으며 다수 로봇의 협동 작업을 지원할 수 있다. 따라서 이론적으로 보안, 가사 도우미, 청소뿐만 아니라 교육, 의료 등 다양한 분야에 적용 가능하다. 또한 경량화 및 모듈화 설계를 채택하여 2차 개발 인터페이스와 통합 솔루션을 제공하며, 요양 보호, 서비스업, 가정 동반자 등 특정 시나리오에 맞춘 맞춤형 개발이 용이하다.

[그림 4-12] 휴머노이드 로봇 'X2'의 사이클링 시연

양산 진행 측면에서, 2025년 1월 AGIBOT은 총 1,000대의 범용 임바디드 AI 기술이 들어간 로봇 생산을 완료했다. 이 중 731대는 이족 보행 휴머노이드 로봇(Expedition A2/ Lingxi X1모델) 이었으며, 나머지 269대는 바퀴형 휴머노이드 로봇이었다.

같은 해 4월에는 Ningbo Joyson Electronic(均胜电子)와 AGIBOT이 합작 법인을 설립하여 연간 1,000대 규모의 생산 능력을 확보할 계획을 세웠다. 5월에는 'X2'모델의 상용화 단계에 진입했으며, 2025년 하반

기부터 본격적인 대량 출하가 가능하게 되었다. 또한 2026년 말까지 수천 대 규모의 출하를 목표로 하고 있다. 또한 앞서 설명한 것처럼, 7월에는 AGIBOT과 Unitree가 항저우 중국이동통신(CMCC)의 휴머노이드 이족 보행 로봇 OEM 프로젝트 입찰에 성공했다.

4.1.6. 갤봇(Galbot, 银河通用机器人)

갤봇(Galbot)은 시장에서 기술적으로 앞서 있는 임바디드 멀티모달 (Multi Modal) 모델 범용 로봇 기업이다. 2023년 5월에 중국 베이징 중 관촌에 설립된 갤봇은 전 세계 사용자에게 범용 로봇 제품을 제공하기 위해 노력해 왔으며, 이미 상업, 산업, 의료 등 다양한 분야에서 널리 적용되고 있다.

[그림 4-13] 갤봇(Galbot) 로고

갤봇은 2023년 5월 설립 이후, 임바디드 AI(Embodied AI) 분야에서 기술 구축부터 상업화까지 빠르게 성과를 내며 중국 내에서 선도적인 위치를 차지하고 있다. 갤봇은 공간 지능 대형 모델 'Open6DOR', 영상 기반 End to End 대형 모델 'NaVid', 물체 파지(Grasping) 대형 모델 'GraspVLA', 작업 수행 대형 모델 'SAGE' 등 다양한 범용 대형 모델을 개발했다.

[그림 4-14] 갤봇(GALBOT)의 'G1' 모델

하드웨어 측면에서는 시뮬레이션과 실제 환경 간의 차이(Sim2Real Gap)를 해결하기 위해 심도 센서 시뮬레이터를 자체 개발했고, 이는 다른 중국 휴머노이드 로봇 회사에 비해 기술적으로 특별히 뛰어난 부분이다. 이러한 기술 체계의 결실로, 최초의 범용 구체적 대모델 로봇 'Galbot G1'이 2024년 6월 정식 출시되었다. 또한 회사는 2024년 5월 베이징대학교와 함께 임바디드 AI 연구소를 설립하여 학계의 이론적 우위와 산업계의 실용적 자원을 효과적으로 융합하고 있다.

비즈니스 확장 및 협력 측면에서도 갤봇은 최근 눈에 띄는 진전을 보였다. 2025년, Galbot 'G1' 모델은 엔비디아 CES 행사에서 초청받아 주목받으며 엔비디아 신세대 그래픽카드인 'RTX 5090'을 'G1' 모델이 성공적으로 들어 올리는 시연을 통해 업계의 이목을 집중시켰다. 회사의 시장 확장은 전략적 파트너십에 크게 의존하고 있으며, 그중 최대 외부 주주인 Meituan(메이퇀)그룹(美团集团)과 손잡고 진행한 '24시간 스마트 약국'은 대표적인 성공 사례이다.

해당 로봇은 현재 베이징 내 약 10개 무인 약국에 투입되어 운영 중이며 중국 내 10여 개 도시로 확장 중이다. 약 50제곱미터 공간에서 5,000종 이상, 총 1만 개 이상의 의약품을 자율적으로 재고 파악, 보충, 픽업 및 포장하는 전 과정을 처리한다. 고객이 온라인으로 주문하면 'G1' 모델은 3차원 환경 재구성 및 의미 기반 지도(Semantic Map)를 생성한다. 이후 지능적으로 집게형 그리퍼나 흡착 패드 중 적합한 도구를 선택해 목표 의약품을 정확히 집어 지정된 위치에 배치하며, 품절된 상품은 자동으로 보충되도록 작업을 수행한다. 최종적으로는 배송 기사와 물품 인계 작업을 완료하여 야간 긴급 의약품 수요를 충족시키고 인건비를 절감하는 효과를 내고 있다.

[그림 4-15] Galbot(银河通用) 'G1'의 스마트 약국 자율 작업 모습

'G1' 모델은 산업 분야에서도 주요 고객사의 검증을 받았다. 2024년 메르세데스-벤츠(Mercedes-Benz)와 지커(Zeekr) 같은 자동차 제조사에

도입되어 선루프 부품 운반, 팔레트 해체, 물류 박스 운반 등 복잡한 공정에서 테스트 적용이 진행되었다. 회사는 2025년에 G1의 소량 주문 납품을 시작하고, 2026년부터 본격적인 양산 단계에 돌입한다.

현재 회사 내부에서는 다양한 작업 환경에서 활용할 수 있는 범용 내비게이션 및 작업 수행 대형 모델이 개발 중이며, 대뇌(고급 판단)와 소뇌(운동 제어) 기능을 분담하는 이중 시스템 아키텍처도 내부 테스트 단계에 있다. 이는 향후 회사의 기술 생태계와 응용 범위가 지속적으로 확대될 가능성을 보여준다.

4.1.7. 샤오미(Xiaomi, 小米)사의 'CyberOne' 모델

샤오미(Xiaomi)의 생체 모방 로봇 분야 진출은 꾸준히 진행되고 있다. 2021년 8월, 샤오미는 첫 번째 생체 모방 4족 보행 로봇 'CyberDog'를 가을 출시 행사에서 공개함과 동시에 샤오미 로봇 연구소를 베이징에 설립했다. 이듬해에는 풀사이즈 휴머노이드 로봇 'CyberOne'을 정식 발표했으며, 2025년 베이징 이좡(Yizhuang) 생산 라인에서 시연했다. 해당 분야 발전에 집중하기 위해 샤오미는 2023년 4월 베이징 이좡에 생체 모방 로봇 연구 개발 및 산업화를 전담하는 법인인 '베이징 샤오미 로봇 테크놀로지'를 등록 설립했다. 2025년 2월 기준, CyberOne은 자체 제조 생산 라인에서 단계별 현장 투입 테스트를 시작했으며, 현재 연구 개발은 4세대까지 이뤄지고 있다. 특히 정교한 로봇 손(Dexterous Hand)의 성능 최적화에 주력하고 있다.

[그림 4-16] 샤오미(小米)의 'CyberOne' 로봇 광고

샤오미 로봇은 에코시스템 시너지와 스마트 제조 능력을 바탕으로 휴머노이드 로봇의 산업화 과정을 가속화하고 있다.

첫째, 샤오미 전기 자동차 관련 산업 공급망 자원(모터, 배터리, 센서 등 기술)이 휴머노이드 로봇 개발을 지원하여 비용 절감과 공급망 안정성을 확보하는 데 기여하고 있다.

둘째, 샤오미의 광범위한 스마트 에코시스템은 휴머노이드 로봇에 스마트 홈, 헬스케어, 스마트 제조 등 다양한 응용 시나리오를 제공하며, 고도로 자동화된 스마트 공장은 로봇의 생산 제조 및 테스트를 뒷받침하여 대규모 상용화를 촉진하고 있다. 현재 'CyberOne'은 샤오미 자체 생산 라인에서 테스트를 진행 중이며, 자재 운반 및 생산 라인 순찰 등 기본 업무에서 일부 전문화된 작업까지도 수행할 수 있는 것으로 확인되었다.

[그림 4-17] 샤오미 그룹 창업자 '레이준'과 휴머노이드 로봇 'CyberOne'

최신 소식에 따르면[96], 베이징 샤오미 로봇은 2025년 10월에 '3세대 휴머노이드 로봇 CyberOne'의 저작권 등록을 성공적으로 마쳤으며, 등록 분류는 미술 작품이다. 이는 이달 10일 첫 등록을 완료한 이후의 또 다른 중요한 진전으로, 휴머노이드 로봇 분야에서 기술 축적을 지속적으로 심화하고 지식재산권 보호 체계를 강화하려는 샤오미의 전략적 의지를 보여준다.

作品著作权

序号	登记号	作品类别	作品名称	创作完成日期	首次发表日期	登记日期
1	国作登字-2025-F-00297074	艺术	第三代人形机器人CyberOne	2025-08-01	--	2025-10-10

[그림 4-18] "3세대 휴머노이드 로봇 CyberOne" 저작권 등록

96) 小米完成第三代CyberOne著作权登记，加速推进人形机器人战略布局
https://baijiahao.baidu.com/s?id=1845938593694786340&wfr=spider&for=pc

4.1.8. 상업화 진행 상황

현재 중국 내 휴머노이드 로봇 기업들의 상용화 속도가 지속적으로 빨라지고 있으며, 대량 판매 전망도 밝다. 다수 기업들이 산업 제조 분야, 가정 서비스, 의료 및 교육 등 다양한 분야에 주력하고 있으며 유명 자동차 제조사, 물류 기업 및 기술 기업과 협력을 체결해 일부 기업은 이미 제품의 대규모 납품을 시작했다. 중국 내 주요 로봇 기업들과 자동차 회사 등 제조업 고객 간의 시범 테스트는 최근 다양하게 지속되어 왔으며, 소규모 시험 생산 단계도 곧 마무리될 것으로 예상된다. 2026년은 여러 스타트업에게 양산을 위한 중요한 전환점으로 평가되며, 이들 중 상당수는 연간 판매량이 1,000대를 돌파할 것으로 전망하고 있다. 중국 내 기업들의 주문 납품이 잇따르면서 다운스트림 산업 고객들의 테스트 및 연구 수요도 날로 증가하여 휴머노이드 로봇 판매량의 급속한 성장을 촉진하고 있다.

스타트업 기업 가운데서는 UBTECH, AGIBOT, Unitree, Galbot이 선두에 서 있다. UBITECH는 2025년 7월 미이자동차(Miyi Auto)로 부터 9,051만 위안 규모의 입찰을 수주했는데, 이는 세계 단일 계약 금액 기준 최대 규모의 휴머노이드 로봇 주문으로 기록되었다. 또한 중국의 가구 물류 및 판매 회사인 Juran Zhijia(居然之家)와 500대의 휴머노이드 로봇 구매 계약을 체결하기도 했다. UBITECH는 2025년에 수백 대를 납품하였고, 2026년 목표는 수천 대 수준으로 높일 예정이다.

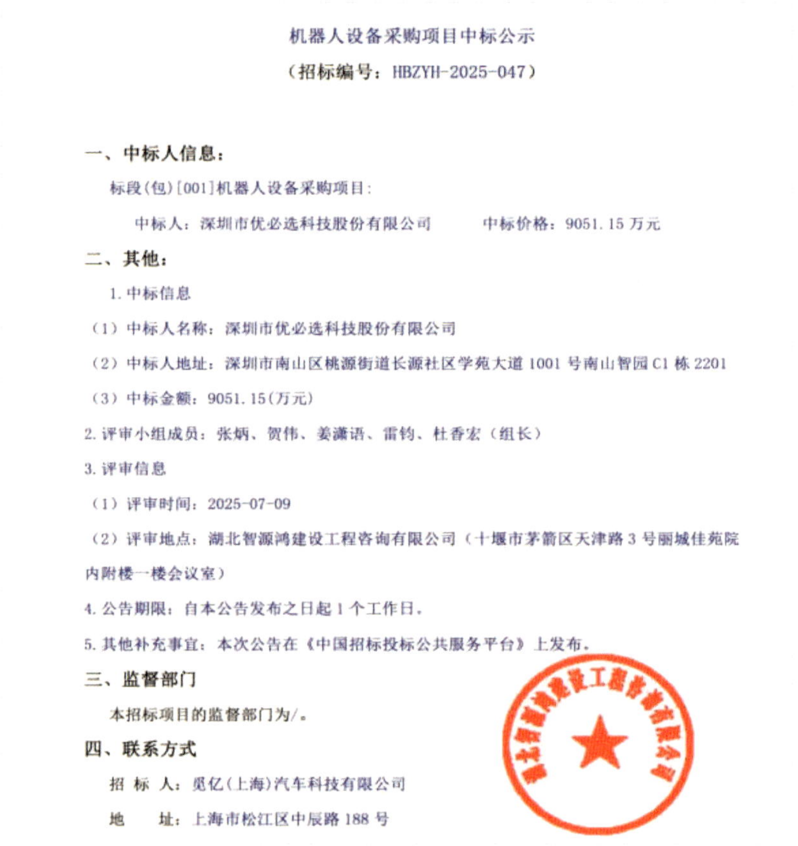

机器人设备采购项目中标公示

（招标编号：HBZYH-2025-047）

一、中标人信息：

标段(包)[001]机器人设备采购项目：

中标人：深圳市优必选科技股份有限公司　　　中标价格：9051.15 万元

二、其他：

1.中标信息

（1）中标人名称：深圳市优必选科技股份有限公司

（2）中标人地址：深圳市南山区桃源街道长源社区学苑大道 1001 号南山智园 C1 栋 2201

（3）中标金额：9051.15(万元)

2.评审小组成员：张炳、贺伟、姜潇语、雷钧、杜香宏（组长）

3.评审信息

（1）评审时间：2025-07-09

（2）评审地点：湖北智源鸿建设工程咨询有限公司（十堰市茅箭区天津路 3 号丽城佳苑院内附楼一楼会议室）

4.公告期限：自本公告发布之日起 1 个工作日。

5.其他补充事宜：本次公告在《中国招标投标公共服务平台》上发布。

三、监督部门

本招标项目的监督部门为/。

四、联系方式

招　标　人：觅亿(上海)汽车科技有限公司

地　　　址：上海市松江区中辰路 188 号

[그림 4-19] 중국 입찰·조달 공공서비스 플랫폼이 2025년 7월 18일 발표한
「로봇 장비 구매 프로젝트 낙찰 공고」

(출처: 인터넷)

AGIBOT(智元机器人)과 Unitree(宇树科技)는 중국 차이나모바일(中国移动)의 1억 2,400만 위안 규모 휴머노이드 로봇 OEM 프로젝트를 공동으로 수주하였다. 이 가운데 AGIBOT은 7,800만 위안 규모의 전신형 휴머노이드 로봇 프로젝트를 담당하고, 유니트리(Unitree)는 4,605만 위안 규모 프로젝트를 수주하여 소형 휴머노이드 로봇, 연산 백팩, 다지 로

봇 손 등을 공급하게 된다. 또한 Unitree는 2025년 상반기에 상하이 통지 대학교(TongJi University), 중국 과학기술관 등 연구 및 교육 관련 프로젝트를 연이어 수주한 바 있다.

Leju Robotics (乐聚机器人) 는 다양한 응용 환경에서 두각을 나타내며 생산 능력 증대 속도를 높이고 있다. 2025년 1월 베이징 자동차에 전신형 휴머노이드 로봇 100대를 납품함으로써, 공개된 누적 납품량 기준 글로벌 Top 5 수준의 기업이 되었다. 회사는 2025년 총 판매량을 2,000대로 설정 했고(대량 생산의 제한으로 실제 납품 대수는 1,000대 이내), 고객사에는 HongQi 자동차, NIO 자동차 등이 포함되어 있다.

기타 기업들도 특정 분야에서 응용 프로그램의 실제 도입을 가속화하고 있다. 선전에 본사를 둔 Pudu Robotics(普渡科技)는 상업용 배송 분야에서 기술적 성숙도를 보여주었으며, 상하이 Fourier 로봇(傅利叶机器人)은 산업 및 의료 분야에서 실제 적용 단계로 발전하고 있다. Galbot(银河通用机器人)은 대규모 언어 모델 기술을 바탕으로 복잡한 환경에서의 내비게이션 능력에 강점을 보이고 있으며, EngineAI(众擎机器人)는 오픈소스와 자체 기술 개발에 주력하여 현재 연구 교육 및 여러 산업 시나리오 적용을 위해 집중하고 있다.

<표 4-7> 일부 휴머노이드 로봇 스타트업의 상용화 발전 현황

기업	집중 분야	상용화 진행 상황	상용화 및 양산 현황
UBTECH (优必选)	산업 제조, 상업 서비스, 가정 서비스	• 둥펑리우치(东风柳汽), 지리 자동차(吉利汽车), FAW자동차(一汽), BYD(比亚迪), BAIC 자동차 등 다수의 자동차 기업과 폭스콘(Foxconn), 순펑(顺丰) 같은 물류 기업과 협력 관계 • 2025 년에는 미이 자동차(觅亿汽车)로부터 9,051 만 위안 규모의 주문을 수주했으며, Easyhome(居然智家)와는 휴머노이드 로봇 500 대 구매 계약을 체결	• 산업용 휴머노이드 로봇 워커 S는 500건 이상의 예정 주문을 받았으며 2025년 2분기에 대량 생산을 시작하여 2025년 산업용 휴머노이드 로봇의 납품량은 약 1000대
Unitree (宇树科技)	산업 제조, 가정 서비스, 엔터테인먼트	• 휴머노이드 로봇 G1모델이 JD플랫폼에서 99,000위안부터 판매되고 있으며, 2025년 7월에는 경량 휴머노이드 로봇 유니트리(Unitree) R1모델이 출시되어 가격은 39,900위안으로 판매 • 2025년에는 Unitree와 AGIBOT 로봇이 중국이동통신(CMCC) 1억 2,400만 위안 규모 휴머노이드 로봇 OEM 주문 입찰을 수주	• 24년 1월부터 휴머노이드 로봇에 대한 테스트를 진행 • 앞으로 2년에서 3년 내에 Unitree로봇이 산업에 대규모로 적용될 것으로 예상
AGIBOT (智元机器人)	산업 제조, 가정 서비스, 과학 연구 및 교육	• PIMM Intelligence(均普智能), 아이플라이텍(iFLYTEK) 등 기업과 협력 관계를 맺었으며, 상하이 링강그룹(临港集团)과의 협력도 지속적으로	• 상하이 최초의 휴머노이드 로봇 대량 생산 공장은 수천 대 규모의 생산 능력을 가지고 있음 • 2025년 출하량은 2024년을 초과하여

기업	집중 분야	상용화 진행 상황	상용화 및 양산 현황
		추진중	5,000여대로 알려지고 있음, Lingxi X2 모델은 2025년 하반기부터 출하를 시작하였고, 2026년 말까지 단일 모델로 출하량이 수천 대에 달할 것으로 전망
Leju Robotics (乐聚)	산업 제조, 교육, 의료, 특수 제품	• 2025년 1월에는 100대의 휴머노이드 로봇이 베이징자동차(BAIC)에 인도되었고 휴머노이드 로봇은 NIO자동차, Hengtong Optic(江苏亨通), Hichain Logistics(海晨股份) 비즈니스 협력 관계	• 2024년 말에는 중국에서 첫 휴머노이드 로봇 생산 라인이 개통 • 2025년에는 1,000대 규모의 납품, 2026년 생산량을 지속적으로 확대 중이며 로봇의 판매가격도 12만위안 이하로 낮출 예정
Fourier (傅利叶)	산업 제조, 의료, 금융 서비스, 과학 연구 및 교육	• GR-1은 지금까지 수십 개의 현장에서 100여 대가 납품 • 상하이 GM(SAIC-GM) 자동차 공장 및 Ultium Super Factory(奥特能超级工厂)에 이미 투입	• 푸리에는 GR-2에 대한 구체적인 판매 목표를 설정하지 않았지만 의료서비스 영역의 휴머노이드 로봇개발과 생산을 확장예정
Galbot (银河通用)	산업 제조, 상업 서비스, 가정서비스	• Galbot G1은 2024년에 메르세데스-벤츠와 Zeeker자동차 등과 협력 중이 • 24시간 스마트 약국과 자동결제 소매점 등 중국내 10개 대형도시에 진출 중	• 물류영역과 제조산업의 응용을 적극 추진중에 있으며 최대 외부 주주인 Meituan그룹(美团集团)과 협력하여 성공한 스마트 약국 시스템은2026년 현재 베이징을 비롯 10개 대형도시로 확대되었고 앞으로 다른 도시와 국가로 확대 예정

기업	집중 분야	상용화 진행 상황	상용화 및 양산 현황
EngineAI (众擎机器人)	산업 제조, 비즈니스 서비스, 교육	• 현재 산업 등 응용 시나리오 준비 중이며, 휴머노이드 로봇 공급량은 주문이 증가하여 수요를 맞추지 못함 • 혁신적인 시나리오 확장을 위해 2025년 12월에 로봇 격투 대회인 '메카 복싱 킹(机甲拳王)'을 선전에서 개최	• SA01 휴머노이드 로봇은 2025년 150~180대 정도가 전 세계적으로 판매되었고 PM01 모델은 당초 2025년 7월 공급망 문제로 인해 생산이 일시 중단된 적이 있음 2026년 1월 CEO는 2026년 생산량 5000대, 2027년 3만 대, 2028년 5만대로 확장할 것이라 발표
Pudu Robotics (普渡科技)	유통 및 청소와 같은 상업 서비스	• Pudu Robotics의 사업은 전 세계 60 여 개 국가 및 지역에 걸쳐 있으며, 전 세계에 수백 개의 서비스 네트워크를 구축 • 누적 출하량은 10만 대를 초과(*주로 호텔 내 운반 로봇과 청소용 로봇이 대부분)	• 장쑤성 옌청시 연간10 만 대 규모의 공장을 기반으로 Happy Delivery, CC1, SH1, PUDU T300 등 제품의 양산을 지속적으로 추진 • 2025년 6월에는 누적 판매 10만 로봇(청소 모델 PUDU CC1 Pro) 이 판매되었고, 휴머노이드 로봇 PUDU D7은 2026 년에 본격적인 상업화 도입

출처: 중국남방도시일보, 중국Cyber Daily, 관련회사 홈페이지, 중국 민생증권연구원

4.2. 핵심부품 공급업체

4.2.1. 로봇 실행 시스템(Robot Actuation System)[97]

(1) 프레임리스 토크 모터(Frameless Torque Motor)

프레임리스 토크 모터(Frameless Torque Motor) 분야는 현재 여전

---

97) AVIC 증권 휴머노이드 로봇 시리즈 심층 개요

히 중국 국내 기업 보다는 외국계 기업들이 주도하고 있으나, 중국 내 일부 업체들도 일정 수준의 경쟁력을 보여주고 있다. 이 제품은 자기회로에서 자속이 흐르는 경로 설계 및 제조 공정 측면에서 기술적 진입 장벽이 존재하며, 저전압 공급 조건에서 더 높은 출력 성능을 구현해야 한다. 현재 주로 휴머노이드 로봇의 관절 모듈에 적용되고 있으며, 전체 시장 규모는 상대적으로 제한적이고 해외 기술이 선도적인 위치를 차지하고 있다.

주요 해외 공급업체로는 콜모겐(Kollmorgen), TQ Robodrive, 니덱(Nidec), 파커(Parker) 등이 있다. 중국 기업의 경우 Kinco(步科股份)가 비교적 앞서 나가고 있는데, 2016년 출시한 1세대 프레임리스 토크 모터의 성능은 이미 글로벌 경쟁사와 대등한 기술 수준이었으며, 현재 3세대 제품은 일부 모델에서 글로벌 최고 수준과 맞먹거나 이를 능가하는 능력을 갖추고 있다. 또한, Suzhou Weichuang Electric(伟创电气), Zhejiang Hechuan Technology(禾川科技) 등 다른 중국 기업들도 해당 분야에 진출하여 사업을 확장하고 있다.

[그림 4-20] Kinco(步科股份) 공식 웹사이트에 공개된
3세대 FMC 프레임리스 토크 모터

〈표 4-8〉 중국 내 주요 프레임리스 토크 모터 기업 및 제품 현황

회사명	회사 개요	프레임리스 토크 모터 제품 특징
Kinco (步科股份)	• 자동화 제어 핵심부품 기업으로 산업용 HMI, 서보 시스템, 스텝 시스템, PLC, 인버터 등을 주요 제품으로 보유. 물류 장비, 로봇, 포장 설비, 식품 장비, 의류 장비, 의료기기 등 다양한 자동화 설비에 적용	• 전문화: 전자기 설계를 최적화하여 높은 토크 밀도 구현. • 정밀화: 52mm~132mm까지 10가지 프레임 크기를 제공하여 3~25kg 하중 요구를 커버하며, 동일 토크 기준 더 작은 크기와 낮은 발열 구현. • 특화: 무프레임 포팅 공정을 최초 도입하여 경량화 및 슬림 설계를 구현, 운동 속도와 안정성을 향상하고 기존 제품 대비 구리 손실을 최대 20% 감소. • 차별화: 시장의 주요 하모닉 감속기와 규격 호환되며, 큰 중공 직경 설계로 다양한 배선 요구를 충족.
Haozhi Electromec hanical(昊志机电)	• 중·고급 CNC 공작기계, 로봇, 신에너지 자동차 핵심 기능 부품을 연구·설계·생산·판매·서비스하는 국가급 첨단 기술 기업. 주요 제품은 전기 스핀들, 서보 모터, 드라이버, 센서 등	• 토크 변동률 ≤1%로 로봇의 정밀 토크 제어에 유리. 최대 3.5배 과부하 성능을 제공하여 로봇의 하중 능력 향상.
Hechuan Technology (禾川科技)	• 산업 자동화 제어 핵심부품과 솔루션을 제공하는 기술 중심 기업. 주요 제품은 서보 시스템과 PLC이며, 최근 산업 체인을 확장하여 제어 칩, 센서 및 고급 CNC 공작기계 분야로 진출. 2020년 기준 서보 시스템 국내 시장 점유율 약 3%로 국산 브랜드 중 2위	• 서보 모터, 스텝 모터, 코어리스 모터, 무프레임 모터 등 다양한 모터 및 센서 제품을 보유. 서보 제품은 국내 시장 점유율이 비교적 높으며, 기타 제품도 양산 단계에 진입했으나 매출 비중은 아직 낮은 편.

(2) 감속기

전 세계 하모닉 감속기 시장은 빠른 성장세를 유지하고 있다. 현재 일본 하모닉 드라이브 시스템스(Harmonic Drive Systems, 일명 하머나코)가 전 세계 시장의 압도적인 점유율을 차지하며 업계 선두를 점하고 있다. 해외 기업들이 여전히 글로벌 시장에서 우위를 점하고 있지만, 중국 내수 기업들은 점차 경쟁력을 강화하며 수입 대체 추세를 뚜렷하게 보여준다.

중국 내 감속기 기업들의 기술력이 비약적으로 향상되어, 일부 제품은 핵심 성능 지표에서 외국계 브랜드를 따라잡았을 뿐만 아니라 일부 분야에서는 오히려 앞서는 성과를 거두고 있다. 하모닉 감속기의 경우, 중국 내 선두 기업인 Leader Harmonious Drive (绿的谐波)의 글로벌 시장 점유율은 2025년 이미 26%까지 상승했다. 일본의 하머나코에 이어 글로벌 시장 점유율 2위 자리를 확고히 했다. 하머나코는 여전히 1위(약 85%에서 점차 감소하여 약 60~70%대로 추정되나 여전히 압도적) 를 차지하고 있고, Leader Harmonious Drive가 가장 빠르게 추격하고 있는 기업이다. 테슬라의 휴머노이드 로봇 '옵티머스(Optimus)'를 비롯한 주요 글로벌 로봇 기업들의 공급망에 진입하며 수요가 급증했고, 독자적인 'P형 치형' 및 '3중 고조파 기술' 등을 통해 성능면에서도 외국계 브랜드와 대등하거나 일부 지표에서 우위를 점하며 인정받았다.

이외에도 Laifual Harmonic(来福谐波), Fude Robot(福德机器人), Tongchuan Precision(同川精密), Guomao Shares(国茂股份) 등 여러 중국 기업들이 하모닉 감속기 생산 능력 확충에 적극적으로 나서고 있어, 향후 중국산 제품의 수입 대체 속도는 더욱 가속화될 것으로 예상된다.

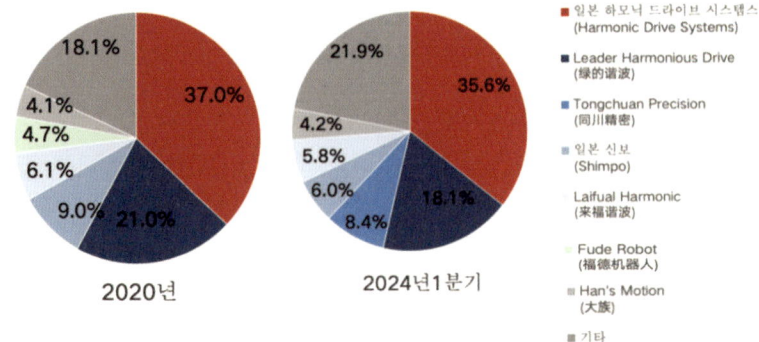

일본 하모닉 드라이브 시스템스
(Harmonic Drive Systems)

Leader Harmonious Drive
(绿的谐波)

Tongchuan Precision
(同川精密)

일본 신보
(Shimpo)

Laifual Harmonic
(来福谐波)

Fude Robot
(福德机器人)

Han's Motion
(大族)

기타

[그림 4-21] 2020-2024년 중국 하모닉 감속기 시장 경쟁 구도

■ 중국의 대표회사 Leader Harmonious Drive(绿的谐波)

Leader Harmonious Drive는 2011년에 설립되어 정밀 구동 장치의 연구 개발, 설계, 생산 및 판매를 전문으로 하는 하이테크 기업이다. 주요 제품으로는 하모닉 감속기 및 정밀 부품, 메카트로닉스 제품, 스마트 자동화 장비 등이 있습니다.

현재 회사의 매출 80% 이상은 하모닉 감속기 및 금속 부품에서 발생하며, 이러한 부품들은 주로 산업용 로봇 분야에 적용되고 있다. 휴머노이드 로봇 산업의 폭발적인 성장과 함께 Leader Harmonious Drive의 연구 개발 중점도 점차 이 분야로 옮겨가고 있다. 또한 현재 세계 최대의 하모닉 감속기 제조업체인 일본 하머나코와 비교할 때, 가격 경쟁력에서 뚜렷한 우위를 점하고 있다. 하머나코의 감속기 제품 가격이 대당 약 3,000~4,000위안인 반면 Leader Harmonious Drive의 공개 시장 가격은 대당 1,500~2,200위안 수준으로, 훨씬 높은 가성비를 자랑한다[98].

---

98) 绿的谐波：人形机器人的"关节灵魂" | 供应链隐形冠军
　　https://baijiahao.baidu.com/s?id=1837583729684227799&wfr=spider&for=pc

[그림 4-22] Leader Harmonious Drive(绿的谐波) 회사 로고

　플래닛 감속기 분야에서 글로벌 주요 공급업체로는 일본의 신보 (Shimpo), 뉴가트(Neugart), 위텐슈타인(Wittenstein) 등이 있습니다. Kefeng Intelligence(科峰智能)는 중국 1위 기업이며 2025년 기준 중국 내 시장 점유율은 약 12%로 조사된다. 그 외 2025년 기준 중국 내 시장 점유율 9%대인 Nuoshidate(纽氏达特), Zhongda Lide(中大力德) 등 중국 내수 기업들도 높은 가성비를 바탕으로 시장 점유율을 지속적으로 확대하며 경쟁력을 강화하고 있다.

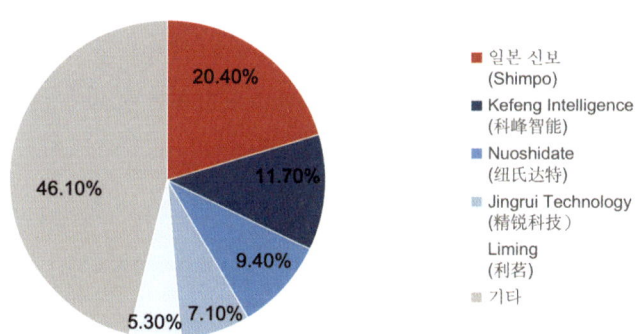

[그림 4-23] 2025년 중국 내 정밀 플래닛 감축기의 시장 경쟁 구도

(3) 리드 스크류

휴머노이드 로봇의 발전은 롤러 스크류(Roller Screw)에 장기적인 시장 성장 기회를 제공할 것으로 예상되지만, 현재 중국 내 관련 공급업체는 여전히 제한적이다.

글로벌 범위에서 롤러 스크류의 주요 공급업체로는 스웨덴의 이웰릭스(Ewellix), 스위스의 롤비스(Rollvis), 독일의 GSA, 렉스로스(Rexroth), CMC 등이 있으며, 중국 내 업체로는 Nanjing Technical(南京工艺), Shandong Botte(济宁波特), Dongguan U-Special(优仕特) 등이 있다.

〈롤러 스크류 제품 마케팅 전략 연구〉에 따르면, 2022년 기준 롤비스, GSA, 이웰릭스, 렉스로스 등 4개 외국계 기업이 중국 내수 시장의 약 78%를 점유하고 있으며, 중국내 제조사들은 제품 품질 면에서 아직 유럽 및 미국 기업들과 일정 부분 격차를 보이고 있는 것으로 조사된다.

롤러 스크류 생산은 원자재, 가공 장비 및 제조 공정에 대해 매우 엄격한 요구 사항을 갖는 고난도 공정이다. 로봇 등 분야에서의 수요가 점차 확대되고, 하이엔드 제조업의 기술자립화 필요성이 절실해짐에 따라 중국 내 공급업체들의 기술 돌파와 시장 침투가 가속화될 전망이다.

따라서 정밀 기계 분야에 깊은 축적을 가지고 일찍부터 사업을 확장해 왔던 기업들, 예를 들어 Jiangsu Bet(北特科技), Wuxi Best Precision(贝斯特), Jiangsu Hengli(恒立液压)등이 본 사업을 확장하고 있다. 또한 연삭기(Grinder) 장비 측면에서는 Zhejiang Rifa Precisio(日发精机), Jiangsu Huachen(华辰装备)등의 기업이 휴머노이드 로봇 산업을 준비하고 있는 것으로 보인다.

<표 4-9> 중국 내 주요 볼 스크루/롤러 스크루 기업 및 제품 현황

주요 제조사	볼/롤러 스크루 제품 현황
베이터 테크놀로지 (Beite Technology, 北特科技)	• 휴머노이드 로봇용 스크루 제품 개발을 고객과 공동으로 추진하고 있으며, 주요 제품은 행성 볼 스크루와 사다리꼴 스크루. 현재 소규모 양산 라인의 설비 설치 및 시운전이 완료된 상태.
베스트 (Best, 贝斯特)	• 직선 구름 기능 부품(Linear rolling components) 분야에 적극적으로 투자하며 관련 산업 배치를 확대
헝리 유압(Hengli Hydraulics, 恒立液压)	• 약 140억 위안 규모의 선형 구동 프로젝트 투자 계획. 완공 후 연간 표준 볼 스크루 전동 실린더 10.4만 개, 중하중 볼 스크루 전동 실린더 4,500개, 행성 롤러 스크루 전동 실린더 750개, 표준 볼 스크루 10만 미터, 중하중 볼 스크루 10만 미터 생산 능력을 확보할 예정
우저우 신춘 (Wuzhou Xinchun, 五洲新春)	• 두 개의 전문 스크루 생산 공장 건설 예정. ① 볼 스크루 부품 공장: 신에너지 자동차 조향 및 제동 시스템용 부품 생산. ② 행성 롤러 스크루 부품 공장: 로봇 구동 장치 핵심부품 생산.
딩즈 테크놀로지 (Dingzhi Technology, 鼎智科技 / Jiangsu Leili)	• 선형 구동 제품으로 슬라이딩 스크루, 볼 스크루, 행성 롤러 스크루를 보유. 특히 초소형 행성 롤러 스크루의 연구 개발 및 생산에서 중요한 진전을 이루었으며, 로봇, 항공기 랜딩기어, 산업 자동화 등 다양한 분야에 적용

(4) 정교한 로봇 손의 핵심부품인 코어리스 모터(Coreless Motor)

휴머노이드 로봇에 사용되는 로봇손은 다관절의 정교한 동작을 수용해야 하는 핵심부품이며, 단순히 로봇 손으로 명하기 보다는 "정교한 로봇손", "다관절의 정교한 로봇 손"으로 칭하는 것이 정확하다. 본 책 3.2.2에서는 휴머노이드 로봇손에 대한 설명과 대표적인 글로벌기업과 중국 기업을 소개하였다.

이 장에서는 정교한 로봇 손에 들어가는 핵심부품인 코어리스 모터에 대해 간단히 설명하고자 한다. 코어리스 모터는 정교한 로봇 손과 같은 정밀 부품의 주요 구동 요소로서, 휴머노이드 로봇 기업들의 주목을 받고 있다. 현재 하이엔드 시장은 여전히 중국 기업보다는 외국계 브랜드가 주도하고 있으며, 중국은 이 분야에서 비교적 늦게 시작하여 제품의 신뢰성과 정밀도 측면에서 고급 브랜드와 여전히 일정한 격차가 존재한다. 최근 중국의 권선기(Winding Machine, 모터의 코일을 감는 기계로서 정밀도와 일관성을 요함)의 자동화 수준과 권선 효율이 지속적으로 향상됨에 따라 중국 코어리스 모터 제조사들은 추격 속도를 가속화하고 있다. 코어리스 모터 제조 기술력을 갖춘 기업들이 휴머노이드 로봇에 들어가는 정교한 손을 제작할 수 있다.

(*역자주 : 코어리스 모터는 선이 없는 것이 아니라, 철심(철심 코어) 이 없다. 오히려 이 모터의 핵심은 극도로 정교하게 감긴 구리선 코일에 있다. 오히려 일반 모터보다 더 기술력이 높은 자동화 권선기(Winding Machine)가 필요하여 복잡한 형상의 구리선을 극세선과 장력 제어를 통해 일관성 있는 자동화로 감는 고도의 기술력이 필요)

현재 중국에서는 Moon's Electric(鸣志电器), Zhaowei Machinery (兆威机电), Weichuang Electric(伟创电气), Dingzhi Technology(鼎智科技) 등이 업계 선두에 자리 잡고 있다. 로봇 산업의 원가 절감 추세에 힘입어, 중국 국내 기업들은 점차 글로벌 시장 점유율을 올려 나갈 것으로 전망된다.

〈표 4-10〉 중국 휴머노이드 로봇 손용 코어리스 모터 기업 및 제품 현황

회사명	회사 개요	코어리스 모터 제품 현황
Moon's Electric (鸣志电器)	• 모션 제어 분야의 종합 제조기업으로 회전형 스테핑 모터, 슬롯리스 브러시리스 모터, 서보 모터, 전동 실린더, LED 스마트 드라이버 등 다양한 제품을 제공하며 여러 산업 분야에 전문적이고 안정적인 솔루션을 제공	• 직경 8mm~24mm 의 다양한 유브러시/무브러시 라인업과 "전용 드라이버 및 감속기와의 완벽한 통합"을 바탕으로, 의료, 로봇, 정밀 계측 분야에서 초고속 응답과 부드러운 구동을 실현하는 프리미엄 마이크로 모터 솔루션
Zhaowei Machinery (兆威机电)	• 마이크로 기어박스(감속기), 모터, 구동 제어 시스템을 통합 설계하고 제조하는 능력을 보유. 특히 플라스틱 사출 성형과 정밀 금형 기술에 강점이 있어, 매우 작고 정교한 구동 장치를 대량 생산	• 직경 4mm부터 22mm까지 다양한 크기의 무브러시 코어리스 모터(BLDC Coreless Motor)를 보유하고 있으며, 이는 현재 국내에서 가장 작은 수준인 4mm 제품을 양산하고 있는 것이 큰 강점 • 소형모델: 세계적 수준인 극소형 모터로, 공간 제약이 극심한 의료 기기나 초소형 로봇 관절용, 소형 카메라 모듈, 드론, 소형 그리퍼용 • 중소형 모델: 시리즈: 인간형 로봇 손가락 구동, 정밀 의료 펌프용. 높은 토크가 필요한 산업용 로봇 관절이나 자동차 전자 제어 장치용
XiongZhi (熊智科技)	• 스테핑 모터를 기반으로 한 정밀 운동 제어 시스템 제품을 제공하며, 의료 진단 장비, 실험실 자동화, 로봇, 유제 제어, 다양한 산업 자동화 장비 등에 널리 활용	• 코어리스모터는 내구성, 낮은 전기적 노이즈, 고효율이라는 장점을 가지고 있으며, 최대 효율은 91%. 현재 코어리스 모터의 전 공정 자체 양산을 실현했으며, 고객의 다양한 요구에 맞춰 맞춤형 제품 조합을 제공가능. 현재 여러 모델의 샘플이 테스트 단계
HCFA (禾川科技)	• 서보 시스템, PLC, 변압기, 스텝핑 모터 등 산업 자동화 제어 제품을 기반으로 하며, 최근에는 인간형 로봇용 관절 모듈, 리니어 액추에이터, 코어리스	• 코어리스 모터 시리즈(주로 Hu-ECU 시리즈) 직경 8mm, 10mm, 12mm, 13mm, 16mm 등 다양한 규격의 유브러시/무브러시 코어리스

회사명	회사 개요	코어리스 모터 제품 현황
	모터, 프레임리스 토크 모터 등으로 포트폴리오를 다각화. 2024년 8월, 자체 개발 휴머노이드 로봇 프로토타입인 "YOLO 01" 모델을 출시하여 운동 제어 분야 혁신 제품상을 수상하는 등 로봇 완성기 제조 역량도 함께 보유	모터를 제공 가능 • 모터 단독 판매뿐만 아니라, 정밀 감속기(GPA 시리즈 등) 와 결합한 일체형 모듈로도 공급 가능
Weichuang Electric (伟创电气)	• 주파수 변환기(인버터), 서보 시스템, 운동 제어 등 산업 자동화 핵심부품을 기반으로 하며, 최근 로봇 전용 모터(무프레임 토크 모터, 코어리스 모터) 및 액추에이터 모듈로 포트폴리오를 확장, 2023년부터 로봇 사업부를 전격 신설하여 휴머노이드 로봇 핵심 기술과 부품으로 확장	• 로봇 손가락 구동에 최적화된 8mm ~ 16mm • 직경의 소형 모터를 주력으로(특히 10mm, 12mm 규격), 모터 단독 뿐만 아니라, 정밀 감속기(Planetary Gearbox)와 엔코더, 드라이버가 통합된 일체형 모듈 형태로 제공하여 로봇 손 내부의 제한된 공간에 설치하기 용이하도록 설계

■ 대표적인 중국 코어리스 모터 회사: 선전 자오웨이 메카트로닉스 (Zhaowei Machinery, 兆威机电)

선전 자오웨이 메카트로닉스(Shenzhen Zhaowei Electromechanical Co., Ltd.)는 2001년에 설립된 기업으로, 설계·연구 개발·제조를 통합한 마이크로 구동 시스템 솔루션 제공 기업이다. 또한 중국 휴머노이드 다지 로봇 손 분야를 대표하는 기업 중 하나로 평가된다.

[그림 4-24] 자오웨이 메카트로닉스 기업 로고

2025년 7월 5일, 자오웨이(Zhaowei, 兆威机电)의 차세대 생체 모방 로봇 손 'ZWHAND'가 선전에서 정식 출시되었다. 이전 세대 제품과 비교할 때, 이번 차세대 정교한 로봇 손은 손 자체의 단일 기술의 돌파구를 넘어 시스템 전체의 업그레이드를 이루는 도약을 실현했다. 휴머노이드 로봇에서 가장 중요한 부분 중에 하나인 차세대 정교한 로봇 손 제품은 임바디드 AI(Embodied AI) 의 다양한 응용 시나리오에 더욱 성숙한 정교한 손 솔루션을 제공할 수 있다. 이러한 기술력의 근간은 위에 표에서 설명한 것처럼 코어리스 모터의 기술력과 밀접한 관계를 가진다. 자오웨이는 직경 4mm부터 22mm까지 다양한 크기의 **무브러시 코어리스 모터**(BLDC Coreless Motor) 를 보유하고 있으며, 이는 현재 국내에서 가장 작은 수준인 4mm **제품**을 양산가능한 기술력을 가지고 있고 다양한 산업으로도 확장이 가능한 장점을 가지고 있다[99].

---

99) 兆威机电发布新一代灵巧手 加速推进灵巧手商业化进程_央广网
http://news.cnr.cn/native/gd/kx/20250706/t20250706_527247969.shtml

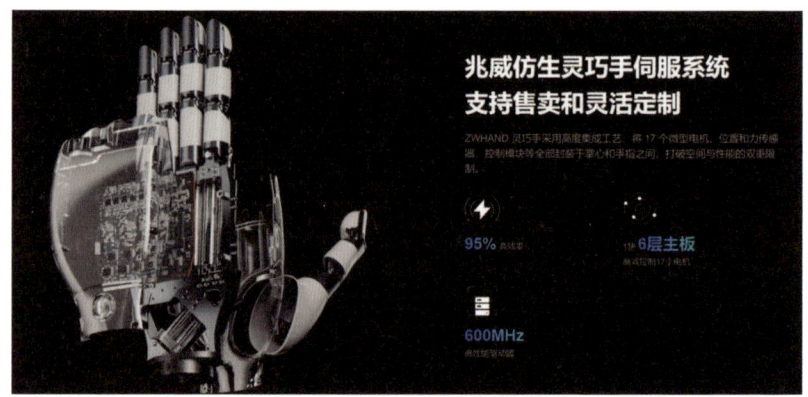

[그림 4-25] 자오웨이 메카로닉스 'ZWHAND' 로봇 손 공식 웹사이트 소개

Zhaowei 공식 웹사이트에 따르면, 회사에서 출시한 ZWHAND의 로봇 손은 손바닥과 손가락 사이에 17개의 마이크로 모터, 위치 및 힘 센서, 제어 모듈 등을 캡슐화하는 고도로 통합된 공정을 채택하여 공간과 성능의 이중 한계를 극복했다고 설명하고 있다.

[그림 4-26] ZWHAND 로봇 손 부스 전시

4.2.2. 휴머노이드 로봇 감지 시스템 (Perception System)

(1) 포스 센서(Force Senser)/ 토크 센서(Torque Sensor)

휴머노이드 로봇 개발이 중요한 국면에 접어들면서, 6축(6-axis) 포스 센스/토크 센서의 중국 국산화 속도가 더욱 빨라질 것으로 전망된다. 초기에 6축 포스 센스/토크 센서는 주로 항공 우주 분야의 우주용 로봇 팔에 적용되었으며, 유럽과 미국의 기업들이 이 분야에서 먼저 출발했습니다. ATI와 AMTI로 대표되는 해외 공급업체들은 민감도, 간섭 저항성, 과부하 내구성 및 축 간 결합 제어 등 기술 지표에서 경쟁력을 유지해 왔다.

중국의 관련 연구 개발은 초기에는 국방 및 군수 산업과 연구소에 집중되었다. 이후 산업용 로봇 및 휴머노이드 로봇 등 민간 시장의 수요가 증가함에 따라 중국에서 가장 오랜 역사를 가진 SRI(Shenzhen Robotics Integration, 宇立仪器) 비롯하여 Kunwei Technology(坤维科技), Xinjingcheng(鑫精诚), Hepsen(海伯森), Landmark Touch(蓝点触控), Sysintelli(神源生智能), Realteck(瑞尔特测控) 등 일련의 중국 현지 공급업체들이 등장하여 제품을 출시하고 산업화 응용 단계에 진입했다. 또한, Haozhi(昊志机电) 과 Keli Sensing(柯力传感) 같은 기업들도 6축 포스 센서/토크 센서 생산 능력을 갖추었으며, 일부 모델 제품은 사용자의 테스트 및 검증 단계 중이다.

구분	포스 센서(Force Sensor)	토크 센서(Torque Sensor)
측정 물리량	직선 운동에 의한 힘(Linear Force)	회전 운동에 의한 힘 (Rotational Force)
작용 방향	한 방향으로 밀거나 당기는 힘	축을 중심으로 비틀거나 회전시키는 힘
핵심 원리	압축 또는 인장에 따른 변형률 측정	비틀림(Torsion)에 따른 변형률 측정
설치 형태	로드 셀(Load Cell) 형태가 일반적	회전축 사이에 설치되거나 플랜지 타입
대표 예시	"이 사과의 무게는 얼마인가?" (수직 하중)	"이 나사를 얼마나 단단히 조였는가?"(회전력)
로봇 적용	손끝의 접촉 감지, 바닥 반발력 측정	관절의 구동력 제어 정밀한 움직임 구현

[그림 4-27] SRI 회사의 6축(6-axis) 포스 센서/토크 센서 광고

〈표 4-11〉 중국 내 주요 6축(6-axis) 포스 센서/토크 센서 기업 및 제품 현황

기업명	6축(6-axis) 포스/토크 센서 개발 및 적용 현황
SRI (宇立仪器)	• 초기에는 자동차 충돌 테스트 장비 및 항공우주 분야에 집중했으나, 현재는 로봇용 포스 센서/토크 센서 분야에서 중국 국내 점유율 1~2위를 다투는 선도 기업 • 30여 년 이상의 설계 및 힘 제어 경험을 보유하며, 500종 이상의 센서 모델과 2000건 이상의 실제 적용 사례를 보유 • 센서 제품군에는 1축, 3축, 6축(6-axis) 포스 센서, 관절 토크 센서가 포함 현재 SRI사의 6축(6-axis) 포스 센서 기술은 ABB 및 KUKA와 협력 중

기업명	6축(6-axis) 포스/토크 센서 개발 및 적용 현황
Kunwei (坤维科技)	• 초기에는 6축(6-axis) 포스 센서가 로켓과 미사일 같은 고속 항공기의 공기역학적 성능 파라미터 시험에 사용 • 현재는 산업 로봇, 서비스 로봇, 휴머노이드 로봇 시장에 집중하고 의료 시장과 스포츠 및 건강 시장을 확장할 예정. MEMS 유리 미세 용접 기술을 독자적으로 개발하여 온도 변화에 따른 오차를 극도로 낮췄고 이는 의료 수술 로봇이나 극한 환경에서 작업하는 로봇에 필수적인 '의료급 정밀도'를 실현 • Xiaomi, UBTECH등 주요 휴머노이드 로봇 회사와 협력 중
Keli (柯力传感)	• 글로벌 최대 규모의 스트레인 게이지 기반 저울 센서 제조사 중 하나로서 현재는 로봇에 들어가는 3축, 6축(6-axis) 포스 센서를 개발 • 로봇 팔의 움직임 및 작업 부하 모니터링, 표면 연마 및 연마, 가공센터 미세 조각 가공, 의료기기 정밀 측정 및 제어 등에 고정밀도, 고감도, 강한 역방향 하중 능력, 소형 차원 간 결합 등 다양한 특성을 갖춤 • 단순 센서 제조를 넘어 회사의 '센서 숲(Sensor Forest)' 전략을 통해 산업용 IoT, 다중 물리량 센서(광전, 수질, 가스 등)로 사업 영역을 확장 중
Donghua (东华测试)	• 구조 역학 성능 테스트 시스템 분야의 중국 내 선두 기업 • 항공우주(C919 대형 여객기, 우주 프로젝트 등), 국방, 과학 연구기관 등에 고정밀 테스트 장비와 센서를 공급, 데이터 수집 시스템(DAQ), 진동 분석, 피로도 테스트 등 소프트웨어와 하드웨어를 통합한 솔루션 제공에 강점 • 연구 개발에 투자된 6축 포스 센서는 로봇공학, 과학 연구, 자동화 테스트 등 다양한 분야에 활용
Haozhi (昊志机电)	• CNC 공작기계용 고속 전기 스핀들(Electric Spindle) 분야에서 중국 내 점유율 1위를 차지하는 기업 • 스핀들 기술(모터, 베어링, 냉각 시스템)을 기반으로 사업 영역을 로봇 핵심부품으로 확장 • 로봇 액츄에이터 모듈 감속기, 토크 센서, 그리퍼 등을 일체형으로 제공하는 데 주력. 모터 + 감속기 + 토크 센서의 완벽한 일체화가 최대 강점

(2) 엔코더(Encoder)

산업 자동화 등 분야의 발전은 엔코더 시장 수요의 확대를 지속적으로 견인하고 있으며, 중국의 주요 기업들도 기술 측면에서 중요한 성과를 이루고 있다. 엔코더는 산업 자동화 설비와 공정 제어 분야에서 사용되는 핵심부품이다. 상푸컨설팅(尚普咨询) 통계에 따르면, 2022년 글로벌 엔코더 시장 규모는 약 42억 달러였으며, 산업 자동화·로봇·항공우주 산업의 빠른 성장에 따라 시장 규모는 지속적으로 확대되어 2028년에는 약 67억 달러에 이를 것으로 전망된다. 이 가운데 중국 시장은 글로벌 평균보다 높은 성장률을 보이며 세계 시장에서 차지하는 비중도 점차 확대될 것으로 예상된다.

현재 중국의 고급 엔코더 시장은 여전히 수입 제품이 주도하고 있다. MIR 데이터에 따르면 2022년 기준 타마가와(Tamagawa)와 하이덴하인(Heidenhain) 두 기업이 중국 시장에서 약 42%의 점유율을 차지하였다.

중국의 주요 로컬 공급 업체로는 위헝 옵틱스(Yuheng Optics, 禹衡光学/오푸광전 계열), 창춘 후이통(长春汇通/후이촨 기술 계열), 이커 일렉트로닉스(Eleco Electronics, 宜科电子) 등이 있으며, 그중 위헝 옵틱스는 중국 시장에서 선도적인 위치를 차지하고 있다. 해당 기업의 기술 수준은 이미 해외 기업과 경쟁할 수 있는 수준에 도달했으며, 2022년 중국 시장 점유율은 약 7.7%에서 2025년에는 약 10%로 성장세가 지속되었고 글로벌 시장 점유율은 2%를 넘어갔다.

〈표 4-12〉 2025-2026년의 글로벌 엔코더 시장 규모

구분	시장규모	비고
광학 엔코더 (Optical Encoder)	약 105억 위안 (약 14.5억 달러)	가장 일반적인 산업용/ 로봇용 엔코더
절대식 회전 엔코더 (Absolute Rotary Encoder)	약 998억 위안 (약 138억 달러)	고부가가치 제품군
선형 엔코더 (Linear Encoder)	약 13.3억 달러	정밀 위치 측정이 필요한 CNC 등에 사용
로봇용 엔코더	연 평균 8% 성장 중	휴머노이드 로봇 수요 증가로 가장 빠른 성장세
중장비용 엔코더(Heavy-Duty)	약 3.48억 달러	극한 환경(광산, 해양 등) 용

* 출처: Shangpu Consulting, QYResearch, Grand View Research, Mordor Intelligence

〈표 4-13〉 중국 내 주요 엔코더 기업 및 시장 점유율

기업명	기업 소개 및 엔코더 시장 점유율
Yuheng Optics (禹衡光学)	• 중국 광학 엔코더 분야의 절대적인 선두 주자, 중국과학원 장춘 광학 정밀 기계 물리 연구소(CIOMP) 의 기술을 기반으로 설립되어, 하이엔드 절대식 광학 엔코더 및 광학자 분야에서 독일 Heidenhain과 일본 다마가와(Tamagawa) 등 해외 강호들과 직접 경쟁할 수 있는 기술력을 보유 • 특히 나노미터 급 정밀도를 요구하는 반도체 장비(리소그래피 워크스테이지), 고급 CNC 공작기계, 로봇 관절용 엔코더에서 중국 국산 대체(Import Substitution)를 주도 • 중국 내 엔코드 시장에서 2025년: 약 9% ~ 11% (2022년 7.7%에서 성장세 지속), 휴머노이드 로봇 수요 증가로 인해 가장 빠른 성장이 예상
Changchun Huitong (长春汇通)	• 중국 산업 자동화 1위 기업인 '회천기술(Inovance)'의 자회사로, 주로 회천기술의 서보 모터(Servo Motor) 및 드라이브 시스템에 탑재되는 엔코더를 내제화하여 공급 • 별도의 단일 부품으로 판매하기보다는 회천기술의 종합 자동화 솔루션(서보 시스템, 로봇 컨트롤러 등) 의 핵심부품으로 활용되며, 가격 경쟁력과 시스템 통합 최적화에서 강점 • 산업용 로봇, 리프트(엘리베이터), 포장 기계 등에 사용 • 20205년 중국 엔코더 시장의 약 6~8% 점유(모회사인 회천기술 전체 서보 시스템 점유율 반영 시 더 높음)
ELCO (宜科电子)	• 중국 천진에 본사를 둔 중국의 대표적인 센서 및 엔코더 전문 기업, 독일 엘코(ELCO Holding) 와의 합작 또는 기술 제휴 배경을 가지고 시작했으나, 현재는 독자적인 브랜드 ELCO로 중국 시장에서 성공 • 광학 엔코더 뿐만 아니라 자기식(Magnetic) 엔코더, IO-Link 기반의 스마트 센서 등 제품 포트폴리오가 다양하며, 자동차 제조, 엔지니어링 기계, 물류 자동화 분야에서 강세 • 중저가부터 중급 하이엔드까지 폭넓은 라인업을 보유 • 2025년 중국 내수 시장: 약 4% ~ 6% * Yuheng 광학이 초정밀 하이엔드를, Changchun Huitong 시스템 내장을 담당한다면, ELCO는 범용 산업용 엔코더 시장에서 강력한 점유율

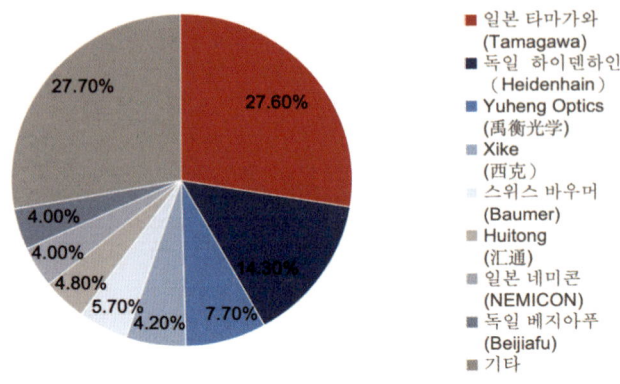

일본 타마가와
(Tamagawa)
독일 하이덴하인
（Heidenhain）
Yuheng Optics
(禹衡光学)
Xike
(西克)
스위스 바우머
(Baumer)
Huitong
(汇通)
일본 네미콘
(NEMICON)
독일 베지아푸
(Beijiafu)
기타

[그림 4-28] 2022년 중국 고급 엔코더 시장 경쟁 구도

(3) 시각 센서(Vision Sensor)

3D 시각 인식 기술은 수십 년간의 발전을 거치며 적용 범위가 초기의 산업 분야에서 점차 소비자 시장까지 확대되었으며, 그 활용 영역은 계속해서 넓어지고 있다. 이러한 과정에서 산업체인 상·하류 전반에 걸쳐 국산화 대체가 빠르게 진행되고 있다. 이에 따라 기술 연구 개발과 시장 선점 측면에서 우위를 확보한 중국 기업들, 예를 들어 오비중광(Orbbec), 하이크비전(Hikvision), 오푸트(OPT), 링윈광(Lingyun Light) 등이 주요 주목 대상으로 부상하고 있다.

또한 시장 데이터에 따르면 시각 기술 분야의 국산화 수준은 점차 높아지고 있다. 예를 들어 2D 시각 분야의 경우 현재 국산화율이 이미 70%를 넘어섰다. 3D 시각 분야에서는 국내외 기업 간 출발 격차가 상대적으로 크지 않으며, 일부 특정 응용 분야(예: 위치 인식 및 유도)에서는 이미 중국 기업들이 경쟁력을 확보하고 있다. 전반적으로 볼 때 산업체인 각 단계에서 국산화 대체가 지속적으로 심화되고 있으며, 이는 선제적으로 기술과 시장을 구축한 국내 기업들에게 새로운 성장 기회를 제공하고 있다.

■ **대표적인 중국 휴머노이드 시각 센서 기업**[100]

① ORBBEC(奥比中光)

[그림 4-29] ORBBEC 기업 로고

2013년에 설립된 오비중광은 중국을 대표하는 3D 시각 인식(Perception) 전문 기업으로, 로봇의 '3D 시각의 눈'을 만드는 것을 목표로 한다. 칩, 알고리즘, 시스템, 응용 소프트웨어에 이르는 풀스택(Full-stack) 기술 역량을 보유하고 있으며, 소비자용(스마트폰, 로봇청소기, 휴머노이드 로봇), 산업용, 상업용(결제 단말기) 등 다양한 분야에 3D 카메라와 센서를 공급하고 있다. 또한 글로벌 주요 로봇 및 가전 기업들과 협력하며 3D 시각 기술의 응용 범위를 확대하고 있다.

---

100) 기업소개-奥比中光官网 http://www.orbbec.com.cn/index/CompanyProfile/index.html?cate=49

마이크로소프트와 공동 개발한 Femto 시리즈 iToF 심도 카메라와 최근 출시된 Gemini 335 시리즈 및 Gemini 336 시리즈 3D 구조광 심도 카메라는 다양한 휴머노이드 로봇이 복잡한 실내외 환경에서도 안정적으로 시각 인식 작업을 수행할 수 있도록 지원한다. 특히 베이징 이좡(亦庄)에서 열린 세계 최초의 휴머노이드 로봇 하프 마라톤 대회에서 오비중광의 3D 비전 센서를 탑재한 '톈궁(天工)' 로봇이 우승을 차지하며, 해당 기술의 실제 환경에서의 신뢰성과 실용성을 입증했다.

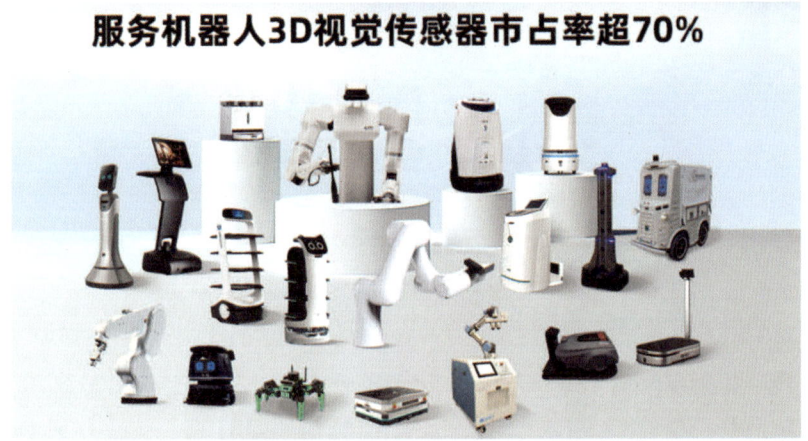

[그림 4-30] ORBBEC 공식홈페이지에 소개된 협력 제품 라인업

비전 센서 기술 측면에서 구조광(Structured Light), ToF(Time of Flight), 양안 스테레오(Stereo Vision), iToF 등 주요 3D 측정 방식을 모두 자체적으로 개발할 수 있는 드문 기업이다. 또한 외부 기술 의존도를 낮추기 위해 깊이 엔진용 ASIC 칩을 자체 개발하여, 저전력·고성능의 실시간 3D 데이터 처리가 가능하다.

최근에는 테슬라 옵티머스(Optimus)를 포함한 글로벌 주요 휴머노이드 로봇 기업들과 협력을 확대하고 있으며, 로봇의 환경 인식과 정밀 제어를 위한 고정밀 3D 비전 센서 분야에서 선도 기업으로 평가받고 있다.

② Hikvision(海康威視)

전 세계 보안 및 감시 카메라 시장 점유율 1위 기업으로, 단순한 CCTV 장비를 넘어 사물인터넷(IoT), 빅데이터, 인공지능(AI)을 결합한 스마트 비전 솔루션을 제공하고 있다. 또한 자회사인 하이커로봇(Hikrobot)을 통해 산업용 머신 비전과 모바일 로봇 사업을 독립적으로 운영하고 있으며, 공장 물류 자동화 분야에서 중국 최고 수준의 시장 점유율을 보유하고 있다.

비전 센서 기술 측면에서는 수십 년간 축적된 방대한 영상 데이터를 기반으로 학습된 심층학습(Deep Learning) 알고리즘이 강점이다. 이를 통해 복잡한 환경에서도 높은 수준의 객체 인식 및 분류 능력을 구현할 수 있다. 또한 산업용 스마트 카메라 분야에서는 검사(Inspection), 측정(Measurement), 식별(Identification), 위치 안내(Guidance) 기능을 하나의 장비에 통합한 올인원(All-in-One) 스마트 카메라 제품군을 다수 보유하고 있다. 아울러 가시광선뿐 아니라 적외선(Thermal), X-ray, 멀티스펙트럼 센서 기술을 결합해, 일반 카메라로는 확인하기 어려운 결함이나 숨겨진 정보를 탐지하는 데에도 강점을 가지고 있다.

③ OPT(奧普特)

OPT는 중국 머신 비전 핵심부품 및 솔루션 분야의 선도 기업으로, 초기에는 조명(Lighting) 사업에서 출발했으며 현재는 렌즈, 카메라, 비전 컨트롤러, 알고리즘 소프트웨어까지 아우르는 머신 비전 하드웨어·소프트웨어 통합 생태계를 구축하고 있다. 특히 전자, 리튬 배터리, 반도체, 태양광 패널 제조 공정의 품질 검사(AOI) 분야에 특화된 기술력을 보유하고 있다.

비전 센서 기술의 특징은 단순한 센서 성능을 넘어 '조명(Lighting)과 이미징(Imaging)의 시너지'를 극대화하는 기술에 있다. 검사 대상의 재질과 형태에 따라 최적의 조명 패턴과 센서 설정을 자동으로 매칭하는 기술력을 갖추고 있으며, 이러한 노하우는 업계 최고 수준으로 평가받고 있다. 또한 마이크로미터(μm) 단위의 초정밀 측정이 가능해 미세 결함 검출 및 치수 측정에 강점을 보인다. 특히 리튬 배터리 전극판 검사와 같은 고속·고정밀 생산 공정에서 독보적인 시장 점유율을 확보하고 있다. 아울러 자체 개발한 비전 알고리즘 소프트웨어 'VM'을 통해 복잡한 검사 로직을 보다 쉽게 구현할 수 있도록 지원하는 점 또한 중요한 경쟁력으로 평가된다.

④ Lingyun Light(凌云光)

Lingyun Light는 중국과학원 기술 기반을 바탕으로 설립된 기업으로, 비전 시스템과 광학 부품 분야를 전문으로 하고 있다. 인쇄, 디스플레이(FPD), 신에너지 자동차, 우편·물류 등 다양한 산업 분야에 맞춤형 머신 비전 시스템을 제공한다. 특히 애플(Apple) 공급망의 주요 검사 장비 파트너로 알려져 있으며, 디스플레이 및 인쇄 검사 분야에서 높은 시장 점유율을 보유하고 있다.

비전 센서 기술 측면에서는 일반적인 면적 촬영 방식을 넘어, 대형 패널(디스플레이)이나 고속 이동체(우편물, 지폐)를 정밀하게 촬영하기 위한 특수 라인 스캔(Line Scan) 카메라와 광학 시스템 설계 능력이 뛰어난 것이 특징이다. 또한 구조광과 다각도 조명 기술을 활용해 물체의 미세한 요철(예: 지폐의 요판 인쇄, 디스플레이 표면 결함)을 3D로 정밀하게 복원하는 기술에 강점이 있다.

이 회사는 단순한 센서 판매에 그치지 않고, 고객사의 생산 라인 전체에 최적화된 대규모 비전 검사 시스템을 구축하고 통합하는 엔지니어링 솔루션 역량을 갖춘 기업으로 평가된다.

〈표 4-14〉 시각 센서 기술의 주요 강점

기업명	핵심 키워드	시각 센서 기술의 주요 강점	주요 적용 분야
오비중광 (Orbbec)	3D 퍼셉션	모든 3D 방식(구조광, ToF 등) 지원, 자체 깊이 엔진 칩 보유	휴머노이드 로봇, 스마트폰, 결제, 서비스 로봇
하이커비전 (Hikvision)	AI & 보안	방대 데이터 기반 AI 인식, 스마트 카메라, 멀티스펙트럼 (열화상 등)	공장 자동화, 물류, 보안 감시, 스마트 시티
옵트 (OPT)	부품 & 조명	조명-카메라 최적화 매칭, 초정밀 미세 결함 검출 알고리즘	3C 전자, 리튬 배터리, 반도체 공정 검사
링윈광학 (Lingyun)	광학 & 시스템	대형/고속 라인 스캔 이미징, 3D 표면 형상 복원 기술	디스플레이(패널), 인쇄, 우편 물류, 자동차

(4) 촉각 센서(Tactile Sensor)

기술이 점차 성숙해지고 대량 생산 단계에 진입함에 따라 촉각 센서 분야는 중요한 성장 기회를 맞이하고 있으며, 중국 기업들 역시 빠르게 두각을 나타내고 있다. 현재 글로벌 로봇용 촉각 센서 시장 구조는 비교적 높은 집중도를 보이고 있으며, Tekscan, Pressure Profile Systems, Sensor Products Inc.와 같은 글로벌 선도 기업들이 시장을 주도하고 있다. QYResearch의 통계에 따르면 2022년 기준 전 세계 상위 5개 기업의 합산 시장 점유율은 약 76%에 달한다. 이러한 시장 환경 속에서 중국의 한웨이 테크놀로지(Hanwei Technology), 오디웨이(Audioway / Shenzhen Audiw), 선하오테크놀로지(Shenhao Technology), 파시니(Pasini), 모셴 테크놀로지(Moxian Technology) 등 다양한 기업들이 적극적으로 시장 진출을 추진하고 있다. 이들 기업은 휴머노이드 로봇 산업의 성장 흐름에 힘입어 기술 개발과 산업화를 가속화하며 글로벌 기술 수준을 빠르게 추격하고 있다.

■ 대표적인 중국 휴머노이드 촉각 센서 기업

① Hanwei Electronic(汉威科技, 한웨이 테크놀로지)[101]

Hanwei Technology는 1998년에 설립된 종합 센서 기업으로, 초기에는 가스 센서 사업에서 출발했으며 현재는 플렉시블 일렉트로닉스, IoT 솔루션, 스마트 홈 등 다양한 분야로 사업을 확장하고 있다. 또한 자회사인 쑤저우 Renxi를 통해 유연 압력 센서(Flexible Pressure Sensor)와 전자 피부(E-skin) 기술을 핵심 분야로 개발하고 있다.

유연 압력 센서는 나노 소재와 멤브레인 기술을 활용해 사람의 피부처럼 휘어지고 늘어날 수 있는 특성을 가진 센서로, Hanwei는 이러한 유연 압력 센서를 대량 생산할 수 있는 기술 역량을 보유하고 있다. 또한 전자 피부(E-skin) 기술은 로봇의 손가락이나 팔 표면에 부착되어 분포된 압력을 정밀하게 감지할 수 있도록 하며, 로봇이 물체를 잡을 때 힘을 정밀하게 조절하는 그립 컨트롤(Grip Control)에 최적화된 솔루션을 제공한다.

---

101) 기업소개-汉威科技集团股份有限公司 https://hanwei.cn/overview.html

이러한 기술은 의료용 웨어러블 기기, 로봇 촉각 센서, 스마트 시트 등 다양한 분야로 확장 적용이 가능하다. Hanwei는 특히 유연 압력 센서와 전자 피부에 필요한 저비용·고신뢰성 센서 제조 역량 확보에 주력하고 있으며, 일부 휴머노이드 로봇 기업과 협력해 로봇의 손끝, 손가락 끝, 팔 등 다양한 부위에 유연 촉각 센서를 통합하는 연구와 개발을 진행하고 있다.

[그림 4-31] Hanwei 기업 로고

중국에서 유연 촉각 센서 분야에 가장 먼저 진출한 기업 중 하나로, Hanwei Technology는 대량 생산 능력을 갖춘 몇 안 되는 기업으로 평가받고 있다. 현재 Hanwei Technology는 일부 로봇 기업들과 협력하여 로봇의 손끝, 손가락 끝, 팔 등 다양한 부위에 유연 촉각 센서를 통합하는 기술 개발을 진행하고 있다.

또한 Hanwei Technology의 공식 웹사이트에 따르면, 회사는 2025년 세계 로봇 대회(World Robot Conference)에 참가해 다양한 임바디드 인텔리전스(Embodied Intelligence) 센서 제품을 선보였다. 특히 전시회 첫날에는 유연·탄성 센싱 기술을 핵심으로 한 촉각 센서가 공개되어 업계의 큰 주목을 받았다[102].

---

102) 2025世界机器人大会启幕，汉威科技具身感知方案亮点揭秘！-汉威科技集团股份有限公司
https://hanwei.cn/news_detail/126.html

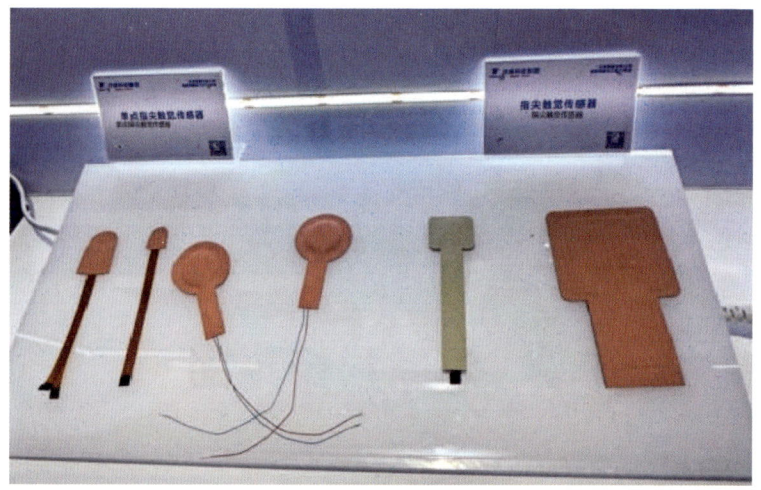

[그림 4-32] Hanwei가 2025년 WRC(세계 로봇 컨퍼런스)에서 전시한 촉각 센서 제품

② Shenhao Technology(申昊科技)

전력 시스템, 철도, 해양 환경 등에 사용되는 특수 산업용 로봇 및 모니터링 장비를 전문으로 하는 기업이다. 단순한 센서 제조사를 넘어, 특수 환경에서 작동하는 산업용 로봇 시스템을 구축하고 여기에 필요한 지능형 감각 기능을 통합하는 기술에 강점이 있다. 또한 고전압, 고습도, 극한 온도 등 가혹한 산업 환경에서도 안정적으로 작동하도록 설계된 강화형 촉각 및 힘 센싱 모듈을 제공한다. 촉각 데이터뿐만 아니라 시각, 청각(소음·진동), 열 감지 데이터를 융합해 설비의 이상 징후를 종합적으로 진단하는 시스템을 구축하고 있다. 특히 전력선 점검이나 터빈 검사 로봇이 케이블이나 장비를 조작할 때 필요한 정밀한 힘 제어와 접촉 감지 기술에서 뛰어난 성능을 보이고 있다.

③ Audioway Sensor(奧迪威)

중국 광둥성에 위치한 센서 전문 기업으로, 초음파 센서, 압전 세라믹 소자, 유량 센서 등을 주력 제품으로 하고 있다. 자동차 전자, 스마트 홈, 산업 제어 분야에 핵심부품을 공급하고 있으며, 특히 압전(Piezoelectric) 소자 기반 센서 기술에서 깊은 기술적 노하우를 보유하고 있다. 압전 세라믹 소재를 활용해 미세한 진동과 힘을 전기 신호로 변환하는 기술이 뛰어나며, 이는 로봇이 물체와 접촉하는 순간 발생하는 미세한 충격을 감지하는 데 유리하다. 또한 초음파 기술을 활용한 비접촉식 근접 감지와 접촉식 터치 감지를 결합해 로봇이 물체에 닿기 전과 후의 상태를 연속적으로 인식할 수 있도록 한다. 아울러 매우 작은 크기에서도 높은 감도를 유지하는 소자 설계 능력을 갖추고 있어, 로봇 손끝(Fingertip)과 같이 공간이 제한된 부위에 탑재하기에 적합한 센서 기술을 보유하고 있다.

④ Pasini(帕西尼)

상하이에 위치한 스타트업으로, 휴머노이드 로봇용 다차원 촉각 센서 개발에 집중하고 있는 기업이다. 창립 멤버들은 유명 대학과 연구소에서 로봇공학과 인공지능을 전공한 연구진으로 구성되어 있으며, 인간과 유사한 고도화된 촉각 인지 능력을 구현하는 것을 목표로 하고 있다. 이 기업은 단순한 압력 감지를 넘어 X·Y·Z 축의 힘과 회전 토크까지 동시에 측정할 수 있는 6축 포스 센서와 토크 센싱 기술을 보유하고 있어, 로봇이 물체를 정교하게 조작하는 데 필요한 핵심 정보를 제공한다. 또한 수천 개의 감지 지점(Taxel)으로 구성된 고밀도 어레이 센서를 개발하여 물체의 질감, 형태, 미끄러짐(Slip)까지 실시간으로 인식할 수 있도록 한다. 센서 하드웨어뿐 아니라 수집된 촉각 데이터를 실시간으로 분석해 로봇의 동작을 보정하는 AI 알고리즘을 함께 제공하는 '센서 + 두뇌' 통합 솔루션이 이 회사의 핵심 경쟁력으로 평가된다.

⑤ Moxian Tech(墨现科技)

회사명의 Moxian(墨现)은 중국어로 잉크(Ink)와 전자 현상 기술을 결합한다는 의미로, 인쇄 전자 기술을 기반으로 한 유연 센서 개발사로 알려져 있다. 베이징에 위치한 Moxian은 인쇄 전자(Printed Electronics) 기술을 핵심으로 하는 기업으로, 기존 반도체 공정과는 다른 방식으로 대면적·저비용의 유연 센서를 제작하고 있다. 웨어러블 디바이스, 스마트 패키징, 로봇 피부 등에 적용할 수 있는 차세대 센서 솔루션을 가지고 있다.

잉크젯 프린팅 등의 공정을 이용해 유연 기판 위에 센서 회로를 직접 인쇄하므로, 기존 방식 대비 생산 비용을 획기적으로 낮추고 대면적 제작이 가능하다. 종이처럼 얇고 자유롭게 구부릴 수 있는 센서를 제작할 수 있어, 로봇의 복잡한 곡면 구조에도 자연스럽게 부착할 수 있다. 압력 감지 외에도 온도, 습도 등 다양한 물리량을 하나의 박막 센서로 통합하여 측정하는 멀티모달(Multi-modal) 센서 개발에 주력하고 있다.

기업명	핵심 키워드	촉각 센서 기술의 주요 강점	주요 적용 분야
한웨이테크 (Hanwei)	유연 전자 & E-skin	나노 소재 기반의 휘어지는 유연 압력 센서, 대량 생산 역량	휴머노이드 로봇 손, 웨어러블 헬스케어, 스마트 가구
선하오테크 (Shenhao)	특수 환경 로봇	극한 환경 내구성, 다중 센서(시각/청각/촉각) 융합 시스템	전력/철도 점검 로봇, 해양 장비, 중공업 자동화
오디웨이 (Audioway)	압전 & 초음파	압전 세라믹 기반의 고감도 진동/힘 감지, 소형화 소자	자동차 전자, 정밀 계측, 로봇 미세 접촉 감지
파시니 (Pasini)	다차원force & AI	6축 포스센싱/토크 센싱, 고밀도 어레이, slip 감지 및 AI 해석	고급 휴머노이드 로봇 그리퍼, 정밀 조립 로봇, 의료 로봇
모셴테크 (Moxian)	인쇄 전자	인쇄 공정을 통한 저비용·대면적 유연 센서, 초박형 디자인	로봇 피부

4.2.3. 제어 시스템(Control System)

휴머노이드 로봇의 제어 시스템은 일반적으로 분산형 아키텍처를 채택하며, 컨트롤러 역시 대부분 자체 개발 방식으로 설계된다. 전통적인 산업용 로봇은 자유도(DOF)가 비교적 적어(보통 3~6개) 중앙 집중 제어나 마스터-슬레이브(Master-Slave) 방식만으로도 각 축의 움직임을 조율할 수 있다.

반면 휴머노이드 로봇은 수십 개에 이르는 관절 자유도를 가지고 있어 시스템 기능의 병렬 처리와 빠른 응답 속도를 확보하기 위해 분산 제어 구조에 의존한다. 예를 들어 각 관절에 독립적인 컨트롤러를 배치하고 몸통에 메인 컨트롤러를 두는 구조가 일반적이며, 이러한 구조는 전체 컨트롤러 수요를 많이 증가시키는 요인이 된다.

또한 컨트롤러 설계는 실제 적용되는 작업 시나리오와 긴밀하게 연계되

어야 하며, 저전력, 고성능 연산 능력, 높은 집적도 등의 요구사항을 충족
해야 한다. 현재 휴머노이드 로봇의 응용 분야가 아직 완전히 확립되지 않
았고 제조사마다 요구되는 연산 성능도 서로 다르기 때문에, 컨트롤러는
각 기업이 자체적으로 개발하는 경우가 대부분이다.

〈표 4-16〉 중국 휴머노이드 로봇 제조사의 제어 시스템 방식

제품명	제어 시스템 방식
Xiaomi의 CyberOne	• 샤오미가 자체 개발한 전신 제어 알고리즘을 적용하여 21개의 관절 자유도를 협조적으로 제어 가능
AGIBOT의 A1	• 하드웨어 기반 하위 제어 구조 채택, 모터 제어 등은 로컬 또는 모듈 수준에서 처리 가능. 운동 제어 알고리즘은 비선형 NMPC(Nonlinear Model Predictive Control)를 적용했으며 강화학습 등 학습 기반 제어 방식 개발 중
Unitree의 H1	• 사족 로봇 제어 알고리즘을 참고해 전신 힘 제어(WBC)와 모델 예측 제어(MPC) 적용. 복잡한 지형과 환경에서도 안정적인 이동 제어 가능
UBTECH의 Walker X	• 다중 메인 컨트롤 보드 기반 분산 연산 구조 채택. EtherCAT 실시간 고속 이더넷 적용으로 최소 50개 이상의 노드 지원 및 다수 서보 관절 간 고속 동기 통신 보장

4.3. 기술 솔루션 제공 중국의 대표 기업

강력한 휴머노이드 로봇을 다양한 산업에 적용하기 위해서는 인지와 의
사결정을 담당하는 지능적인 '뇌'뿐만 아니라, 동작 상호작용과 균형 제어
를 수행하는 '소뇌', 그리고 안정적인 작동을 가능하게 하는 견고한 '신체'
가 모두 필요하다. 현재 로봇 본체와 핵심부품에 대한 연구 개발이 지속적
으로 추진되는 가운데, 다른 기술 분야에서 선도적인 역할을 해온 기업들
도 기존에 보유한 기술적 강점을 휴머노이드 로봇 분야로 확장하며 '기술
솔루션 제공자(Technology Solution Provider)'로서 산업 전반의 발전

을 이끌고 있다. 관련 기업으로는 iFLYTEK(科大讯飞), DJI(大疆创新), Lingyi iTech(领益智造), Lens Technology(蓝思科技), Hangcha Group (杭叉集团), Jingsong Intelligence(井松智能), EP Equipment(中力股份) 등이 있다.

이 가운데 iFLYTEK과 DJI는 휴머노이드 로봇 산업과 결합되는 두 가지 대표적인 발전 경로를 보여주는 사례로 볼 수 있다. iFLYTEK은 인공지능 기술을 기반으로 로봇에 보다 강력한 '뇌'를 부여하는 데 주력하고 있으며, DJI는 드론 분야에서 축적한 모션 제어와 하드웨어 기술을 바탕으로 로봇의 '소뇌' 기능과 본체의 동작 능력을 강화하는 데 집중하고 있다. 다음에서는 이 두 기업을 중심으로 더 구체적인 사례를 살펴보고자 한다.

4.3.1. 아이플라이텍(iFLYTEK, 科大讯飞)

아이플라이텍은 중국을 대표하는 인공지능 기업으로, 약 26년간 인공지능 분야에서 기술 개발과 산업화를 추진해 왔다[103]. 또한 중국 국가 로봇 표준위원회 산하 휴머노이드 로봇 표준화 작업 그룹의 부위원 기업으로 참여하며 관련 표준 구축에도 중요한 역할을 하고 있다. 이 회사는 휴머노이드 로봇 기업을 위해 '로봇 슈퍼 브레인 플랫폼'을 구축했으며, 휴머노이드 로봇과 사족 보행 로봇을 포함한 약 500개의 지능형 로봇 제조 기업을 지원해 왔다.

---

103) 知乎人形机器人：上海电气、三花智控、领益智造、科大讯飞，谁是老大？
   -https://zhuanlan.zhihu.com/p/1959294783299228267

[그림 4-33] iFLYTEK 회사 로고

중국을 대표하는 AI 기업인 아이플라이텍[104]은 2022년 1월 '아이플라이텍 슈퍼브레인 2030 계획'을 발표했으며, 이 계획은 지식을 이해하고 학습하며 스스로 진화할 수 있는 범용 인공지능(AGI) 기술을 기반으로 로봇이 물리적 형태 또는 가상 형태로 모든 가정에 보급되는 것을 목표로 하고 있다. 로봇 산업에서 아이플라이텍의 역할은 '역량 강화 플랫폼(Empowerment Platform)' 제공자로 볼 수 있다. 현재 420개 이상의 로봇 기업이 아이플라이텍의 'Spark(星火) 로봇 슈퍼브레인 플랫폼'에 접속하여 다양한 AI 서비스를 활용하고 있다.

[그림 4-34] 아이플라이텍 슈퍼 브레인 2030 계획

'아이플라이텍 슈퍼브레인 2030 계획'은 현재 시범적으로 7개의 프로젝트를 운영하고 있으며, 이 가운데 로봇 산업과 밀접하게 관련된 핵심 과

---

104) 知乎-科大讯飞刘聪：大模型加持，人形机器人将跨越三大瓶颈
　　 https://zhuanlan.zhihu.com/p/716505877

제는 크게 두 가지 방향으로 나뉜다. 하나는 운동 지능 알고리즘과 로봇 핵심 하드웨어·소프트웨어의 연구 개발이며, 다른 하나는 로봇의 시범 적용과 시스템 개발이다.

첫째, 로봇 시범 적용 및 시스템 연구 개발 분야에서 아이플라이텍은 약 20개의 휴머노이드 로봇 관련 시범 프로젝트에 국산 '성화(Spark)' 대규모 언어모델(LLM)을 성공적으로 적용했다. 이를 통해 로봇은 복잡한 작업을 이해하고 이를 단계별로 분해하여 계획할 수 있게 되었으며, 작업 수행 성공률은 약 95%에 달하는 것으로 나타났다. 또한 End-to-End 강화학습 기반 운동 제어와 임바디드 AI(Embodied AI) 등 핵심 기술에서도 진전을 이루었으며, 이러한 기술은 휴머노이드 로봇, 사족 보행 로봇, 휠형 로봇 등 다양한 형태의 로봇에서 검증되었다. 전체 시스템 성능 역시 기존 전통적 솔루션 대비 30% 이상 향상된 것으로 평가된다.

둘째, 운동 지능 알고리즘과 로봇 핵심 하드웨어·소프트웨어 연구 개발 분야에서 아이플라이텍이 구축한 '성화(Spark) 로봇 슈퍼브레인 플랫폼'은 UBTECH, Galbot, Fourier, AGIBOT, EX Robot 등 중국의 주요 휴머노이드 로봇 기업에 기술을 제공하고 있으며, 휴머노이드 로봇 공급망에 포함된 420개 이상의 중국 로봇 기업을 지원하고 있다. 또한 이 플랫폼은 약 3만 5천 명의 로봇 관련 개발자를 연결해 활발한 기술 생태계를 형성하고 있다.

[그림 4-35] iFlYTEK이 Unitree 'H1'모델과 협력 중인 홍보 사진

현재 500개 이상의 로봇 관련 기업들이 iFLYTEK과 협력했으며, 이들은 모두 소프트웨어와 하드웨어의 빠른 통합을 통해 듣고, 말하고, 이해하고, 행동할 수 있는 로봇의 미래를 실현하는 데 노력하고 있다.[105]

4.3.2. DJI(大疆创新)[106]

이 회사는 드론 기술을 기반으로 성장했으며, 로봇공학 분야에서도 뛰어난 기술력을 보여 왔다. 특히 로봇의 모션 제어와 이미지 인식 분야에서 DJI가 축적해 온 혁신적인 기술은 휴머노이드 로봇 연구 개발에도 활용되고 있으며, 로봇 산업 발전에 중요한 역할을 할 것으로 평가된다. 자율 이동과 시각 인식 능력 측면에서 DJI가 보유한 기술력과 잠재력은 휴머노이드 로봇 산업에서도 매우 중요한 의미를 가진다.

---

105) 知乎-科大讯飞出手，人机真交互时代来了！！！
　　　https://zhuanlan.zhihu.com/p/1916629908312004196
106) 国内人形로봇市场的领军者与创新动态
　　　https://baijiahao.baidu.com/s?id=1844074804706232727&wfr=spider&for=pc

[그림 4-36] DJI(大疆创新)기업 로고

[그림 4-37] DJI 'NEO2' 모델 사진

2023년 4월 DJI는 내부적으로 휴머노이드 로봇 산업 진출을 결정했으며, 이후 관련 연구 개발을 본격적으로 추진해 왔다. 현재 약 300명 규모의 연구팀이 관련 프로젝트에 참여하고 있으며, 시제품 개발도 이미 완료된 것으로 알려져 있다. 회사는 안정성을 확보하는 동시에 비용을 최적화하는 기술 전략을 핵심 방향으로 제시했다. 다만 2025년 말 출시를 목표로 한 제품은 2026년 3월 말 현재까지 외부에 공개되지 않은 상태이다. 비록 구체적인 모델이 공개되지는 않았지만, DJI가 기존에 보유한 기술적 강점을 휴머노이드 로봇에 적용할 경우 다음과 같은 세 가지 측면에서 기술적 우위를 기대할 수 있다.

첫째, 핵심 알고리즘의 이전과 재활용이다. 드론과 로봇은 운동 제어의 기본 논리에서 상당한 유사성을 가지고 있다. DJI가 보유한 성숙한 비행 제어 알고리즘, 예를 들어 드론의 호버링 기술은 로봇의 동적 균형 제어 능력으로 전환될 수 있다. 또한 짐벌 기반 손 떨림 보정 기술은 로봇이 이동하면서 발생하는 영상 흔들림 문제를 줄이는 데 활용될 수 있다. 여기에 양안 시각 기반 장애물 회피 기술과 LiDAR와 같은 고급 센서 기술은 로봇이 주변 환경을 정확하게 인식하고 모델링하는 데에 중요한 역할을 할 수 있다.

둘째, 다양한 실제 환경에서 축적된 데이터의 활용이다. DJI 드론은 농업, 측량, 물류 등 다양한 산업 현장에서 운영되면서 방대한 데이터를 축적해 왔다. 이러한 데이터 자산은 로봇 알고리즘의 학습과 최적화에 중요한 기반이 되며, 특히 복잡한 지형 환경에서의 항법과 의사결정 분야에서 육상과 항공 데이터를 결합한 데이터 순환 구조를 형성하여 기술 개선과 반복적 업그레이드를 가속할 것으로 기대된다.

셋째, 공급망과 부품의 효율적 재활용이다. 수천만 대 규모의 소비자용 드론 시장에서 검증된 성숙한 공급망과 대량 생산 경험을 바탕으로 DJI는 모터와 센서를 포함한 핵심 하드웨어 모듈을 로봇의 관절 등 다양한 부위에 빠르게 적용할 수 있다. 이러한 구조는 생산 비용을 효과적으로 절감하고 개발 주기를 단축하며 제품 공급 효율성을 높이는 데 이바지할 것으로 예상된다.

5

중국 휴머노이드 로봇 기업의 "글로벌 진출" 전략

5.1. 해외로 진출하는 중국 기업의 현 상황

5.2. 휴머노이드 로봇 기술의 발전 방향

5.3. 국제화의 리스크

05 | 중국 휴머노이드 로봇 기업의 "글로벌 진출" 전략

5.1. 해외로 진출하는 중국 기업의 현 상황

현재 중국은 휴머노이드 로봇 분야의 제조와 공급망 측면에서 점차 주도적인 위치를 확보해 가고 있다[107]. 중국을 대표하는 휴머노이드 로봇 기업들의 제품인 Unitree의 H2 모델, AGIBOT의 G2 모델, UBTECH의 Walker S2 모델 등은 기술 수준을 빠르게 향상시키며 점점 더 인간과 유사한 형태와 기능을 구현하고 있고, 동시에 전 세계적으로 인지도를 높여가고 있다. 또한 테슬라가 출시를 준비 중인 3세대 옵티머스(Optimus) 휴머노이드 로봇 역시 일부 주요 부품을 중국 공급망에서 조달할 가능성이 제기되고 있다. 현재 전 세계 휴머노이드 로봇 생산의 약 80%가 중국에서 이루어지고 있으며, 산업용 로봇 분야에서도 중국은 세계에서 가장 완비된 공급망을 보유하고 있다. 이러한 구조 속에서 글로벌 휴머노이드 로봇 기업들은 중국 공급망과 협력하지 않을 경우 생산 리드타임과 원가 경쟁력 확보에서 불리한 위치에 놓일 가능성이 높다.

---

107) 中国在人形机器人领域占据主导地位-新华网
http://www.xinhuanet.com/liangzi/20251209/c70acedce77c44208cde7409166f1eeb/c.html

5.1.1. 중국 휴머노이드 로봇 기업들의 글로벌 진출

현재 중국 휴머노이드 로봇 기업들은 국제화를 중요한 성장 전략으로 설정하고 있으며, 이러한 흐름은 크게 두 가지 요인에 의해 촉진되고 있다. 첫째, 중국 내 시장 경쟁이 점점 치열해지면서 기업들의 수익 여지가 축소되고 있다는 점이다. 둘째, 해외 시장에서 다양한 로봇 솔루션에 대한 수요가 존재하며 시장 기회가 비교적 넓게 형성되어 있다는 점이다. 이러한 배경 속에서 다수의 기업들이 자사의 기술적 강점을 바탕으로 글로벌 시장 확장에 적극적으로 나서고 있다.

구체적으로 임바디드 AI(Embodied AI) 및 휴머노이드 로봇 분야에서는 여러 기업들이 명확한 해외 진출 전략을 추진하고 있다. Unitree는 이미 2018년부터 해외 시장 진출을 시작했으며, 최근 몇 년 동안 전체 매출의 약 50%를 해외 시장에서 창출하고 있다. 또한 2025년부터는 중국의 알리익스프레스와 미국 월마트 온라인 플랫폼 등을 통해 글로벌 판매를 더욱 확대하고 있다.

UBTECH의 판다 로봇 'Youyou'는 2020년 두바이 엑스포에서 공개된 바 있으며, 2022년에는 휴머노이드 로봇 'Walker X'가 사우디아라비아의 네옴(NEOM) 신도시에 도입되었다. 또한 2025년에는 중동 지역에서의 기술 시연을 통해 지능형 운반 및 분류 분야에서의 기술력을 다시 한번 보여주었다.

서비스 로봇 분야에서도 글로벌 확장이 활발하다. 예를 들어 청소 로봇과 호텔 배송 로봇 분야에서 세계 1위 기업으로 평가받는 Pudu Robotics는 해외 매출 비중이 오랫동안 80% 이상을 유지하고 있으며, 현재 전 세계 80개 이상의 국가와 지역에 제품을 판매하고 있다. 이 회사는 외식, 유통, 창고 물류 등 다양한 산업에 대한 이해를 바탕으로 서비스 배송, 상업용 청소, 산업용 물류 배송 등 세 가지 주요 제품 라인을 구축했으며, 전용 서비스 로봇부터 휴머노이드 로봇까지 다양한 형태의 제품을 개발하고 있다.

이와 함께 Leju Robotics, Dobot 등도 유럽, 미국, 동남아시아 등 주요 시장을 대상으로 본격적인 해외 진출을 추진하고 있다. 한국에서도 이미 Unitree와 Deep Robotics의 제품이 판매되고 있어 중국 로봇 기업들의 글로벌 확장 움직임이 점차 가시화되고 있다.

[그림 5-1] 2020년 두바이 엑스포 중국관에서 싱가포르관 정부 대표가
UBTECH의 판다 로봇 'Youyou'와 악수하는 모습

규제 준수와 인증 측면에서 중국 Chery 그룹이 설립한 Moja Robotics(奇瑞墨甲机器人)가 개발한 휴머노이드 로봇 'MoYin' 모델은

2025년 9월 EU의 CE-MD(기계 안전), CE-RED(무선 장비), EN 18031 (사이버 보안 및 데이터 보호) 등 세 가지 핵심 인증을 성공적으로 획득했다. 이로써 'MoYin' 모델은 하드웨어와 소프트웨어 양 측면에서 EU 인증을 모두 완료한 세계 최초의 휴머노이드 로봇으로 평가되며[108], 유럽 시장 진출을 위한 중요한 기반을 마련했다.

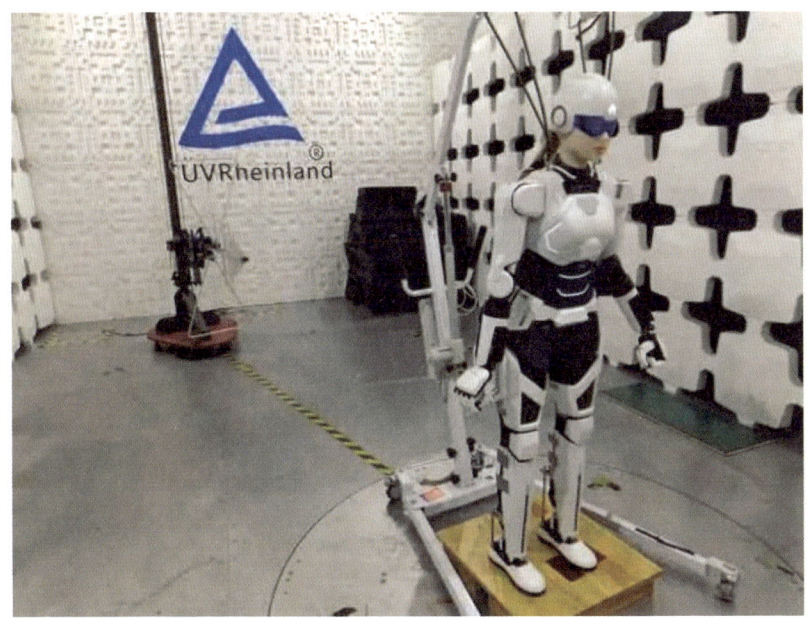

[그림 5-2] 독일 라인란트 연구소에서 시험 중인 휴머노이드 로봇 'MoYin'

AGIBOT은 해외 시장을 향후 핵심 성장 동력으로 삼고 있으며, 글로벌 유통 네트워크 구축과 현지 파트너와의 공동 설계 및 연구 개발(R&D)을 통해 국제화 전략을 가속화하고 있다. 북미 지역에서는 연구 및 교육 분야

---

108) 奇瑞墨甲机器人"墨茵"成为全球首个完成软硬件欧盟认证的人形机器人
　　https://baijiahao.baidu.com/s?id=1844313855702589301&wfr=spider&for=pc

협력을 중심으로 사업을 추진하는 한편, 동남아시아, 일본·한국, 유럽 지역에서는 상업적 현장 적용과 상용화 확대에 주력할 계획이다. 특히 AGIBOT의 휴머노이드 로봇 A2(Expedition A2) 모델은 중국의 CR 인증, 유럽연합의 CE-MD 및 CE-RED 인증, 미국의 FCC 인증을 동시에 획득하여, 중국·미국·유럽의 3대 주요 시장 인증을 모두 확보한 세계 최초의 제품으로 평가되고 있다.[109]

5.1.2. 로봇 산업 규모 성장과 적용 시나리오 확대를 위한 글로벌 시장 진출

2025년 세계 로봇 대회에서 발표된 자료에 따르면, 중국은 이미 세계 최대의 로봇 생산국으로 자리 잡았으며 전 세계 로봇 특허 출원량의 약 3분의 2를 차지하고 있다. 2025년 중국 로봇 산업 매출은 전년 대비 27.8% 증가했으며, 산업용 로봇과 서비스 로봇의 생산량은 각각 35.6%, 25.5% 증가했다. 또한 로봇 산업의 해외 진출은 '규모 확대와 적용 시나리오 확장'이라는 특징을 보이고 있다. 2025년 산업용 로봇 수출액은 전년 대비 61.5% 증가했으며, 서비스 로봇과 휴머노이드 로봇 등 다양한 제품군도 해외 시장 진출을 빠르게 확대하고 있다.

휴머노이드 로봇 완제품 기업 가운데 하나인 AGIBOT은 동남아시아 시장에서 빠르게 성과를 거두고 있으며, 전시관 안내와 접대, 엔터테인먼트 공연, 상업용 청소 등 다양한 분야에서 제품을 활용하고 있다. 또한 보도에 따르면 베이징 Booster Robotics(加速进化)는 이미 글로벌 규모의 양산과 납품을 실현했으며, 2025년 11월 기준 Booster Robotics 휴머노이드

---

109) 出海 "搞钱", 中国로봇军团卷向全球
　　 https://baijiahao.baidu.com/s?id=1849111028170243965&wfr=spider&for=pc

로봇의 전 세계 누적 출하량은 약 1,000대에 근접한 것으로 나타났다. 이 가운데 해외 시장 비중은 40%를 넘어선 것으로 보고되고 있다.[110]

[그림 5-3] 2026 CES에서 공연중인 Booster Robotics 회사의 로봇

한편, 다수의 로봇 산업 핵심부품 기업들도 오랜 기술 축적을 바탕으로 글로벌 공급망에 성공적으로 진입하고 있다. 예를 들어 Changying Precision(长盈精密)과 IKD(爱柯迪)는 테슬라 로봇의 공급업체가 되기 이전부터 이미 테슬라 전기자동차의 장기 파트너였다. IKD의 해외 매출은 주로 멕시코와 말레이시아에 위치한 테슬라 공장에서 발생하고 있으며, Jiechang Drive(捷昌驱动)는 유럽 생산 기지 구축을 확대하고 현지 우수 기업에 대한 인수 및 투자를 통해 시장 지위를 강화하고 있다. 또한 Anaida(安乃达)는 베트남에 첫 해외 공장을 성공적으로 가동했으며, 유럽 여러 국가에 서비스 거점을 설립해 현지화된 기술 지원과 애프터서비

110) 殷勇调研人形机器人产业发展时强调 加速推动人形机器人商业化规模化应用落地_领导活动_首都之窗_北京市人民政府门户网站
https://www.beijing.gov.cn/gongkai/ldhd/202511/t20251124_4295118.html

스(A/S)를 제공하고 있다.

중국 기업들은 휴머노이드 로봇에 사용되는 정교한 손(Dexterous Hand)과 같은 핵심 모듈 분야에서도 뚜렷한 가격 대비 성능 경쟁력을 보이고 있다. 수만 달러에서 수십만 달러에 이르는 해외 제품 가격과 달리, 중국 기업들은 완성된 산업 생태계를 기반으로 다양한 수요 수준을 충족할 수 있는 제품을 출시하고 있다. Inspier Robotics(因时机器人), ZHAOWEI(兆威机电), OYmotion(傲意科技), Linkerbot(灵心巧手) 등의 기업들은 고급형부터 보급형까지 폭넓은 가격대와 기술 수준의 제품 라인을 보유하고 있다.

그중 Linkerbot이 출시한 10자유도 정교한 손의 가격은 약 2만 위안 수준이며, 20자유도 버전도 약 5만 위안에 판매되고 있다. 이러한 가격 경쟁력과 기술력을 바탕으로 해당 제품들은 케임브리지 대학교를 포함한 여러 해외 대학에 이미 판매되었으며, 휴머노이드 로봇 외에도 다양한 응용 분야로 시장을 적극적으로 확대하고 있다.

5.1.3. 심화하는 중국 로봇 산업의 해외 협력

글로벌 타임스의 보도에 따르면, 중국 휴머노이드 로봇의 수출은 아직 규모의 경제를 형성했다고 보기는 어렵지만, 중국 기업들은 국제 전시회 참가와 공동 연구 개발 등을 통해 제품을 중동과 북미 등 고급 시장에 성공적으로 진출시키고 있다. 현재 이러한 로봇들은 주로 과학 연구, 교육, 기업 이미지 홍보 등의 분야에서 활용되고 있으며, 이는 향후 시장 확대를 위한 중요한 기반을 마련하고 있다.[111]

---

111) 从"运动健将"到"家庭助手"，人形机器人还要"跑"多远？
https://baijiahao.baidu.com/s?id=1840562607333910658&wfr=spider&for=pc

현재 중국 로봇 산업과 해외 시장 간의 상호작용은 단순한 무역 거래를 넘어 기술, 공급망, 표준 제정 등 다양한 차원에서 심층적으로 융합되는 새로운 단계로 진입하고 있다. 산업적 측면에서 중국 로봇 산업은 '중국의 기술 혁신과 글로벌 협력의 병행'이라는 특징을 보이고 있다. 감속기, 컨트롤러, 서보 시스템 등 핵심부품 분야에서는 국산화 대체가 빠르게 진행되고 있지만, 일부 고급 제품은 여전히 수입에 의존하고 있다. 이러한 이유로 중국 기업들은 독일, 일본 등 부품 분야의 선도 기업들과 긴밀한 협력 관계를 유지하고 있다. 공급망 차원에서 형성된 이러한 협력 구조는 미래 산업에서 나타나는 글로벌 융합과 상호 의존성을 잘 보여준다. 또한 중국 로봇 기업들은 국제 학술 교류에도 적극적으로 참여하며, 세계 주요 대학과 연구기관과의 공동 연구 프로젝트를 통해 기술 발전을 함께 추진하고 있다.

특히 주목할 점은 중국이 그동안 산업 표준의 단순한 추종자에서 벗어나 참여자, 나아가 일부 분야에서는 주도적인 역할을 수행하며 국제 로봇 산업 표준 제정 과정에 적극적으로 참여하고 있다는 점이다. 이러한 변화는 중국 로봇 산업의 글로벌 영향력과 발언권이 점차 확대되고 있음을 의미한다. 이와 같은 글로벌 협력이 중요한 이유는 휴머노이드 로봇 기술 자체가 기계공학, 인공지능, 전자공학 등 다양한 분야가 결합된 다학제적 기술이기 때문이다. 따라서 전 세계의 기술과 지식이 협력적으로 결합될 때 기술 발전이 더욱 가속화될 수 있으며, 개방적인 협력을 통해 더 큰 산업적 가치와 시장 기회를 창출할 수 있다.

5.2. 휴머노이드 로봇 기술의 발전 방향

휴머노이드 로봇 기술은 점차 체계화되고 융합되는 방향으로 발전하고 있으며, 그 진화 경로는 크게 세 가지 핵심 차원을 중심으로 전개되고 있다. 즉, 지능적 의사결정을 담당하는 '대뇌(Brain)', 운동 제어를 담당하는 '소뇌(Cerebellum)', 그리고 실제 물리적 동작을 수행하는 '팔다리(Limbs)'에 해당하는 하드웨어 혁신이다. 아래 그림은 이러한 휴머노이드 로봇의 구성 구조를 보여준다. 이하에서는 이 세 가지 층위를 중심으로 기술 발전의 방향을 체계적으로 분석하고자 한다.

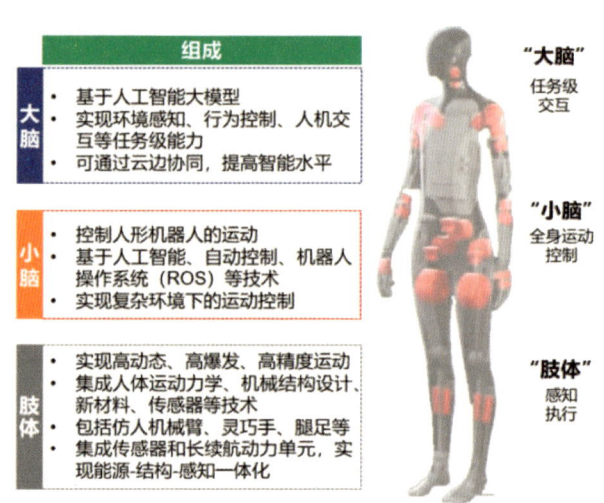

[그림 5-4] 휴머노이드 로봇 구성

5.2.1. 휴머노이드 로봇 '대뇌(Brain)' 시스템: 멀티모달과 지능형 의사결정

휴머노이드 로봇의 '대뇌(Brain)'는 환경 인식, 행동 제어, 인간-로봇 상호작용 등 태스크 수준의 기능을 수행하는 핵심 시스템이다. 현재 이러한 기능은 주로 인공지능 대형 모델 기술을 기반으로 구현되며, 동시에 클라우드-엣지 협업(Cloud-Edge Collaboration)을 통해 로봇의 지능 수준을 더욱 향상시킬 수 있다.

[그림 5-5] 휴머노이드 로봇 '대뇌(Brain)'의 발전은
고도 인지 및 의사결정 능력 향상에 집중

휴머노이드 로봇의 '대뇌' 시스템은 단일 기능 중심의 모듈 구조에서 멀티모달(Multi-modal) 융합 구조로 전환되는 과정을 겪고 있다. 현재 기술 발전은 다음과 같은 네 가지 병행 진화 경로를 보여준다.

첫째, LLM(대형 언어 모델)과 VFM(시각 기초 모델)을 결합한 아키텍처이다. 이 구조는 성숙한 언어 상호작용과 작업 이해 능력을 기반으로 하며, 현재 단계에서 가장 널리 활용되는 주류 솔루션으로 자리 잡고 있다.

둘째, VLM(시각-언어 모델)이다. 이 모델은 시각 정보와 언어 이해 사이의 의미적 격차(Semantic Gap)를 줄여 보다 정밀한 환경 인식을 가능하게 한다.

셋째, VLA(시각-언어-동작 모델)이다. 시각 및 언어 이해 능력을 기반으로 운동 제어 모듈을 결합하여 로봇의 동작 궤적 계획 문제를 부분적으로 해결하는 방향으로 발전하고 있다.

넷째, 멀티모달 대형 모델이다. 이러한 모델은 물리적 세계에 대한 보다 포괄적인 지각 능력을 구축하는 데 초점을 맞추고 있으며, 향후 기술 발전의 주요 방향으로 평가된다.

구체적인 구현 방식 측면에서는 End-to-End 대형 모델 아키텍처가 기술 진화의 핵심 경로로 부상하고 있다. 이 구조는 센서 입력을 제어 명령으로 직접 연결하여 기존의 계층적 의사결정 구조에서 발생하는 복잡성을 크게 줄일 수 있다. 그러나 이러한 방식은 장기 시퀀스(long-sequence) 문제라는 도전에 직면하고 있다. 즉, 작업 시간이 길어지고 작업 난도가 누적될수록 예측 오차가 계속 축적되어 최종 실행 결과가 기대에서 벗어날 가능성이 존재한다. 이러한 문제를 해결하기 위해서는 대형 모델의 시간적 추론 능력과 제어 알고리즘의 안정성 사이에서 균형을 확보하는 것이 중요하다.

한편, 인공지능 기술의 급속한 발전은 휴머노이드 로봇 '대뇌' 시스템의 고도화를 위한 중요한 동력과 기술적 기반을 제공하고 있다. 업계에서는 고품질·대규모·다양한 학습 데이터가 강력한 AI 모델을 구축하고 로봇의 실질적인 지능화를 실현하는 핵심 기반이라고 보고 있다.

5.2.2. 휴머노이드 로봇 '소뇌(Cerebellum)' 시스템: 모델 기반에서 학습 기반으로의 전환

'소뇌(Cerebellum)' 시스템은 휴머노이드 로봇의 운동을 제어하는 핵심 역할을 담당하며, 현재는 인공지능, 자동 제어, 로봇 운영체제(ROS) 등의 기술을 기반으로 복잡한 환경에서의 운동 제어를 구현하고 있다. 운동 제어 기술의 발전 방향은 전통적인 '모델 기반 제어(Model-based Control)'에서 '학습 기반 제어(Learning-based Control)'로 점차 전환되고 있다.

전통적인 제어 방식은 정밀한 동역학 모델링과 전문가의 경험에 의존하기 때문에 구조화된 환경에서는 높은 성능을 발휘하지만, 비구조화 환경의 복잡성과 불확실성에 적응하기 어렵다는 한계가 있다. 반면 학습 기반 제어 방식은 대규모 데이터를 통해 제어 전략을 학습함으로써 시스템의 적응성과 일반화 능력을 크게 향상시키고 있다.

[그림 5-6] 휴머노이드 로봇의 달리기 훈련

이러한 전환 과정에서 Sim2Real 기술은 중요한 역할을 한다. Sim2Real은 가상 환경에서 제어 알고리즘을 학습시킨 뒤 그 결과를 실제 로봇에 이전하는 방식으로, 실제 환경에서 데이터를 수집하는 데 필요한 높은 비용과 낮은 효율성 문제를 효과적으로 완화할 수 있다. 그러나 이러한 기술의 효과는 시뮬레이션 환경의 현실성(Fidelity)과 데이터 이전 능력에 크게 의존한다. 따라서 시뮬레이션 정확도를 확보하면서도 계산 비용을 어떻게 관리할 것인지가 여전히 중요한 과제로 남아 있다.

■ 참고: Sim2Real의 개념

로봇공학과 인공지능 분야에서 Sim2Real(Simulation-to-Reality)은 매우 중요한 학습 방식이다. 이 방식은 로봇이 먼저 가상의 디지털 환경에서 훈련을 받은 뒤, 그 과정에서 학습한 지식과 기술을 실제 환경의 로봇에 적용하는 것을 의미한다.[112]

한편, 대형 모델(Large Model) 기술의 도입은 운동 제어 분야에 새로운 가능성을 열어 주고 있다. 선행 지식(Prior Knowledge)과 상식 기반 추론 능력을 결합함으로써 대형 모델은 제어 의사결정의 합리성과 설명 가능성(Interpretability)을 향상시킬 수 있다. 예를 들어 돌발 상황이 발생했을 때 시스템은 물리 법칙에 대한 이해를 기반으로 보다 안전한 대응 전략을 생성할 수 있다. 이러한 방식처럼 지각, 추론, 제어가 통합된 End-to-End 접근 방식은 전통적인 제어 방법의 한계를 극복할 수 있는 중요한 발전 방향으로 평가되고 있다.

---

112) 具身智能概念6【Sim2Real】模拟到真实 - 知乎
https://zhuanlan.zhihu.com/p/1936060077976036949

5.2.3. 휴머노이드 로봇 팔다리(Limb)

휴머노이드 로봇의 사지(Limb)는 고역동성(High-dynamic), 고출력(High-burst), 고정밀(High-precision) 운동을 구현하는 역할을 담당하며, 인간과 유사한 다양한 기능을 실현하기 위한 핵심 기반 요소이다. 이 영역에는 액추에이터(구동 장치, Actuators), 감지 시스템(Sensing Systems), 전원 공급 장치, 신소재 등 다양한 첨단 기술이 집약되어 있다.

(1) 액추에이터(Actuator) 기술의 발전

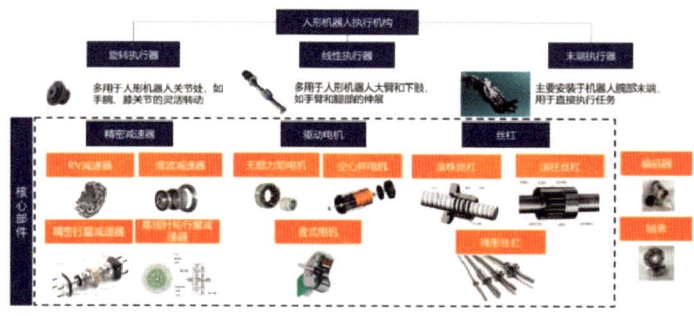

来源: 中国信息通信研究院

[그림 5-7] 휴머노이드 로봇의 세 가지 액추에이터

회전형 액추에이터(Rotary Actuators)는 주로 휴머노이드 로봇의 손목, 무릎과 같은 관절 부위에 사용되며, 모터와 감속기로 구성된다. 주요 핵심부품으로는 프레임리스 토크 모터(Frameless Torque Motors), 유성 감속기(Planetary Gearboxes), 하모닉 감속기(Harmonic Drives) 등이 있다. 현재 기술 발전 방향은 크게 두 가지로 나뉜다. 하나는 고감속비(High Reduction Ratio, TSA 및 SEA 방식 적용) 솔루션으로, 하모닉 감속기나 유성 감속기를 통해 높은 토크 출력을 구현하여 하중이 큰 관절에 적합하다. 다른 하나는 준직구동(Quasi-Direct Drive, QDD 또는 PA 방식) 솔루션으로, 빠른 응답 속도와 역구동(Back-drivability) 능력을 바탕으로 유연한 제어가 필요한 상황에서 장점을 보인다.

선형 액추에이터(Linear Actuators)는 주로 로봇의 상완, 대퇴부, 팔꿈치 등에 사용되며 회전 운동을 직선 운동으로 변환하는 구동 장치이다. 신체의 펴기, 밀기, 당기기와 같은 직선 운동을 수행하며, 사각 나사(Trapezoidal Screws), 볼 스크류(Ball Screws), 플래닛 롤러 스크류(Planetary Roller Screws) 등을 통해 구현된다. 이 가운데 플래닛 롤러 스크류는 높은 하중 지지력, 긴 수명, 소형화 가능성 등의 장점으로 기존 사각 나사와 볼 스크류를 점차 대체하는 기술로 평가된다. 비록 비용은 높지만 성능 측면에서 뚜렷한 우위를 보이기 때문이다.

말단 구동기(End-effectors)는 크게 그리퍼(Claw-type) 형태와 공구(Tool-type) 형태로 구분된다. 특히 그리퍼 유형은 단순 클램핑 장치에서 다지(多指) 구조를 갖춘 정교한 로봇 손(Multi-fingered Dexterous Hand)으로 발전하고 있다. 로봇 손기술은 고도 통합화 방향으로 발전하고 있으며, 코어리스 모터(Coreless Motors)와 링크 기반 구동 메커니즘을 결합한 하이브리드 구조가 주요 방식으로 활용되고 있다. 현재 연구 개발의 핵심은 자유도(DOF) 증가, 촉각 센서 융합, 그리고 시스템 구조 단순화에 집중되어 있다.

(2) 다중 모드 통합으로 발전하는 지각 시스템

복잡한 감지 기능과 환경과의 상호작용을 구현하기 위해서는 다양한 센서 유닛의 통합이 필수적이다. 휴머노이드 로봇에는 여러 종류의 센서가 사용되며, 전체 센서 구조는 다원화와 융합화의 특징을 보이고 있다. 예를 들어 손목과 발목 같은 핵심 부위에 장착되는 6축 포스·토크 센서(6-axis Force/Torque Sensors)는 힘과 토크를 정밀하게 측정할 수 있도록 한다. 관절 토크 센서는 전신 운동 제어에 필요한 실시간 피드백을 제공하며, 다양한 시각 센서로 구성된 환경 인식 네트워크는 로봇이 목표물을 식별하고 위치를 추정하는 능력을 제공한다.

특히 촉각 센서 기술의 발전은 로봇이 인간 피부와 유사한 감지 능력을 갖추도록 하는 중요한 요소로 주목받고 있다. 또한 관성 측정 장치(IMU)와 근접 센서(Proximity Sensors)의 결합은 균형 제어와 장애물 회피 의사결정에 필요한 핵심 데이터를 제공한다. 이러한 센서 기술들은 상호 협력을 통해 다층 구조와 중복성(Redundancy)을 갖춘 안정적인 감지 시스템을 구축하게 된다.

(3) 전력 시스템과 신소재 기술

전원 시스템은 에너지 밀도와 작동 시간(배터리 수명) 측면에서 여전히 중요한 과제에 직면해 있다. 현재는 리튬이온 배터리가 주류 기술이지만, 전고체 배터리(All-solid-state Batteries), 수소 배터리, 리튬-공기 배터리(Lithium-air Batteries) 등 차세대 에너지 기술에 대한 연구 개발도 활발히 진행되고 있다.

전원 관리 시스템(BMS)의 최적화 역시 중요한 기술 과제로, 배터리 상태 모니터링, 에너지 소비 최적화, 열 관리(Thermal Management) 등에 초점이 맞춰지고 있다. 중국에서도 이러한 전원 관리 시스템 관련 연구 개발 역량이 지속적으로 강화되는 추세이다.

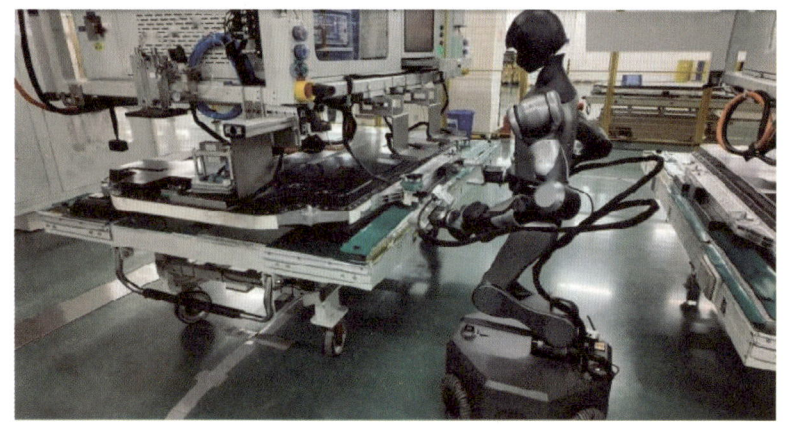

[그림 5-8] CATL이 자체 개발한 배터리를 장착한 휴머노이드 로봇

신소재 적용 측면에서는 경량화가 핵심 기술 방향으로 부상하고 있다. 탄소섬유 복합재료, 엔지니어링 플라스틱, 폴리에테르에테르케톤(PEEK)과 같은 소재가 로봇의 골격 구조에 적용되면서 무게 감소와 효율 향상이라는 목표를 동시에 달성하고 있다. 이러한 소재들은 구조적 강도뿐 아니라 마찰 계수와 내마모성 등 다양한 성능 요소를 함께 고려해야 한다. 동시에 휴머노이드 로봇 산업의 확대와 함께 신소재 수요도 급격히 증가하고 있어 원가 관리 역시 중요한 과제로 부상하고 있다.

5.2.4. 시스템 통합 및 미래 기술 통합

서로 다른 기술 모듈 간의 시너지를 최적화하는 것은 전체 시스템 성능 향상의 핵심 요소로 부상하고 있다. 하드웨어 측면에서는 각 부품 간의 기계적 인터페이스, 전기적 연결, 열 관리 등 다양한 요소를 종합적으로 고려해야 하며, 소프트웨어 측면에서는 통합된 개발 생태계와 표준화된 통신 프로토콜을 구축하는 것이 중요하다. 이러한 시스템 수준의 최적화는 부품 간 호환성 문제로 인해 발생할 수 있는 성능 저하를 효과적으로 줄이는 데 이바지한다.

앞으로의 기술 융합은 더욱 다양한 방향으로 발전할 것으로 전망된다. 예를 들어 뇌-컴퓨터 인터페이스(BCI) 기술은 신경 신호를 직접 해석하여 보다 직관적인 제어 방식을 가능하게 함으로써 인간-로봇 상호작용의 새로운 패러다임을 제시할 수 있다. 또한 메타버스 기술은 휴머노이드 로봇을 위한 가상 훈련 환경을 제공하여 알고리즘의 반복 학습과 검증 과정을 가속화할 수 있다. 여기에 플렉시블 전자 피부(E-skin) 기술이 결합하면 로봇은 인간에 가까운 촉각 인지 능력을 갖추게 되어 보다 정교한 상호작용이 가능해질 것이다. 이러한 첨단 기술들의 융합은 휴머노이드 로봇이 더 지능적이고 유연한 방향으로 발전하는 데 중요한 역할을 할 것으로 예상된다.

전반적으로 휴머노이드 로봇 기술은 현재 빠르게 진화하는 단계에 있으며, 향후 대규모 상업화를 실현하기 위해서는 대형 AI 모델 알고리즘, 운동 제어 기술, 하드웨어 혁신 등 여러 핵심 분야에서 중요한 기술적 돌파가 필요하다. 이러한 발전 과정에서는 개별 기술 분야의 독립적인 발전뿐 아니라 다양한 분야 간 협력과 융합을 통한 혁신이 더욱 중요해질 것이다.

5.3. 국제화의 리스크

중국 휴머노이드 로봇 기업들이 글로벌 시장 진출을 가속화는 과정에서 운영, 규제 준수(Compliance), 사회적 수용성 등 다양한 측면의 도전에 직면하고 있다. 이러한 리스크가 충분히 인식되고 효과적으로 관리되지 않을 경우, 기업들의 해외 사업 확장에 실질적인 장애 요소로 작용할 수 있다.

5.3.1. 제품 신뢰성 및 현지화 서비스 과제

제품 품질 측면에서 중국 기업들은 핵심부품 분야에서 상당한 기술적 진전을 이루었지만, 완제품 수준에서는 조작 성능, 위치 정확도, 시스템 호환성 등 종합적인 측면에서 여전히 국제 최고 수준과 일정한 격차가 존재한다. 해외 고객들은 로봇의 장기적인 안정성, 안전성, 신뢰성에 대해 매우 높은 기준을 요구하며, 가격만이 구매 결정의 유일한 기준이 되지 않는다. 이러한 환경은 중국 기업들이 보다 체계적인 품질 관리 시스템을 구축하도록 요구하고 있으며, 특정 시장에 맞춘 맞춤형 제품 개발의 필요성도 높아지고 있다.

또한 애프터서비스(A/S) 네트워크 구축 역시 중요한 과제로 지적된다. 해외 시장의 지리적 분산과 문화적 차이로 인해 신속하고 효율적인 대응이 가능한 서비스 거점을 구축하려면 상당한 인력, 물류, 자금 투자가 필요하다. 지역마다 고객이 기대하는 서비스 수준이 다르기 때문에 현지 기준에 부합하는 고품질 애프터서비스를 제공하는 것은 기업들이 반드시 해결해야 할 과제이다. 일부 기업들은 미국, 유럽, 동남아시아 등에 예비 부품 센터와 현지 운영 팀을 구축하여 대응 속도를 높이려 하고 있으나, 이러한 전략은 아직 성장 단계에 있는 많은 기업에 상당한 부담으로 작용하고 있다[113].

5.3.2. 규제 장벽과 지정학적 불확실성

전 세계 각국의 로봇 안전 기준과 데이터·개인정보 보호 관련 규정은 매우 복잡하며 지속적으로 변화하고 있다. 예를 들어 유럽연합(EU)의 CE 인

---

113) 出海 "搞钱", 中国로봇军团卷向全球
　　　https://baijiahao.baidu.com/s?id=1849111028170243965&wfr=spider&for=pc

증, 미국의 FCC 인증, 그리고 EU의 인공지능 법(AI Act) 등은 제품의 시장 진입에 엄격한 조건을 부과하고 있다. 특히 데이터 규정 준수는 매우 중요한 요소이다. 로봇 운용 과정에서 수집되는 대량의 환경 데이터와 사용자 데이터는 EU의 일반개인정보보호규정(GDPR)과 같은 엄격한 법규를 준수해야 한다. 작은 규정 위반이라도 제품 판매 금지나 고액의 벌금으로 이어질 수 있으며, 기업의 브랜드 평판에도 심각한 영향을 줄 수 있다.

또한 국제 정세의 불확실성 역시 중요한 리스크 요인이다. 무역 정책 변화, 지정학적 갈등 등 외부 환경의 변화는 시장 진입의 어려움을 높일 뿐만 아니라 공급망 비용 상승이나 공급망 단절로 이어질 가능성도 있다. 일부 국가에서 강화되는 무역 보호주의 정책과 기술 협력 제한 조치는 중국 기업들의 글로벌 사업 운영을 더욱 복잡하게 만들고 있다.

5.3.3. 윤리적 관심과 사회적 수용

로봇의 자율성이 점차 높아짐에 따라 이에 따른 윤리적·사회적 문제도 점점 더 중요하게 부각되고 있다. 특히 가장 중요한 과제 중 하나는 책임 소재의 문제이다. 자율적으로 의사결정을 수행하는 로봇이 사고를 일으키거나 피해를 발생시켰을 경우, 제조사, 개발자, 사용자 간의 법적 책임을 어떻게 구분할 것인지에 대해서는 아직 국제적으로 명확한 기준이 마련되지 않은 상황이다.

데이터 보안과 개인정보 보호 문제 역시 간과할 수 없는 중요한 리스크이다. 로봇은 서비스 과정에서 대량의 개인 생체 정보와 환경 데이터를 수집할 수 있기 때문에, 데이터 유출이나 오용이 발생할 잠재적 위험이 존재한다. 또한 휴머노이드 로봇의 도입은 일부 노동력 과잉 지역에서 고용 감소에 대한 우려를 야기하고 있으며, 이는 대중의 기술 수용성에 영향을 미칠 가능성이 있다.

이러한 상황은 기업들이 단순히 기술 개발에만 집중하는 것을 넘어, 사회적 논의에 적극적으로 참여하고 투명한 소통을 통해 인간–로봇 협력 모델을 발전시켜 나가야 함을 의미한다. 이를 통해 사회가 새로운 기술에 대해 보다 합리적이고 균형 잡힌 인식을 형성하도록 유도할 필요가 있다. 따라서 로봇 기업들이 글로벌 시장에서 지속 가능한 성장을 이루기 위해서는 운영 역량, 규제 준수(Compliance) 체계, 윤리적 리스크 대응 능력 등을 종합적으로 구축하는 것이 중요하다.

6

결론

6.1. 휴머노이드 산업의 핵심

6.2. 개발 제안

중국 휴머노이드 로봇: 유니트리, 애지봇, 유비테크, 갤봇, 케플러 등 사업 현황 및 기업 발전 보고서

CHAPTER

06 │ 결론

6.1. 휴머노이드 산업의 핵심

6.1.1. 2026년, 규모화 상용화의 임계점

기술 혁신을 추진력으로, 응용 시나리오를 구동력으로, 정책 지원을 기반으로 삼아 2026년은 중국 휴머노이드 로봇 산업이 다양한 분야에서 실제 상용화를 실현하는 중요한 전환점이 될 것으로 전망된다.

앞서 여러 차례 설명한 바와 같이 기술적 관점에서 로봇 시스템은 소프트웨어 알고리즘 구조에 따라 '뇌(Brain)'와 '소뇌(Cerebellum)'로 구분할 수 있다. '뇌'는 외부 환경을 인식하고 인간의 사고 과정을 모방하는 역할을 담당하며, '소뇌'는 생체 시스템을 모방하여 복잡한 동작과 운동 제어를 수행한다. 여기에 성숙한 공급망, 제조 역량, 비용 경쟁력을 바탕으로 중국은 로봇의 '신체'에 해당하는 하드웨어 영역에서 뚜렷한 강점을 보유하고 있다. 동시에 점점 더 고도화되는 '뇌' 기술은 로봇 산업의 도약적 발전을 이끌며 상용화를 위한 기반을 더욱 공고히 하고 있다.

응용 시나리오 측면에서 테슬라의 일론 머스크 CEO는 휴머노이드 로봇 기술이 성숙 단계에 도달할 경우 로봇과 인간의 비율이 2:1 또는 3:1에 이를 수 있다고 전망한 바 있다. 업계에서도 휴머노이드 로봇의 응용 전망을 매우 긍정적으로 평가하고 있으며, 그 사회적 영향력은 스마트폰이나 자동차와 같은 주요 기술 제품에 필적할 것으로 예상된다. 주요 응용 분야는 앞서 설명한 것처럼 산업용(Business end)과 소비자용(Consumer end)으로 구분할 수 있다.

Business end 응용 분야에서는 생산 공장의 환경이 비교적 안정적이고 작업 과정이 프로그램화되어 있기 때문에 휴머노이드 로봇이 가장 먼저 상용화될 가능성이 높은 영역으로 평가된다. 이미 상당한 상업적 잠재력이 확인되고 있으며, 대표적인 사례가 자동차 제조 공장이다. 휴머노이드 로봇은 인간 작업자를 보조하여 자재 운반, 복잡한 조립 작업, 품질 검사 등을 수행하거나 고위험·고강도 작업을 대신할 수 있다. 이러한 이유로 테슬라, 혼다, 샤오미, 샤오펑(XPeng), 비야디(BYD) 등 주요 자동차 제조사들이 휴머노이드 로봇 분야에 적극적으로 투자하고 있다.

Consumer end 응용 시나리오에는 교육, 엔터테인먼트, 가정 서비스 등이 포함되며, 이는 더욱 넓은 시장 잠재력을 제공한다. 삼성, 샤오미, OPPO, 화웨이, 비보(vivo) 등 여러 스마트 기기 제조사들도 이미 이 분야에 진출하고 있다. 특히 가정용 로봇 시장은 가장 복잡하면서도 동시에 가장 큰 잠재력을 지닌 분야로 평가되며, 가사 지원과 노인 돌봄 등 다양한 서비스 영역에서 활용 가능성이 높아 향후 소비자 시장의 새로운 블루오션으로 부상할 것으로 전망된다.

정책적 측면에서도 최근 몇 년간 중국 정부는 휴머노이드 로봇 산업 발전을 국가 전략 차원에서 적극적으로 추진하고 있다. 2025년 정부 업무 보고에서는 처음으로 '임바디드 AI(Embodied AI)'와 '휴머노이드 로봇'을 미래 산업 발전의 핵심 과제로 명시했다. 이에 따라 베이징, 상하이, 선전, 항저우, 청두 등 주요 도시들은 각 지역의 산업 기반과 인재 경쟁력을 바탕으로 휴머노이드 로봇 산업 육성을 위한 다양한 정책을 발표하고 있으며, 이를 통해 산업 규모 확대와 상용화를 가속화하고 있다.

[그림 6-1] 2025 WRC(세계 로봇 대회)

6.1.2. 휴머노이드 로봇 산업 생태계

최근 몇 년간 중국의 휴머노이드 로봇 산업은 정부의 정책 지원과 국가 전략, 주요 연구기관의 집중적인 연구, 그리고 관련 기업들의 기술 성장에 힘입어 빠르게 발전하고 있으며 산업 전반의 동력도 지속적으로 강화되고 있다. 제15차 5개년 규획(2026~2030년) 기간 동안 주요 기술적 병목이 돌파될 경우, 휴머노이드 로봇은 규모의 경제를 기반으로 한 대량 생산 단계에 진입하고 산업 생태계 역시 도약적인 성장을 맞이할 것으로 전망된다.

첫째, 중국의 휴머노이드 로봇 산업 공급망이 더욱 완비되고 자립성이 강화될 것으로 보인다. 중국은 토크 센서, 감속기, 모터 등 휴머노이드 로봇의 팔다리에 해당하는 핵심부품 분야에서 기존의 경쟁 우위를 더욱 공고히 하며 기술 발전 속도도 빨라질 것으로 예상된다. 동시에 산학연 협력이 심화되고 실제 고객 사용 과정에서 축적된 피드백이 반영되어, 휴머노이드 로봇의 '대뇌'와 '소뇌'에 해당하는 알고리즘 모델 분야에서도 지속적인 기술적 돌파가 이루어질 것으로 보인다. 이러한 과정에서 하이테크 기업, 유니콘 기업, 산업 선도 기업들이 다수 등장하며 휴머노이드 로봇의 대뇌, 소뇌, 팔다리를 아우르는 완전한 산업 공급망 생태계가 다른 국가에 비해 더욱 체계적으로 구축될 가능성이 크다.

둘째, 기존의 중국 제조 경쟁력을 기반으로 한 산업 클러스터가 본격적으로 형성될 것으로 전망된다. 중국의 제14차 5개년 규획 기간 동안 베이징과 상하이를 중심으로 로봇 산업 클러스터의 초기 구조가 이미 형성되었으며, 각 지역에서도 휴머노이드 로봇 산업 육성을 적극적으로 추진하고 있다. 베이징, 저장, 안후이 등 여러 성과 도시는 2025년 정부 업무 보고에서 휴머노이드 로봇 산업을 주요 발전 분야로 명시했다.

베이징시는 투자 성장 메커니즘을 구축하여 휴머노이드 로봇, 상업용 우주항공, 바이오 제조, 신소재, 미래 에너지 등 20개의 미래 산업을 중점적으로 육성하겠다는 정책 방향을 제시한 바 있다. 향후 제15차 5개년 규획 기간 동안 산업 생태계가 더욱 성숙하고 산업 조직 구조도 효율적으로 발전하면서 징진지 도시군(베이징-톈진-허베이), 장강삼각주 도시군(상하이·항저우·쑤저우 등), 웨강아오 도시군(광둥성-홍콩-마카오) 등을 중심으로 국제 경쟁력을 갖춘 휴머노이드 로봇 산업 클러스터가 형성될 것으로 전망된다.

6.1.3. 휴머노이드 로봇 응용 시나리오 확대

중국은 초대형 내수 시장과 풍부한 응용 시나리오를 기반으로 글로벌 휴머노이드 로봇 응용 분야에서 선도적 위치를 차지할 잠재력을 가지고 있다. 최근 몇 년간 중국에서는 휴머노이드 로봇의 시범 응용이 안정적으로 추진되어 왔으며, 제15차 5개년 계획(2026~2030년) 기간 동안 휴머노이드 로봇의 대량 생산과 비용 절감이 이루어질 경우 응용 시장 역시 폭발적인 성장 단계에 진입할 것으로 전망된다.

첫째, 인간과 휴머노이드 로봇의 협업을 기반으로 한 산업 응용이 더욱 심화될 것으로 보인다. 전통적인 산업용 로봇과 달리 휴머노이드 로봇은 보다 지능적인 대뇌와 소뇌 시스템, 그리고 유연한 팔다리 구조를 갖추고 있어 사람, 장비, 작업 환경과 더욱 효과적으로 상호작용하고 협력할 수 있다. 특히 운반, 검사, 유지보수 등 구조화된 제조 공정에서 휴머노이드 로봇의 활용 가능성이 높으며, 이는 맞춤형 생산과 유연 생산 체계 구축을 지원할 것으로 기대된다. 제15차 5개년 계획 기간 동안 전자정보 제조업, 자동차 제조업 등을 중심으로 휴머노이드 로봇의 산업 적용이 확대되고 보급률도 지속적으로 높아질 것으로 예상된다. 또한 다양한 인간-로봇 협업 시범 작업장과 시범 공장이 구축될 것으로 전망된다.

둘째, 서비스 분야에서의 휴머노이드 로봇 응용도 빠르게 확대될 것으로 예상된다. 휴머노이드 로봇의 신뢰성과 멀티모달 인간-로봇 상호작용 능력이 지속적으로 향상됨에 따라 의료, 교육, 문화 관광, 가사 서비스 등 다양한 서비스 산업에서 활용 가능성이 커지고 있다. 앞으로 휴머노이드 로봇 교사, 휴머노이드 로봇 간병인 등 새로운 형태의 서비스 직무가 등장할 가능성도 있다. 또한 '휴머노이드 로봇 + 실버 이코노미(고령자 경제)', '휴머노이드 로봇 + 스포츠' 등 다양한 신산업 모델과 비즈니스 형태가 지속적으로 등장할 것으로 전망된다.

[그림 6-2] ZhongQing(众擎人形)의 'PM01'모델이 스키를 배우는 장면

6.1.4. 중국 휴머노이드 로봇 공급망 현지화율 60%, 2030년 90% 목표

최근 몇 년간 중국의 휴머노이드 로봇 공급망은 빠르게 성숙해지고 산업 생태계도 점차 완비되면서 국내 휴머노이드 로봇 산업의 상·하류 간에 '클러스터 효과'가 형성되고 있다. 광둥성 선전을 사례로 보면 로봇 제조 기업들의 공급망 현지화 비율은 이미 60%를 넘어섰다. 특히 선전 난산구(南山区)에는 휴머노이드 로봇 산업과 관련된 기업 및 기관이 200여 곳 이상 밀집해 있다.

모건스탠리(Morgan Stanley)가 최근 발표한 '글로벌 휴머노이드 로봇 Top 100' 목록에서도 중국 기업의 비중은 3분의 1을 넘어섰으며, 이 가운데 선전 소재 기업만도 7개가 포함되었다. 여기에는 휴머노이드 로봇 완성 제품 기업뿐만 아니라 로봇 신체의 '순환 시스템'에 해당하는 핵심 솔루션을 제공하는 기업들도 포함되어 있다.

감속기, 센서, 정밀 구조 부품 등 다양한 핵심부품 분야에서 중국 로컬 공급망의 효율적인 협력 구조는 휴머노이드 로봇 산업 생태계 내 구성원 간의 협력 효과를 강화하는 데 기여하고 있다. 이러한 협력 구조는 중국이 관련 산업의 기술적 제약을 극복하는 데 도움을 주며, 휴머노이드 로봇의 규모화된 상용화를 가속하는 중요한 동력이 되고 있다.

중국 공업정보화부(MIIT)는 2020년 초 휴머노이드 로봇 핵심부품의 국산화율을 2025년까지 60% 이상으로 높이겠다는 목표를 제시한 바 있다. 실제 산업 데이터에 따르면 감속기, 모터, 배터리, 구조 부품 등 주요 분야에서 기술 발전이 빠르게 이루어져 2025년 기준 약 60~70% 수준에 도달한 것으로 추정된다. 특히 하모닉 감속기, 서보 모터, 리튬 배터리, 일반 구조 부품 등은 국산화율이 80~90%에 달해 상당 부분 자체 공급이 가능해졌다.

다만 플래닛 롤러 스크류(행성 롤러 스크류)의 국산화율은 약 19% 수준에 머물러 있으며, 고정밀 6축 힘/토크 센서의 경우 하이엔드 제품의 약 80%가 여전히 수입에 의존하고 있다.

최근 발표된 중국 제15차 5개년 계획(2026~2030년) 기간 동안 기술적 난관이 해결되고 산업 클러스터 효과가 극대화될 경우 대부분의 핵심부품 분야에서 국산 대체가 더욱 가속화될 것으로 전망된다. 특히 플래닛 롤러 스크류, 고성능 센서, 제어 칩 등 핵심 기술 영역에서 대규모 국산화가 이루어진다면 2030년까지 국산화율을 80% 이상, 최대 90% 수준까지 끌어올릴 수 있다는 것이 중국 정부의 목표이다.

또한 공급망의 고도화와 규모의 경제가 실현될 경우 중국 휴머노이드 로봇의 단가도 크게 낮아질 것으로 예상된다. 업계에서는 향후 휴머노이드 로봇의 가격이 대당 2만 달러 이하, 즉 약 10만~15만 위안 수준까지 낮아질 가능성을 제시하고 있으며, 이는 대중화와 대량 생산을 가속하는 중요한 요인이 될 것으로 전망된다.

[그림 6-3] 중국 선전(深圳) 로봇 밸리[114]

---

114) https://www.nfnews.com/content/1y0qj5Yv3B.html

[그림 6-4] 중국 상하이(上海) 로봇 밸리

6.2. 개발 제안

6.2.1. 기술 혁신 및 연구 개발 시스템 구축 측면

'국가 연구소 + 선도 기업 + 응용 시나리오'를 결합한 개방형 혁신 컨소시엄을 구축하고 공통 핵심 기술의 병목 돌파에 집중할 필요가 있다. 휴머노이드 로봇은 다학제적 융합이 요구되는 분야로, 개별 기업이나 대학만으로 체계적인 기술 돌파를 이루기 어렵다. 따라서 국가 차원에서 주요 대학의 기초 연구 역량, 국가 연구기관의 시험·검증 플랫폼, 선도 기업의 공학적 개발 능력, 그리고 자동차·전자 제조 대기업 등 주요 산업 사용자들의 실제 응용 수요를 통합하여 비영리 혁신 플랫폼을 공동 구축하는 것이 바람직하다. 해당 플랫폼은 고역동성 모션 제어 알고리즘, 바이오닉 인지와 액추에이터, 기계 햅틱스, 로봇용 멀티모달 대형 모델, 실시간 안전 운영체제 등 핵심 공통 기술에 집중하여 장기적이고 안정적인 공동 연구를 수행해야 한다. 또한 플랫폼에서 창출된 지적 재산권은 공유 라이선스 체계를 통해 회원 기업과 산업 체인 전반에 개방함으로써 혁신 진입 장벽과 중복 투자 위험을 줄일 수 있다. 이러한 모델은 Manufacturing USA의 성공 사례처럼 기초 연구와 산업 응용을 효과적으로 연결하는 역할을 수행할 수 있다.

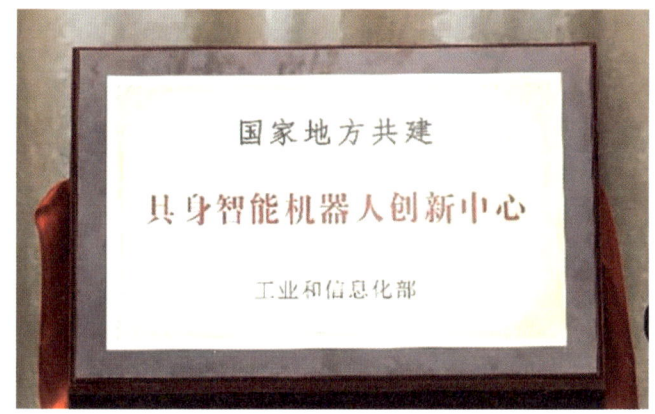

[그림 6-5] 중국의 중앙·지방 공동 구축 임바디드 AI 로봇 혁신센터 현판 수여

또한 '공개 공모'와 '마일스톤 기반 자금 지원'을 결합한 연구 개발 자금 모델을 도입하여 목표 관리와 성과 중심의 연구 개발 체계를 강화해야 한다. 휴머노이드 로봇과 같은 전략 산업에서는 기존의 과학기술 연구 자금 지원 방식이 연구 주기 불일치나 경직된 평가 구조 등의 한계를 드러낼 수 있다. 따라서 정부 과학기술 부처는 특정 기술 목표를 중심으로 한 연구 과제를 공개 모집하고 기업, 대학, 컨소시엄이 참여하는 방식의 경쟁 입찰 구조를 도입하는 것이 필요하다. 자금은 단계적으로 지급되며 각 단계는

시뮬레이션 검증, 실험실 프로토타입 테스트, 소규모 현장 시험 등 사전에 설정된 기술 이정표 달성 여부와 연계되어야 한다. 또한 객관적인 평가를 위해 제3자 전문 기관을 활용하는 것이 바람직하다. 이러한 방식은 시장 수요를 연구 개발 과정에 직접 반영하여 연구 효율성과 기술 상용화 전환율을 크게 높일 수 있다.

대학 차원에서는 학제 간 연구와 실무형 인재 양성을 강화하고 '로봇공학' 분야의 학제 간 박사과정과 산업 멘토 제도를 구축해야 한다. 현재 기계공학, 전자공학, 인공지능 알고리즘, 시스템 통합 등을 모두 이해하는 융합형 인재 부족은 산업 발전을 제약하는 핵심 요인 중 하나이다. 교육 당국은 주요 대학이 지능형 로봇공학 또는 임바디드 인텔리전스 분야의 학제 간 전공을 개설하고 독립적인 학위 과정을 운영하도록 장려해야 한다. 교육과정은 기계 설계, 제어 이론, 컴퓨터 과학, 인지 과학 등을 통합한 체계적인 커리큘럼을 포함해야 한다. 동시에 대학원생 지도에는 '이중 멘토 제도'를 적용하여 산업 현장의 선임 엔지니어나 기술 리더가 지도팀에 참여하도록 하고 연구 주제가 실제 산업 문제에서 출발하도록 보장해야 한다. 기업 역시 교육과정 설계에 참여하고 인턴십 프로그램과 실습 환경을 제공하며 장학금 제도를 마련하는 등 인재 양성에 적극적으로 참여할 필요가 있다.

6.2.2. 산업 생태학 및 상업화 경로

기초 공통 기술, 핵심 기술, 제품 성능, 안전 및 윤리를 포괄하는 종합적인 표준 체계 구축을 가속화하고 국제 표준 제정에도 적극적으로 참여해야 한다. 표준은 산업 성숙도와 규모 확대의 중요한 전제 조건이다.

중국 국가표준화국과 공업정보화부의 지도하에 산업 협회, 선도 기업, 시험 기관이 협력하여 다음과 같은 표준 개발을 우선으로 추진할 필요가 있다.

첫째, 관절 모듈의 기계·전기·통신 인터페이스 통합 등 하드웨어 인터페이스 및 통신 프로토콜 표준을 마련하여 모듈화 생산과 부품 교환성을 촉진한다. 둘째, 성능 시험 및 평가 기준을 구축하여 과학적이고 반복 가능한 시험 환경을 마련하고 이동성, 작업 정확도, 작업 완료율 등의 핵심 지표를 체계적으로 평가할 수 있도록 한다. 셋째, 네트워크 공격이나 부품 고장 상황에서도 로봇이 안전하게 작동할 수 있도록 정보 보안 및 기능 안전 표준을 마련한다. 넷째, 인간-로봇 상호작용과 관련된 윤리 및 안전 가이드라인을 수립한다. 또한 중국의 전문가와 연구기관이 국제전기기술위원회(IEC), 국제표준화기구(ISO)와 같은 국제 표준화 기구에서 보다 중요한 역할을 수행하도록 장려하고, 국내에서 축적된 기술과 산업 경험을 국제 표준으로 확장하여 글로벌 산업에서의 발언권을 강화해야 한다.

한편, '로봇 서비스(Robot as a Service, RaaS)'와 같은 새로운 비즈니스 모델을 적극적으로 도입하여 사용자의 초기 투자 부담을 낮추고 시장 확산을 촉진할 필요가 있다. 특히 중소기업과 같은 잠재 사용자에게는 초기 로봇 도입 비용이 높아 시장 확대의 장애 요인이 될 수 있다. 클라우드 컴퓨팅과 공유경제 모델의 성공 사례를 참고하여 서비스형 로봇 모델을 도입하면 사용자는 로봇을 직접 구매할 필요 없이 실제 작업 수행량(예: 처리된 팔레트 수, 조립된 부품 수)이나 사용 시간에 따라 비용을 지불할 수 있다. 로봇의 소유권, 유지보수, 업그레이드, 소프트웨어 서비스는 전문 로봇 운영 서비스 기업이 담당한다. 이러한 모델은 기업의 자본 지출(CapEx)을 운영 비용(OpEx)으로 전환하여 시행착오 비용과 재무 위험을 크게 줄이고 더 많은 기업이 로봇을 활용할 수 있도록 하는 기반을 제공한다.

또한 명확한 투자 수익률(ROI)을 가진 Business end 응용 시나리오에서 벤치마크 시범 프로젝트를 구축하여 복제 가능하고 확산 가능한 솔루션 모델을 형성하는 것이 중요하다. 프로젝트 성공의 핵심은 로봇 성능 검증뿐 아니라 공정 적응, 인간-로봇 협업 프로세스, 설치 및 시운전, 장기 운영 및 유지보수 등 종합적인 솔루션 체계를 구축하는 데 있다. 이러한 성공 사례는 산업 컨퍼런스, 백서 등 다양한 방식으로 확산되어 실제 성과를 통해 산업 전반의 신뢰를 높일 수 있다. 시장 초기 단계에서는 로봇의 상업적 가치를 가장 잘 보여줄 수 있는 다음 세 가지 산업 분야에 우선 집중하는 것이 바람직하다.

첫째, 자동차 제조업의 최종 조립 및 품질 검사 공정이다. 이 분야는 자동화 기반이 이미 잘 구축되어 있고 공정 표준화 수준이 높아 휴머노이드 로봇 도입에 유리한 환경을 갖추고 있다. 둘째, 3C 전자 산업의 정밀 조립 및 테스트 공정이다. 이 분야는 노동력 수요가 많고 작업 정밀도에 대한 요구가 높아 로봇 활용을 통한 효율 향상 가능성이 크다. 셋째, 전자상거래 물류 창고에서의 고위 선반 피킹 작업과 특수 형태 화물의 운반 작업이다. 정부는 산업 선도 기업과 로봇 기업이 협력하여 여러 개의 '등대 공장(Lighthouse Factory)' 또는 '스마트 물류 창고' 시범 프로젝트를 공동 구축할 수 있다.

또한 범용 로봇 플랫폼과 산업별 수요를 연결하기 위해 전문화된 시스템 통합업체와 솔루션 제공업체 중심의 산업 생태계를 육성해야 한다. 휴머노이드 로봇은 범용 플랫폼으로서 다양한 산업 분야에서 응용될 수 있지만 로봇 기업이 모든 산업 지식을 동시에 확보하기는 어렵다. 따라서 반도체, 제약, 농업 등 특정 산업 분야에 특화된 시스템 통합업체와 솔루션 제공업체를 적극적으로 육성할 필요가 있다.

이들은 산업 현장의 문제점을 정확히 파악하고 범용 로봇 플랫폼을 기반으로 한 2차 개발을 수행하게 된다. 예를 들어 특정 산업에 맞는 전용 엔드 이펙터를 개발하거나 산업 공정에 맞춘 소프트웨어 패키지를 설계하고 현장 통합, 교육, 장기적인 운영 및 유지보수 서비스를 제공하는 역할을 담당한다. 정부는 자격 인증 제도, 공공 조달 우대 정책, 세제 혜택 등을 통해 이러한 기업들의 성장을 지원할 수 있다. 건강한 산업 생태계는 플랫폼 기업이 핵심 기술 혁신과 범용 제품 개발에 집중하고 시스템 통합업체와 솔루션 제공업체가 산업별 응용 분야를 심화하며 최종 사용자는 맞춤형 자동화 서비스를 제공받는 구조로 형성되는 것이 바람직하다.

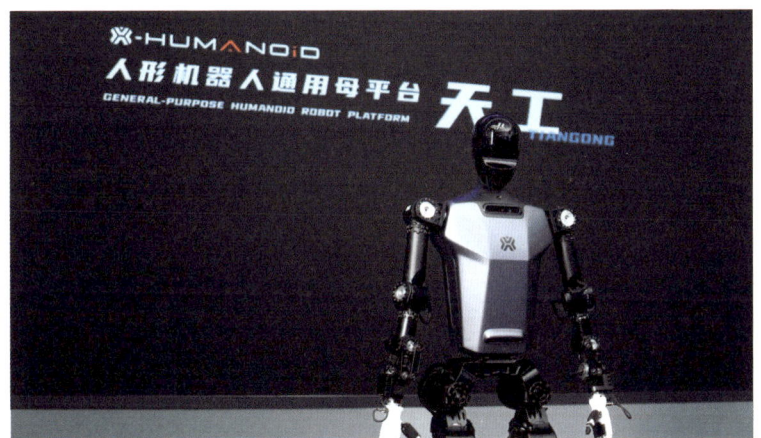

[그림 6-6] '天工' 1.1 PRO

6.2.3. 정책 환경 및 리스트 관리 측면

휴머노이드 로봇과 같은 혁신 기술의 발전을 지원하기 위해서는 미래 지향적이고 포용적인 산업 정책과 규제 체계를 마련할 필요가 있다. 이러한 기술 분야에서는 규제가 지나치게 늦어질 경우 혁신을 저해할 수 있고, 반대로 아무런 관리 없이 방치할 경우 사회적 위험이 발생할 수 있다. 따라서 발전과 안전 사이의 균형을 유지하기 위해 핀테크 분야에서 활용된 '규제 샌드박스(Regulatory Sandbox)' 제도를 참고하여, 특정 지역이나 특정 응용 환경에서 실험적 적용을 허용하는 방안을 고려할 수 있다. 예를 들어 중국 국가급 신구(新区)나 첨단 기술 산업단지, 또는 폐쇄형 공장 단지나 지정된 노인 복지 시설 등에서 '휴머노이드 로봇 혁신 응용 시험 구역'을 조성할 수 있다. 이러한 시험 구역에서는 기본적인 안전 기준을 충족하는 조건하에 기업들이 새로운 기술과 비즈니스 모델을 실제 환경에서 시험할 수 있도록 허용하고, 규제 기관과 기업이 긴밀히 협력하여 위험 요소를 모니터링하고 평가함으로써 향후 정식 규제 체계를 단계적으로 구축할 수 있다.

또한 국가 차원의 로봇 안전 시험·인증 및 모니터링 플랫폼을 구축하여 상용 제품에 대해 강제 인증과 자율 인증을 결합한 안전 인증 제도를 도입할 필요가 있다. 안전성은 휴머노이드 로봇이 사회에서 널리 사용되기 위한 가장 중요한 전제 조건이다. 소비자 보호와 시장 신뢰 확보를 위해 국가 로봇 검사 및 평가 기관과 같은 권위 있는 기관을 중심으로 기계 안전, 전기 안전, 기능 안전, 정보 보안, 인간-로봇 상호작용 안전 등 다섯 가지 핵심 영역을 포괄하는 국가 차원의 시험 및 인증 체계를 구축해야 한다. 특히 의료 보조나 공공 서비스와 같이 공공 안전이나 개인 안전과 직접적으로 관련된 분야에서는 관련 제품에 대해 강제 인증 제도를 적용하여 인증을 획득한 제품만 시장에서 판매될 수 있도록 해야 한다. 동시에 해당 플랫폼은 제품 운영 과정에서 발생하는 안전 데이터를 수집·모니터링하는 체계를 구축하여 사물인터넷(IoT)을 통해 실제 배치된 로봇의 주요 안전 상태를 원격으로 관리하고 사고 분석, 위험 경보, 제품 개선을 위한 데이터 기반을 제공할 수 있다.

한편, **사회 전반에서 과학기술 윤리에 대한 논의와 대중 교육을 강화하여 휴머노이드 로봇의 사회적 역할에 대한 합리적인 공감대를 형성하는 것도 중요하다.** 기술 발전 속도가 사회적 인식이나 윤리적 기준의 변화 속도보다 빠를 경우 대중의 오해나 불안, 심지어 기술에 대한 거부감이 발생할 수 있다. 건강한 산업 발전 환경을 조성하기 위해서는 대중이 단순한 기술 수용자가 아니라 기술 발전과 사회적 거버넌스에 참여하는 주체가 되도록 유도하는 것이 중요하다. 이를 위해 정부, 학계, 언론, 기업이 협력하여 지속적이고 투명한 공공 소통을 추진해야 한다. 예를 들어 과학 강연, 공개 행사, 다큐멘터리 제작 등을 통해 휴머노이드 로봇의 기술 수준과 한계, 잠재적 가치를 대중에게 설명할 수 있다. 또한 철학, 사회학, 법학 등 다양한 학문 분야가 참여하는 학제 간 토론을 통해 로봇 기술이 가져올 수 있는 고용, 개인정보 보호, 책임 문제, 사회적 공정성 등 윤리적·사회적 쟁점에 대해 심층적으로 논의할 필요가 있다.

마지막으로 핵심 공급망의 안정성을 확보하기 위해 다원화되고 탄력적인 공급망 체계를 구축하여 공급 중단 위험을 예방해야 한다. 산업 안전은 기술 자립의 중요한 기반이며, 공급망 안정성 확보를 국가 전략 산업의 중요한 평가 요소로 포함시킬 필요가 있다. 현재 중국의 공급망 국산화 수준이 지속적으로 높아지고 있지만 일부 고급 반도체, 특수 베어링 및 밀봉 소재, 산업용 소프트웨어 등은 여전히 해외 의존도가 존재한다. 이를 해결하기 위해 첫째, 핵심부품과 소재에 대한 목록 관리와 실시간 공급 위험 모니터링 체계를 구축해야 한다. 둘째, 국가 차원의 산업 투자 기금을 조성하여 공급망 병목 구간의 국산화 연구 개발과 생산 능력 확대를 지원하고 기존 기술 경로와 다른 혁신적 기술 개발을 장려함으로써 기술 추격을 가속화할 필요가 있다. 셋째, 개발도상국과의 기술 협력 및 공급망 협력을 확대하여 공급망이 특정 지역에 과도하게 집중되는 위험을 줄이고 산업 안정성을 강화해야 한다.

6.2.4. 주요 특소 소재의 글로벌 공급 제한과 대체제 개발

휴머노이드 로봇의 대량 생산에 있어 가장 큰 병목 현상을 일으키거나 공급이 부족할 수 있는 우려가 있는 지하자원 및 핵심 소재 리스트에 대한 준비도 중요하다. 향후 휴머노이드 로봇의 기술적 문제 외에 이를 로봇 산업의 핵심부품에 반드시 들어가는 주요 지하자원의 공급 혹은 지하자원의 대체가 이뤄지지 않으면 쉽게 대량 생산 체제를 구축하기 힘들 것이다.

특히, 베릴륨 구리 합금(BeCu), 코발트-크롬-몰리브덴 합금(CoCrMo), 그리고 탄탈럼(Ta)은 각각 로봇의 정밀 센서/커넥터, 고내구 관절/인공 근육, 초소형 고용량 커패시터에 필수적인 전략 광물들이다. 이 세 가지 소재는 생산량이 극히 제한적이거나 채굴 및 정제 과정이 매우 복잡하여, 휴머노이드 로봇이 수백만 대 단위로 생산될 경우 가장 먼저 공급난(Shortage)이 발생할 가능성이 높은 자원이다. 이 외에도 희토류, 리튬, 니켈, 구리 등도 휴머노이드 로봇 생산과 직접적인 관계가 있다.

■ 베릴륨(Beryllium, Be)→베릴륨 구리 합금(BeCu)

베리륨 구리합금은 휴머노이드 로봇 내 정밀 커넥터 및 스프링에 사용된다. 이는 로봇의 신경계인 배선 연결부에서 피로 강도가 높고 탄성이 뛰어나야 하는 부품이다. 이 소재는 우선 비자성(Non-magnetic) 의 특징을 가져야 한다. 모터의 자기장을 방해하지 않으면서 전기를 통해야 하는 센서 하우징 및 도구로 사용된다. 둘째, 방열이 뛰어나다. 베릴륨은 열전도율이 구리보다 높고 방열공능이 좋아 고성능 프로세서나 모터의 방열판으로 사용된다. 그러나 전 세계 베릴륨 매장량의 대부분이 미국(유타주)과 중국에 집중되어 있으며, 실제 채굴 및 정제는 미국(Materion 사 등)이 압도적 점유율을 보인다. 베릴륨 분진은 흡입 시 만성 베릴륨증이라는 치명적인 폐질환을 유발하여 채굴 및 가공 시설의 환경 규제가 매우 엄격하다. 이로 인해 신규 광산 개발이 사실상 불가능에 가까울 정도로 어렵다. 이를 대체할 소재를 연구하고 있지만 '고강도', '고전도', '비자성', '내피로성'을 만족하는 대체 합금이 현재로서는 개발되거나 발견되지 않았다.

■ 코발트(Cobalt, Co), 크롬(Cr), 몰리브덴(Mo)→ 코발트-크롬-몰리브덴 합금(CoCrMo)

코발트-크롬-몰리브덴 합금은 휴머노이드 로봇에서 고하중 관절(Joint Bearings)에 들어가는 중요 소재이다. 인간의 무릎이나 고관절 인공 삽입물에 쓰이는 것과 동일하게, 로봇이 넘어지거나 충격을 받을 때 마모되지 않는 고내구성 베어링 및 기어 소재로 사용된다. 이 재료는 우선 내식성 및 내열성이 뛰어나야 한다. 이는 땀(습기)이나 외부 환경에 노출되어도 부식하지 않으며, 모터의 고열에서도 강도가 유지되어야 하기 때문이다.

그러나 이 소재 역시 세계적으로 공급이 원활하지 않다. 이 합금의 핵심인 코발트는 전 세계 생산의 약 70% 이상이 콩고민주공화국(DRC)에서 나온다. 정치적 불안정, 아동 노동 윤리 문제, 인프라 부족으로 공급이 매우 불안정하다. 동시에 코발트는 전기차 배터리 수요와도 직접적으로 관계가 있어, 로봇 산업까지 합세하면 수요 증가로 인한 공급 부족과 가격 폭등이 동시에 예상된다. CoCrMo 합금은 경도가 매우 높아 가공(Cutting/Grinding)이 어렵고 비용이 많이 들어 대량 생산 시 제조 단가를 급격히 올리는 요인이 되기도 한다. 코발트 역시 이 특징을 가진 대체 소재를 찾기 어렵고 CoCrMo 합금을 대체할 소재 역시 아직은 없다.

■ 탄탈럼(Tantalum, Ta)

탄탈럼은 휴머노이드 로봇의 핵심 기술 중 하나인 초소형 고용량 전력 공급을 위해 꼭 필요한 소재이다. 로봇의 제어 보드, AI 프로세서, 통신 모듈 등에 전원 공급의 안정성을 위해 필수적이고 알려진 바로는 부피 대비 전기 저장 능력이 가장 뛰어난 소재이다. 로봇 내부의 복잡한 회로에서 신뢰성이 요구되는 부분에 사용되고 있다. 탄탈럼은 글로벌 공급이 원활하지 않으며 기존의 시장 수요를 맞추기도 어려운 상황이다.

탄탈럼의 원광인 콜탄(Columbite-Tantalite)은 주로 콩고민주공화국, 르완다 등 아프리카 중부 지역에서 채굴되며, 무장 세력의 자금원이 되는 경우가 많아 '분쟁 광물'로 지정되어 있다. 이에 따라 글로벌 기업들의 조달에 엄격한 실사(Due Diligence)가 요구되며 공급 경로가 제한적이다. 탄탈럼은 주석(Sn) 채굴의 부산물로 나오는 경우가 많아, 주석 수요에 따라 공급량이 좌우되는 수동적인 공급 구조를 가진다. 휴머노이드 로봇 수요가 늘어도 탄탈럼만 따로 증산하기 어려운 상황이다. 동시에 기존 전자제품에 소량씩 분산되어 사용되어 회수 및 재활용 비율이 매우 낮다.

■ 희토류(Rare Earth Elements)

휴머노이드 로봇은 수십 개의 고출력 서보 모터를 사용하며, 이 모터의 핵심인 네오디뮴 자석(NdFeB) 제조에 희토류가 필수적으로 들어간다. 네오디뮴(Neodymium, Nd)은 고성능 영구자석의 주원료로, 로봇의 강력하고 작은 모터를 만드는 데 절대적으로 필요한 소재이다.

희토류이외에도 네오디뮴 자석에는 디스프로슘(Dysprosium, Dy) & 테르븀(Terbium, Tb)이 첨가되어 고온에서도 모터가 성능을 유지 가능하다. 산업용 로봇이나 휴머노이드 로봇이 움직이며 열이 발생할 때 모터가 망가지지 않게 하려면 반드시 필요하다. 희토류의 전 세계 공급의 대부분을 중국이 장악하고 있어 수급 불안정성이 높다.

■ 리튬(Lithium, Li) & 니켈(Nickel, Ni)

휴머노이드 로봇이 인간의 동작을 모방하며 장시간 작동하려면 고용량 배터리가 필요하다. 고성능 리튬이온 배터리 또는 차세대 전고체 배터리의 양극재 소재로 사용되고 있다. 로봇의 무게 중심과 직결되므로 에너지 밀도가 높은 니켈계 배터리 수요가 급증할 것으로 예상된다. 전기차 시장의 급성장으로 인해 이미 수요가 공급을 앞지르는 상황이 자주 발생하고 있다.

■ 구리(Copper, Cu)

휴머노이드 로봇 내부의 수많은 모터 권선, 배선, 전력 전송 시스템에 대량으로 소요된다. 휴머노이드 로봇 한 대당 일반 가전제품보다 훨씬 많은 구리가 들어가고 있다. 전 세계적으로 광산 개발 지연과 노후화로 인해 장기적인 공급 부족(Deficit)이 예상되는 대표적인 자원이다. 동시에 구리는 거의 모든 전기 전자 사업에 사용되고 있고 지속적인 원가 상승으로 인해 향후 휴머노이드 로봇 원가에도 영향을 미칠 것이다.

〈표 6-1〉 베릴륨구리, 코발트-크롬-몰리브덴, 탄탈럼의 대량 생산 영향 분석

자원(합금)	핵심 기능	주요 공급국/지역	대량 생산 시 예상 리스크	대체 가능성
베릴륨 구리 (BeCu)	정밀 스프링, 비자성 커넥터, 방열	미국, 중국, 카자흐스탄	매우 높음. 환경 규제와 독성 문제로 증산 불가. 가격 급등 확실.	낮음(특수 목적용)
코발트 - 크롬 - 몰리브덴 (CoCrMo)	고내구 관절, 베어링, 기어	코발트: 콩고(DRC) 몰리브덴: 중국, 칠레	높음. 코발트의 윤리적/지정학적 리스크. 전기차와의 원료 경쟁.	중간(세라믹 등 연구 중)
탄탈럼 (Ta)	초소형 커패시터, 전원 안정화	콩고(DRC), 르완다, 브라질	높음. 분쟁 광물 규제와 부산물 채굴 특성으로 수급 유연성 부족.	중간(알루미늄 전해 콘덴서 등 but 성능 저하)

부록
주요 유형별 기업 소개

기존 선도 기업

스타트업 기업

이종 산업 참여 기업

네이티브 로봇 제조업체

중국 휴머노이드 로봇: 유니트리, 애지봇, 유비테크, 갤봇, 케플러 등 사업 현황 및 기업 발전 보고서

부록 │ 주요 유형별 기업 소개

【기존 선도 기업】

(1) UBITECH[115]

UBTECH(优必选科技)는 2012년 3월에 설립된 기업으로 휴머노이드 로봇 분야의 선도 기업이자 지능형 서비스 로봇 산업을 이끄는 대표 기업이다. "지능형 로봇을 모든 가정에 보급하여 인간의 생활 방식을 더욱 편리하고 지능적이며 인간 친화적으로 만든다"는 비전을 바탕으로 휴머노이드 로봇 전반에 걸친 풀스택 기술 체계를 구축하였다. 이를 기반으로 지능형 서비스 로봇 솔루션의 연구 개발, 설계, 지능형 생산, 상용화 응용을 추진하고 있으며 다양한 산업 분야의 기업용 및 소비자용 응용 시나리오를 포괄하고 있다. 2023년 12월 29일 UBTECH(주식 코드 9880.HK)는 홍콩 증권거래소 메인보드에 상장하였다.

UBTECH는 전 세계적으로도 드물게 휴머노이드 로봇의 풀스택 기술 역량을 보유한 기업 중 하나이다. 주요 기술에는 업계를 선도하는 휴머노이드 로봇 하드웨어 및 제어 기술(로봇 모션 계획 및 제어 기술, 고성능 서보 드라이버), 인공지능 기술(바이오닉 대뇌, 바이오닉 소뇌), 로봇과 인공지능 융합 기술(SLAM 및 자율 기술, 비전 기반 서보 조작 및 인간-로봇 상호작용), 그리고 로봇 운영체제 응용 프레임워크 ROSA 2.0 등이 포함된

---

115) 优必选기업소개https://www.ubtrobot.com/cn/about/company-profile#briefIntroduction

다. 또한 이 회사는 소형 토크에서 대형 토크에 이르기까지 다양한 서보 드라이버를 대량 생산할 수 있는 세계적으로 드문 기업 중 하나이다.

UBTECH가 자체 개발한 휴머노이드 로봇 'Walker'는 중국 최초의 상용화된 실제 인간 크기의 이족 보행 휴머노이드 로봇이다. 2024년 6월 말 기준 UBTECH의 풀스택 기술은 로봇 및 인공지능 관련 특허 2450여 건을 보유하고 있으며 그중 450건 이상이 해외 특허이다. 발명 특허 비중은 약 60%에 달하며 휴머노이드 로봇 분야 유효 특허 수는 세계 1위를 기록하고 있다.

UBTECH는 휴머노이드 로봇 핵심 기술에 대한 지속적인 연구 개발을 통해 산업 제조, 상업 서비스, 가정용 동반 서비스라는 세 가지 주요 응용 분야에 집중하고 있다. 이를 통해 휴머노이드 로봇의 실제 산업 적용을 가장 먼저 실현한 기업 중 하나로 평가받고 있으며 전 세계에서 유일하게 여러 자동차 제조 기업과 협력을 공식 발표한 휴머노이드 로봇 기업이기도 하다. 특히 산업용 휴머노이드 로봇 'Walker S' 시리즈는 현재 세계에서 가장 많은 자동차 제조 공장에서 실습 및 테스트에 활용되고 있다.

또한 UBTECH는 자체 개발한 휴머노이드 로봇 풀스택 기술을 기반으로 지능형 로봇을 플랫폼으로 활용하고 인공지능 기술을 핵심으로 하여 인공지능 교육, 스마트 물류, 스마트 헬스케어, 상업 서비스 등 다양한 산업 분야에서 "하드웨어 + 소프트웨어 + 서비스 + 운영"을 결합한 지능형 서비스 로봇 솔루션을 제공하고 있다. 이러한 기술 혁신을 통해 사회의 주요 문제 해결과 다양한 사회적 수요 충족에 기여하고 장기적으로 지속 가능한 사회적 가치를 창출하는 것을 목표로 한다.

优必选
UBTECH

[그림 1] UBTECH 기업 로고

〈표 1〉 UBTECH 휴머노이드 로봇 제품 시리즈 소개

분류	제품명 및 이미지		
산업용 휴머노이드	Walker S2	Walker S1	Walker S

상업용 휴머노이드	Walker C	Walker X	
			—
기타	휠형 휴머노이드 Cruzr S2	판다 로봇 Youyou	
		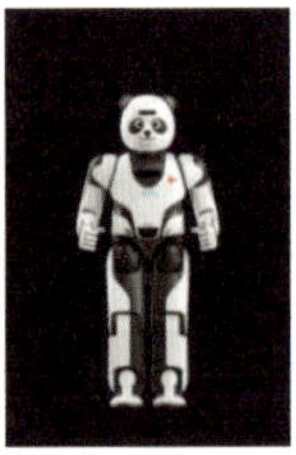	—

출처: UBTECH 공식 홈페이지

(2) LEJU Robot[116]

LEJU Robot(乐聚机器人)은 로봇 핵심 공통 기술 연구와 지능형 로봇 제품의 연구 개발 및 생산에 주력하는 첨단 기술 기업이다.

2016년 하얼빈공업대학(HIT) 출신 연구자들이 로봇 산업에 대한 비전을 바탕으로 창업 열풍 속에서 회사를 설립하였다. 창립 이후 텐센트(Tencent), 선전창업투자(深创投), 홍타이펀드(洪泰基金) 등 주요 투자 기관으로부터 전략적 투자를 유치했으며, 2019년 중국 잠재 유니콘 기업으로 선정되고 'Rongzi China 2019 중국 최고의 벤처 투자 사례 TOP10'에 포함되었다.

현재 LEJU Robot은 다양한 지능형 로봇 제품과 관련 파생 제품을 출시했으며, 로봇 기술을 과학 연구 및 교육, 스마트 의료, 중량 운송, 스마트 홈, 산업 제조 등 다양한 분야에 적용하는 데 집중하고 있다. 또한 화웨이 클라우드, 하이얼, 중국이동통신, 장쑤 헝통 등 여러 산업 선도 기업과 전략적 협력 관계를 구축하고 있다.

특히 'Aelos' 소형 이족 보행 휴머노이드 로봇은 평창 동계올림픽 폐막식의 '베이징 8분' 공연에서 중국 인공지능 기술을 대표하는 사례로 등장하였다. 2019년 8월에는 당시 중국 국무원 총리였던 리커창이 LEJU Robot을 방문해 기업의 기술 연구 성과를 높이 평가하며 핵심 기술 역량을 지속적으로 확보할 것을 강조한 바 있다.

---

116) 乐聚 – 人形机器人产业化领跑者 https://www.lejurobot.com/zh/about-us/company-introduction

[그림 2] LEJU Robot 기업 로고

〈표 2〉 Leju Robot 휴머노이드 로봇 제품 소개

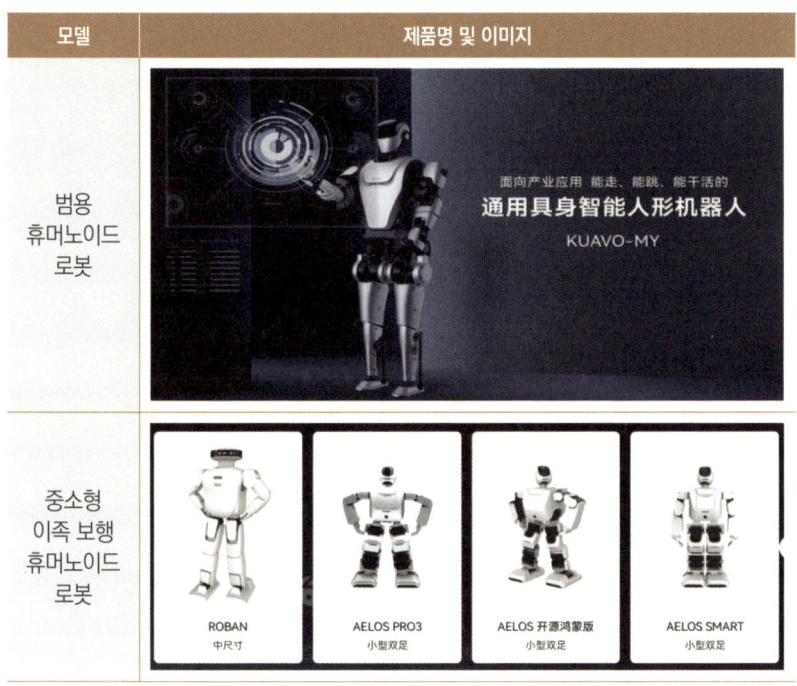

모델	제품명 및 이미지
범용 휴머노이드 로봇	面向产业应用 能走、能跳、能干活的 通用具身智能人形机器人 KUAVO-MY
중소형 이족 보행 휴머노이드 로봇	ROBAN 中尺寸 / AELOS PRO3 小型双足 / AELOS 开源鸿蒙版 小型双足 / AELOS SMART 小型双足

출처: Leju Robot 공식 홈페이지

(3) ART Robot[117]

Beijing ART Robot(北京钢铁侠科技有限公司)은 2015년 9월에 설립된 기업으로 중국공정원(中国工程院) 리더이(李德毅) 원사 전문가 워크스

---

117) 北京钢铁侠科技有限公司 http://www.artrobot.com/

테이션을 운영하고 있다. 이 회사는 중국에서 최초로 대형 이족 보행 휴머노이드 로봇의 연구 개발과 보급을 추진한 기업이며 국가 고신기술 기업, 중관촌 가젤 기업, 베이징시 전문·정밀·특화 기업, 베이징시 지식재산 시범 기업, 베이징시 과학기술 교육 기지 등으로 선정되었다.

설립 이후 약 9년간의 발전을 통해 ART Robot은 로봇의 '운동 두뇌(Motion Brain)' 기술을 핵심 기반으로 다양한 휠형 및 다리형 로봇을 개발하였으며 인공지능과 로봇 기술을 결합한 제품을 지속적으로 출시하였다. 또한 로봇 분야에서 총 7개의 중국 국가 표준 제정 작업을 주도하였다.

회사는 ISO9001 품질경영 시스템 인증을 획득했으며 풍부한 연구 개발 경험을 바탕으로 로봇 완제품 설계 능력, 핵심부품 자체 개발 능력, 알고리즘 혁신 역량을 갖추고 있다. 연구팀은 '베이징시 우수 창업 프로젝트'로 선정되었으며 개발된 제품 역시 '베이징시 신기술 신제품'과 '베이징시 군민융합 핵심 제품' 등의 인증을 여러 차례 획득하였다.

현재 회사는 교육 사업부와 특수 로봇 사업부를 중심으로 운영되고 있으며 대학 연구 및 교육, 특수 산업 분야, 에너지 안전 분야 등에서 지능형 로봇 제품과 관련 솔루션을 제공하고 있다.

[그림 3] ART Robot 기업 로고

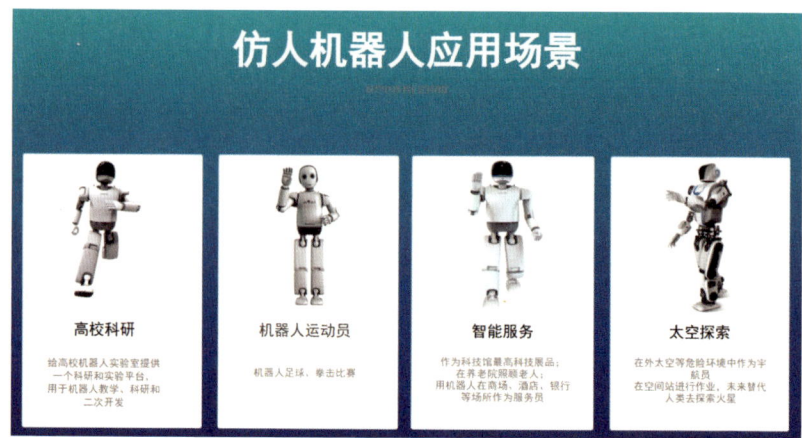

[그림 4] ART Robot 공식 홈페이지에 소개된 휴머노이드 로봇 응용 사례

(4) Vizum[118]

Beijing Vizum Technology는 2016년에 설립된 기업으로, 입체 지능형 비전 시스템과 휴머노이드 로봇의 연구 개발·생산·응용에 주력하는 인공지능 기반 첨단 기술 기업이다. 이 회사는 중국 국가급 고신기술 기업이자 베이징시 '전문화·정밀화·특성화' 중소기업으로 선정되었다.

Vizum은 3D 입체 지능형 카메라 통합 솔루션과 지능형 로봇 생산 라인을 보유하고 있으며, 자체 핵심 알고리즘·핵심 소프트웨어·핵심 하드웨어·산업 응용 솔루션을 결합한 전 산업 가치 사슬을 구축하였다. 현재까지 소프트웨어와 하드웨어 관련 기술 특허를 180건 이상 출원 및 등록하였으며, 그중 발명 특허가 70건 이상을 차지한다.

회사가 자체 개발한 3D 입체 비전 카메라는 산업 자동화, 지능형 용접, 디팔레타이징 및 적재 작업, 스마트 광산, 철강·금속 산업, 철도, 농업 등

118) 伟景智能 | Vizum http://www.vizumtech.com/about.html

다양한 산업 분야에 성공적으로 적용되었다. 또한 5000개 이상의 산업 현장 맞춤형 지능형 비전 개발 프로젝트를 수행했으며, 1000개 이상의 기업 고객에게 서비스를 제공하고 있다.

Vizum은 앞으로도 산업용 입체 비전 기술과 휴머노이드 로봇 기술 혁신을 지속적으로 추진하여 다양한 산업 분야에 보다 효율적이고 지능적인 솔루션을 제공할 계획이다. 또한 고객과 협력하여 국가 기술 자립과 지능형 제조 발전에 기여하는 것을 목표로 한다.

[그림 5] Vizum 기업 로고

〈표 3〉 Vizum 지능형 휴머노이드 로봇 제품 소개

유형	제품 이미지
이족 보행 휴머노이드 로봇	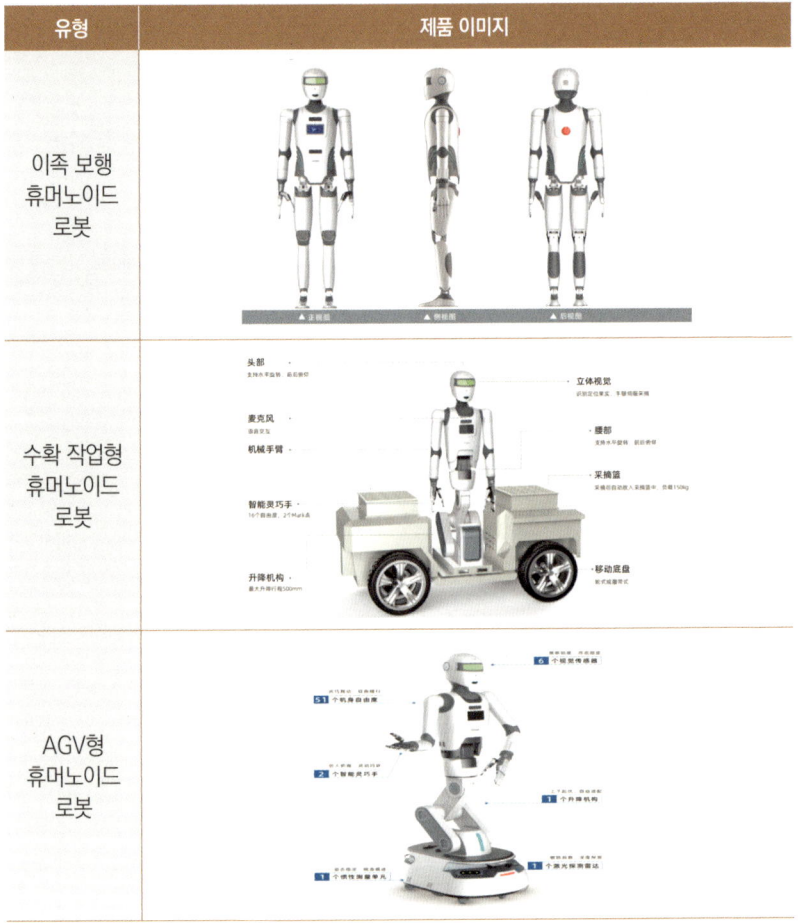
수확 작업형 휴머노이드 로봇	
AGV형 휴머노이드 로봇	

출처: Vizum 공식 홈페이지

(5) Dataa Robotics[119]

Dataa Robotics는 2015년에 설립된 기업으로 지능형 로봇 분야의 대표적인 유니콘 기업이자 세계적인 클라우드 로봇 개발·제조·운영 기업이

---

119) 达闼公司简介 https://www.dataarobotics.com/zh/about/index/id/34

다. 회사는 "로봇이 인간을 위해 봉사하고 Dataa Robotics가 서비스 로봇을 이끈다"는 전략적 목표와 "클라우드 지능으로 미래를 연결한다"는 비전을 바탕으로 클라우드 로봇 기술의 연구와 산업화를 지속적으로 추진하고 있다. 이를 통해 클라우드 로봇을 다양한 가정과 산업 현장에 보급하고 인간이 수행하기 어려운 4D 작업(지루한 작업, 더러운 작업, 위험한 작업, 그리고 난이도가 높은 작업)을 대신 수행하도록 하여 인간의 삶의 질을 향상하는 것을 목표로 한다.

Dataa Robotics는 업계에서 선도적인 클라우드 로봇 풀스택 기술 솔루션을 보유하고 있으며 "클라우드 로봇(Cloud Brain + Security Network + Robot)"이라는 혁신적인 아키텍처를 제시하고 이를 실제 상용화에 성공하였다. 클라우드 브레인은 인공지능 강화 기술, 멀티모달 AI, 디지털 트윈 기술('로봇 메타버스'로 불리는 Haiyuan World) 등을 활용하여 로봇이 스스로 학습하고 지속적으로 진화할 수 있는 지능 체계를 구축한다.

다양한 서비스 로봇은 모바일 코어 네트워크(MCS)와 표준화된 로봇 컨트롤러(RCU)를 통해 클라우드 브레인과 안전하게 연결되며 이를 통해 지능형 음성 인식, 이미지 인식, 자율 행동 등 다양한 지능 기능을 수행할 수 있다. 또한 Dataa Robotics는 통신·연산·센싱 기능을 통합한 로봇 지능형 유연 관절(SCA)을 독자적으로 개발하여 로봇 하드웨어의 표준화와 통합화 문제를 해결하고 산업화 과정에서의 기술 장벽을 낮추는 데 기여하였다. 현재까지 Dataa Robotics 그룹은 2000건 이상의 특허를 출원했으며 그중 1000건 이상이 등록되어 업계 선도 수준을 유지하고 있다.

Dataa Robotics의 클라우드 로봇 제품과 솔루션은 공공 보건, 스마트 농업, 스마트 의료 및 노인 돌봄, 공공 안전, 스마트 교육, 스마트 시티, 상업 유통 등 다양한 분야에서 폭넓게 활용되고 있으며 다양한 고객과 산업 파트너 네트워크를 구축하고 있다. 또한 회사는 "오픈소스와 개방 협력, 공동 구축과 공동 공유"라는 발전 이념을 바탕으로 클라우드 로봇 산업 생태계 구축을 적극 추진하고 있다. 이를 위해 HARIX RDK라는 개방형 플랫폼을 구축하여 AI 알고리즘 개발자와 로봇 응용 개발자에게 개발 환경을 제공하고 로봇의 AI 능력과 응용 시나리오 확장을 지원하며 인간-로봇 상호작용 기술 발전을 촉진하고 있다.

Dataa Robotics의 글로벌 본사는 상하이에 있으며 베이징, 선전, 청두, 주하이 등 주요 도시에 지사를 운영하고 있다. 또한 2020년에는 상하이에 '지능형 로봇 산업 기지'를 구축하여 로봇 완제품 생산과 지능형 관절 연구 개발 및 생산을 추진하고 있으며 세계 수준의 인공지능 산업 클러스터 구축을 목표로 산업 체인 자원을 통합하고 글로벌 클라우드 로봇 산업 생태계를 형성하고 있다.

[그림 6] Dataa 기업 로고

〈표 4〉 Dataa 휴머노이드 서비스 클라우드 로봇 제품 소개

모델	제품명 및 이미지
Cloud Ginger 1.0	
Cloud Ginger 2.0	
Cloud Pepper	

출처: Dataa 공식 홈페이지

【스타트업 기업】

(1) DEEP Robotics[120]

DEEP Robotics는 2017년 11월 29일 설립된 기업으로 중국 항저우시 시후구에 본사를 두고 있으며 중국 국가급 고신기술 기업이다. 회사는 임바디드 AI 기술 혁신과 산업 응용에 집중하고 있으며 사족 보행 로봇, 휴머노이드 로봇 및 핵심부품의 연구 개발·생산·판매·서비스를 주요 사업으로 하고 있다.

DEEP Robotics는 독자적인 기술 혁신을 기반으로 '인지-의사결정-실행'을 포함하는 전 과정 기술 체계를 구축하였다. 특히 멀티모달 환경 인식, 다양한 환경에서의 임바디드 내비게이션 기술, AI 기반 감지·제어 통합 운동 제어 기술 등 핵심 기술을 개발하여 여러 산업 응용 환경에서 실제 활용되고 있다. 해당 연구 성과는 국제 학술지 Science Robotics의 표지 논문으로 선정된 바 있다.

회사는 산업 응용 분야를 중심으로 다양한 로봇 제품을 개발했으며 여러 성능 지표에서 세계적인 경쟁력을 갖추고 있다. 주요 제품으로는 사족 보행 로봇 'Jueying' 시리즈, 휠-다리형 로봇 'Lynx', 휴머노이드 로봇 'DR01'과 'DR02' 등이 있다. 또한 세계 최초로 사족 보행 로봇을 활용한 완전 자율 변전소 순찰 시스템을 구현하였으며 응급 소방 분야에서도 최초의 로봇 솔루션을 제시하였다. 2023년에는 DEEP Robotics의 지능형 전력 순찰용 사족 보행 로봇이 중국 최초로 '첫 번째 장비 인증(首台套)'을 받은 사족 보행 로봇으로 선정되었다.

---

120) 杭州云深处科技 https://www.deeprobotics.cn/robot/index/company.html#company

산업 적용 측면에서도 다양한 성과를 거두었다. 중국 국산 사족 보행 로봇의 첫 해외 산업 적용 사례로 싱가포르 국가 전력망(SPPG) 프로젝트가 추진되었으며 'Jueying X30' 로봇은 '세계 최초의 로봇 티베트영양(藏羚羊)'으로 불리며 실제 장족양 무리 속에 투입되어 근거리 생태 관측을 수행하였다. 또한 'Lynx M20' 로봇은 중국 축구 리그 중계에서 최초로 로봇 시점 촬영을 구현하였다. 이 외에도 DEEP Robotics의 로봇은 중국 CCTV 비물질문화유산 특별 방송, 베이징 위성TV 2025년 춘절 프로그램, 후난 위성TV 2024~2025 연말 프로그램, CCTV 노동절 특별 프로그램 「중화장인기(中华考工记)」 등 주요 방송 무대에도 등장하였다.

DEEP Robotics
云深处科技

[그림 7] DEEP Robotics 기업 로고

〈표 5〉 DEEP Robotics 휴머노이드 로봇 제품 소개

모델	제품 이미지
DR01	
DR02	

출처: DEEP Robotics 공식 홈페이지

(2) Unitree Robotics[121]

Unitree Robotics는 세계적으로 널리 알려진 민간 로봇 기업으로 소비자 시장과 산업 분야를 대상으로 하는 고성능 범용 다리형 로봇, 휴머노

---

121) About Unitree - Unitree Robotics https://www.unitree.com/about

이드 로봇, 6축 로봇 팔 등의 제품을 연구 개발·생산·판매하는 데 주력하고 있다. 이 회사는 2021년 중국 CCTV 춘절 갈라, 2022년 베이징 동계 올림픽 개막식, 2023년 슈퍼볼 행사, 제19회 아시안게임과 제4회 아시아 장애인 경기대회, 그리고 2025년 CCTV 춘절 갈라 등 다양한 국제 행사와 대형 공연에 참여하였다. 또한 CCTV 등 주요 언론 매체와의 인터뷰와 보도를 통해 여러 차례 소개된 바 있다.

Unitree Robotics는 세계 최초로 고성능 사족 보행 로봇을 공개 판매한 기업이며 동시에 해당 분야에서 산업화를 최초로 실현한 기업 중 하나이다. 회사의 글로벌 판매 규모는 오랫동안 업계 선두 수준을 유지하고 있다. 또한 Unitree Robotics는 핵심 로봇 부품, 운동 제어 기술, 로봇 센서 기술 등 다양한 분야에서 강력한 기술 경쟁력을 보유하고 있다. 회사는 특히 자체 연구 개발과 기술 혁신을 중요하게 여기며 모터, 감속기, 컨트롤러, 라이다 센서, 고성능 인식 및 운동 제어 알고리즘 등 핵심 로봇 부품을 모두 자체적으로 개발하였다. 이를 통해 로봇 산업 전반에 걸친 공급망 통합 능력도 확보하였다. 특히 사족 보행 로봇 분야에서는 이미 세계적인 기술 선도 기업 중 하나로 평가받고 있으며 현재까지 국내외에서 200건 이상의 특허를 출원하였고 그중 180건 이상의 특허가 등록되었다. 참고로 본 내용은 Unitree Robotics 공식 홈페이지에 영어로 제공되는 기업 소개를 번역한 것임을 밝혀 둔다.

UNITREE

宇树科技

[그림 8] Unitree Robotics 기업 로고

〈표 6〉 Unitree Robotics 휴머노이드 로봇 제품 소개

제품 소개	제품 이미지
일반적인 휴머노이드	 **H2** 天命觉醒 **R1** 极致轻巧5 自由改造 **G1** 人形智能体 AI化身 **H1 / H1-2** 宇树首款 通用人形机器人
적용 시나리오	 **G1-D** 解码智能体进化原数据 **G1-Comp** 为赛事打造足球巨星 **铁甲拳王** 铁甲拳王 觉醒!
손 중심	 **Dex1-1** 精巧专业 **Dex3-1** 力控灵巧手, 操作万物 **Dex5-1** 灵动多变, 随心触动

출처: Unitree Robotics 공식 홈페이지

(3) AGIBOT[122]

　　AGIBOT(智元机器人, 이하 '즈위안')은 인공지능과 로봇 기술의 융합 혁신을 통해 세계적인 수준의 범용 임바디드 로봇 제품과 응용 생태계를 구축하는 것을 목표로 하는 기업이다. 회사는 2023년 2월에 설립되었으며 글로벌 기업의 핵심 경영진과 인공지능 분야의 최고 수준 과학자 등 산업 경험이 풍부한 전문가들이 공동으로 창업하였다. 회사 발전 과정에서 중국 정부의 관심과 지원을 받으며 여러 차례 임바디드 AI 산업 발전 상황을 보고한 바 있다.

[그림 9] AGIBOT 기업 로고

　　AGIBOT은 업계 선도적인 '일체삼지(一体三智)' 아키텍처를 기반으로 로봇 본체를 중심으로 작업 지능, 상호작용 지능, 운동 지능을 통합한 기술 체계를 구축하였다. 이를 통해 'YuanZheng', 'Genie', 'LingXi' 등 세 가지 로봇 제품 시리즈를 출시하였으며 업계 최초의 범용 임바디드 기초 모델인 'AGIBOT QiYuan 대형 모델'을 개발하였다. 또한 전 제품 라인과 다양한 응용 시나리오를 동시에 구축한 로봇 기업으로 평가받고 있다.

　　AGIBOT은 동시에 로봇 산업 전반을 연결하는 풀스택 생태계를 구축하여 다양한 파트너 기업과 협력하고 여러 산업 분야에 로봇 기술을 적용할 수 있는 기반을 마련하였다. 이와 같은 기술 경쟁력과 산업 생태계를

---

122) 关于我们-智元创新（上海）科技有限公司 https://www.zhiyuan-robot.com/about_Zhiyuan

기반으로 AGIBOT은 세계 최초로 휴머노이드 로봇의 대량 생산과 상업
적 적용을 실현한 기업 중 하나로 평가받고 있다. 현재 제품은 여러 국가
와 지역으로 판매되고 있으며 글로벌 시장에서도 빠르게 확산되고 있다.
2025년 1월에는 AGIBOT의 1000번째 범용 임바디드 로봇이 생산 라인
에서 출하되면서 업계 기록을 새롭게 경신하였다.

〈표 7〉 AGIBOT 로봇 관련 제품 소개

시리즈	제품명 및 이미지			
YuanZheng 시리즈	远征A2旗舰版 全尺寸人形机器人	远征A2青春版 演绎大师	智元远征A2-W 柔性智造机器人	
LingXi 시리즈	智元灵犀X1 全线开源机器人	智元灵犀X2 全智能灵动机器人	D1 Ultra 四足智能机器人	D1 Pro/Edu 全能四足智先锋
Genie 시리즈	智元精灵G2 通用具身智能机器人	智元精灵G1 通用具身智能机器人		
Juechen 시리즈	智元绝尘C5 智元首款商用清洁机器人			
악세서리	OmniHand 灵动款 2025 小身形，真百搭	OmniHand 专业款 2025 强感知，更有料	VR遥操作套装 仅限远征A2使用	

출처: AGIBOT 공식 홈페이지

(4) GALBOT [123]

Beijing GALBOT Robotics는 임바디드 멀티모달 대형 모델 기반 범용 로봇 분야에서 시장을 선도하는 기업이다. 2023년 5월에 설립된 GALBOT은 전 세계 사용자에게 범용 로봇 제품을 제공하는 것을 목표로 하며, 현재 상업 서비스, 산업 생산, 의료 등 다양한 분야에서 로봇 기술을 적용하고 있다.

GALBOT은 베이징, 선전, 쑤저우, 홍콩에 연구 개발 센터를 운영하고 있으며 베이징대학교, 베이징 즈위안 인공지능 연구원, 쉬안우 병원, 중관촌 대학 등과 공동 연구실 및 연구센터를 설립하였다. 회사는 임바디드 AI 분야의 최고 수준 인재들을 모아 연구 개발을 진행하고 있으며 창업팀 구성원들은 임바디드 대형 모델 분야에서 다수의 국제 학술 논문을 발표하고 인공지능 산업에서 풍부한 경험을 쌓은 전문가들로 이루어져 있다. 또한 핵심 팀은 10년 이상 로봇 산업 창업 경험을 보유하고 있으며 수천만 대 규모의 지능형 하드웨어 제품 양산 경험을 갖추고 있어 강력한 상용화 역량을 보유하고 있다.

산업을 선도하는 기업으로서 GALBOT은 로봇 산업에서 존재하는 기술적 병목 문제 해결을 지속적으로 추진하고 있으며 임바디드 AI 분야의 산업화와 실제 응용 확대를 적극적으로 이끌고 있다.

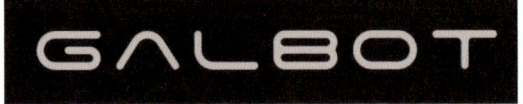

[그림 10] GALBOT 기업 로고

---

123) Galbot-银河通用기업소개 http://www.galbot.com/about

[그림 11] GALBOT 로봇 'GALBOT G1'

(5) FOURIER [124]

FOURIER는 전 세계적으로 선도적인 AI 로봇 기업으로, 풀스택 로봇 기술을 통해 인간의 삶을 지원하고 미래 생활 방식의 가능성을 확장하는 것을 목표로 하고 있다.

2015년 설립 이후 FOURIER는 첨단 기술과 실제 응용 시나리오의 융합을 지속적으로 탐구해 왔다. 특히 재활 의료 분야에서 출발하여 "인간 중심, 인간을 위한 기술"이라는 원칙을 바탕으로 상호작용 능력과 인간 친화성을 갖춘 로봇 제품 개발에 집중하고 있다.

오랜 기간 축적된 기술력을 바탕으로 현재 FOURIER는 GRx 시리즈 휴머노이드 로봇, 지능형 재활 플랫폼, Galileo 시스템, 핵심 로봇 부품, 오픈소스 제품 등으로 구성된 다양한 제품 포트폴리오를 구축하였다. 또한 전 세계 40여 개 국가와 지역의 2000개 이상의 기관 및 병원에 로봇 솔루션을 제공하고 있으며 AI 로봇 기술이 상업 서비스, 산업 생산 등 다양한 실제 응용 환경에서 활용될 수 있도록 확대하고 있다.

---

124) 傅里叶-关于我们 https://www.fftai.cn/about-us

FOURIER는 임바디드 AI 생태계 구축에도 적극적으로 참여하고 있으며 FOURIER Nexus라는 범용 로봇 생태 네트워크를 구축하여 다양한 산업과 응용 분야 간 협력적 혁신을 추진하고 있다.

현재 FOURIER는 전 세계 20개 이상의 주요 대학, 연구기관, 기술 기업과 협력 관계를 구축하고 있으며 임바디드 AI 기술의 발전과 다양한 산업 분야에서의 실제 응용 확대를 위해 협력을 이어가고 있다.

[그림 12] FOURIER 기업 로고

〈표 8〉 FOURIER 휴머노이드 로봇 제품 소개

모델	제품명 및 이미지
GR-1	第一台实现量产交付的双足人形机器人 GR-1拥有高度仿生的躯干构型，覆盖人体主要自由度，拥有稳定的运动能力和敏捷性，是通用人工智能的理想载体。 观看视频 >

모델	제품명 및 이미지
GR-2	 **GRx系列新里程碑** 基于GR-1的数据积累和技术积淀，GR-2在硬件设计、框架开发、商业化等关键环节都实现了全面突破，且拥有更灵巧的上肢操作、更强劲的动力系统和更开放的开发平台。 观看视频 >
GR-3	**首款 "可触摸的" Care-bot** 傅利叶GR-3是以亲和、安全陪伴为核心，专为交互陪伴打造的人形机器人。通过柔性外观与全感交互，营造 "有温度的科技陪伴"。 · 社交陪伴: 聚焦人机情感连接，适用于公共空间、教育等场景，为独居老人、儿童等群体提供日常交流与陪伴。 · 辅助陪护: 基于情感陪伴延伸服务功能，实现日常照护、慢病管理与康复训练，满足康养机构等场景的实际需求。 观看视频 >

출처: FOURIER 공식 홈페이지

(6) DAIMON Robotics[125]

DAIMON Robotics는 고해상도 멀티모달 촉각 인식 기술, 촉각 기반 정교한 로봇 손의 하드웨어 및 소프트웨어 제품, 그리고 인간 중심의 착용형 원격 조작 데이터 수집 시스템을 연구·개발하는 기업이다. 또한 범용 인공지능과 로봇 기술을 심층적으로 결합하여 시각·촉각·언어 정보를 통합한 조작 모델(VTLA)을 개발하고 있으며, 이를 통해 임바디드 AI, 스마트 물류, 지능형 제조, 스마트 서비스 등 다양한 산업 분야에 혁신적인 솔루션을 제공하고 있다.

---

125) 关于戴盟-戴盟로봇 https://www.dmrobot.com/about/?bd_vid=name_11

DAIMON Robotics는 홍콩과학기술대학교 연구팀에서 출발한 기업으로 시각·촉각 센서 기술, 다지(多指)가 정교한 로봇 손의 설계와 제조, 인간 행동 모방학습 및 일반화 기술, 시각과 촉각 정보를 결합한 대형 인식·조작 모델 등 첨단 기술 분야에서 오랜 기간 연구 개발을 진행해 왔다. 연구팀은 국제적으로 높은 수준의 연구 성과와 기술 축적을 보유하고 있으며 글로벌 시장에서 연 매출 수십억 규모 제품을 양산한 경험도 갖추고 있다.

DAIMON Robotics는 특히 촉각 인식과 정교한 로봇 조작 기술 분야에서 혁신적인 기술 개발에 집중하고 있으며 로봇의 임바디드 능력과 지능을 실제 산업 환경에 적용하는 것을 목표로 하고 있다. 이를 통해 인간의 작업 환경을 개선하고 삶의 질을 향상시키며 지능형 로봇의 실질적인 활용 가치를 확대하는 데 기여하고 있다.

[그림 13] DAIMON Robotics 기업 로고

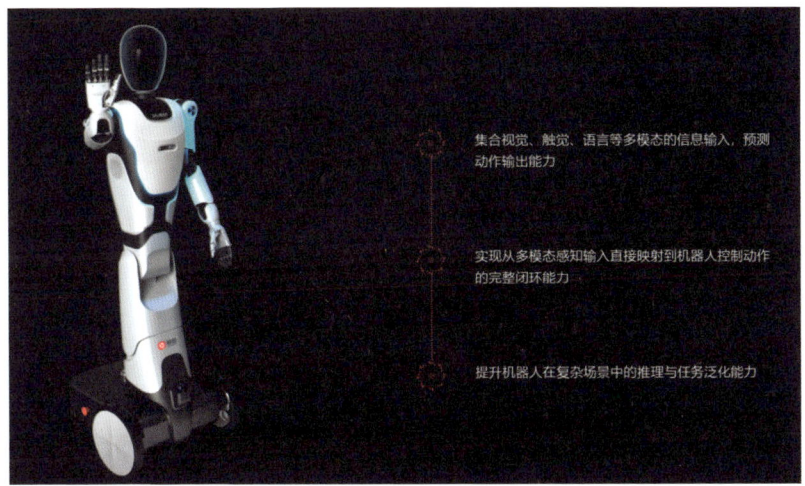

[그림 14] DAIMON Robotics의 촉각 기반 조작 모델 'Daimon One'

(7) LimX Dynamics[126]

LimX Dynamics는 임바디드 인텔리전스 로봇 기술을 개발하는 기업으로, 전신 크기의 범용 휴머노이드 로봇 개발에 집중하고 있으며 이와 함께 이족 보행 로봇 등 다양한 혁신적인 로봇 제품을 개발하고 있다.

회사는 임바디드 인텔리전스 분야에서의 혁신을 통해 범용 인공지능(AGI)이 물리적 세계에서 더 폭넓게 활용될 수 있도록 하는 것을 목표로 하고 있다. 이를 위해 세 가지 핵심 기술 영역을 중심으로 연구 개발을 추진하고 있다. 첫째는 로봇 본체 하드웨어의 설계와 제조 기술, 둘째는 강화학습 기반의 소뇌형 전신 운동 제어 기술, 셋째는 임바디드 대뇌 모델의 학습 전략이다. 이러한 기술을 기반으로 임바디드 다중 지능 에이전트 운영체계를 구축하고 있다.

---

126) 逐际动力 LimX Dynamics https://www.limx.cn/about

또한 LimX Dynamics는 IDS 생태 협력 전략을 통해 혁신가(Innovators), 개발자(Developers), 시스템 통합업체(System Integrators)를 지원하며 임바디드 인텔리전스 기술이 연구, 제조, 상업 서비스, 가정 등 다양한 분야에서 혁신적으로 활용될 수 있도록 산업 생태계 구축을 추진하고 있다.

[그림 15] LimX Dynamics 기업 로고

[그림 16] LimX Dynamics의 전신 크기 범용 휴머노이드 로봇 'LimX Oli'

(8) KEPLER Robotics[127]

Shanghai KEPLER Robotics는 범용 휴머노이드 로봇의 연구 개발, 생산 및 응용 생태계 구축에 집중하는 첨단 기술 기업이다. 회사는 산업 현장에서 실제 활용 가능한 '블루칼라형 휴머노이드 로봇'을 개발하는 것을 목표로 하고 있다.

KEPLER Robotics는 지능형 제조, 창고 물류, 특수 산업 분야, 연구 및 데이터 수집 등 다양한 응용 시나리오에 집중하며 혁신 기술을 기반으로 맞춤형 지능형 솔루션을 제공하고 있다. 또한 여러 산업 분야의 선도 기업과 전략적 협력 관계를 구축하였으며 현재까지 국내외 특허 30건 이상을 출원하고 그중 10건 이상을 등록하였다.

KEPLER Robotics가 개발한 KEPLER 휴머노이드 로봇은 자체 개발 알고리즘을 기반으로 사전 설정된 동작과 End-to-End 자율 계획 방식을 결합한 제어 구조를 구현하여 정밀한 동작 제어가 가능하다. 로봇은 전신에 고성능 GPU 메인보드를 탑재하고 순수 비전 기반 인식 및 내비게이션 시스템과 다양한 센서를 갖추고 있다. 또한 바이오닉 구조 설계를 통해 실제 인간과 유사한 방식으로 작업을 수행할 수 있도록 설계되었다.

이러한 기술을 통해 휴머노이드 로봇이 반복적인 노동과 고위험 산업 작업을 대신 수행할 수 있도록 하여 인간의 노동 부담을 줄이고 생산성과 작업 효율을 향상시키는 것을 목표로 하고 있다.

---

127) 开普勒KEPLER-通用人形机器人先行者
http://www.gotokepler.com/apps/mobile/pages/about/index

[그림 17] KEPLER 기업 로고

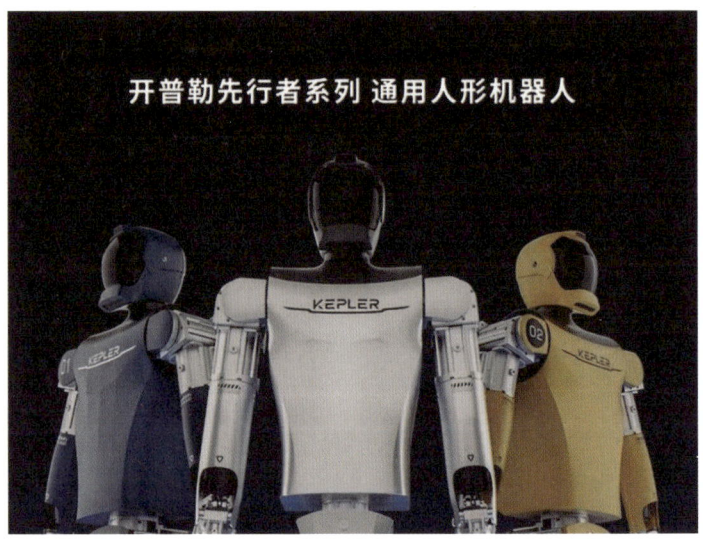

[그림 18] KEPLER 휴머노이드 로봇 이미지

(9) ROBOT ERA[128)]

ROBOT ERA(星动纪元)는 2023년 8월에 설립된 기업으로, 칭화대학교 교차정보연구원에서 인큐베이팅된 휴머노이드 로봇 기업이다. 또한 칭화대학교가 지분을 보유한 유일한 휴머노이드 로봇 기업이다. 회사의 창립자인 천젠위는 칭화대학교의 조교수이자 박사과정 지도교수로, 인공지능 및 로봇 분야에서 연구와 기술 개발을 이끌고 있다.

ROBOTERA
星动纪元

[그림 19] ROBOTERA 기업 로고

〈표 9〉 ROBOTERA 휴머노이드 로봇 제품 소개

분류	제품 이미지
이족 보행 휴머노이드 로봇	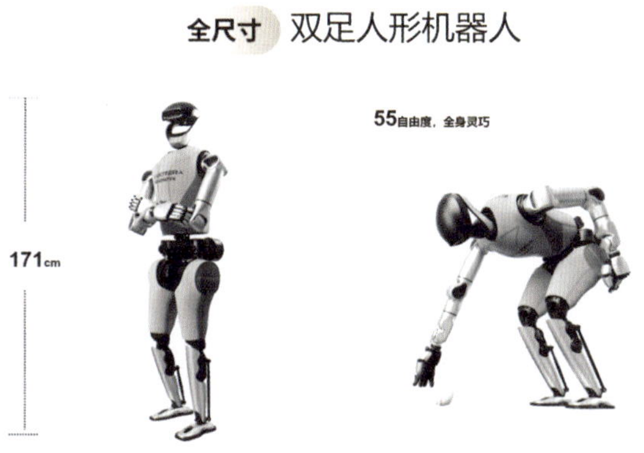

128) Robot Era 홈페이지 https://www.robotera.com/about.html

분류	제품 이미지
서비스 로봇	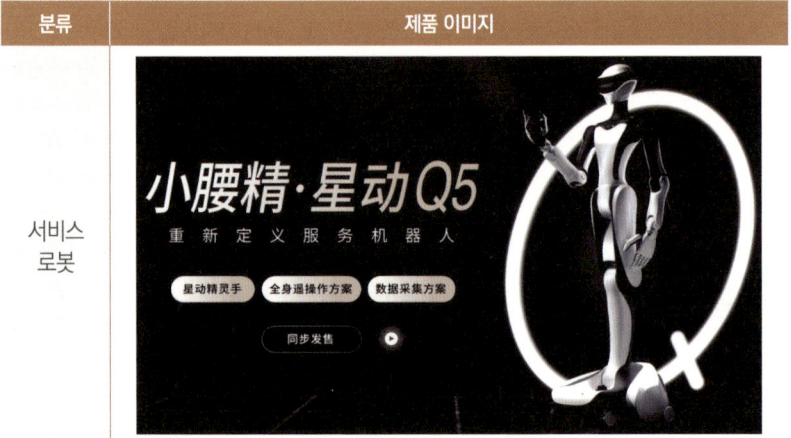

출처: ROBOTERA 공식 홈페이지

【이종 산업 참여 기업】

(1) Xiaopeng Motors[129]

Xiaopeng Motors(小鹏汽车)는 Guangzhou Orange Smart Mobility Automotive Technology Co., Ltd. 산하의 인터넷 기반 전기 자동차 브랜드로 본사는 중국 광저우에 위치하며 현재 회장은 허샤오펑 (He Xiaopeng)이다. 이 회사는 데이터 기반 기술을 통해 지능형 전기자 동차 혁신을 추진하고 미래 이동 수단의 변화를 이끄는 것을 목표로 하고 있다.

2014년 8월 허샤오펑은 여러 투자자와 함께 투자에 참여하고 샤헝 (Xia Heng), 허타오(He Tao) 등과 공동으로 Xiaopeng Motors를 창립 하였다. 이후 2015년 1월 XPeng Motors가 정식으로 등록 설립되었다.

---

129) 小鹏汽车（中国广州橙行智动汽车科技有限公司旗下新能源品牌）_百度百科
　　https://baike.baidu.com/item/%E5%B0%8F%E9%B9%8F%E6%B1%BD%E8%BD%A6/18716093

[그림 20] Xiaopeng Motors 기업 로고

    Xiaopeng Motors는 2020년부터 로봇 분야에 진출하여 종합적인 AI 로봇 시스템 구축을 추진하고 있다. 2024년에는 새로운 세대의 휴머노이드 로봇 IRON을 공개했으며 인간과 가장 유사한 형태의 휴머노이드 로봇 개발을 목표로 하고 있다. 현재 XPeng의 휴머노이드 로봇 IRON은 실제 생산 환경에서의 공장 실습 및 테스트 단계에 진입하였다[130].

[그림 21] Xiaopeng AI로봇 'IRON'

---

130) 小鹏汽车介绍 ｜ 小鹏汽车 https://www.xiaopeng.com/about.html?reserve_source=168801

(2) Xiaomi(샤오미)[131]

Xiaomi(샤오미)그룹은 2010년 4월에 설립되었으며, 2018년 7월 9일 홍콩증권거래소 메인보드에 상장(1810.HK)된 기업이다. 스마트폰, 스마트 하드웨어, 그리고 IoT 플랫폼을 핵심으로 하는 소비자 전자 및 스마트 제조 기업이다.

Xiaomi는 "사용자와 친구가 되고, 사용자 마음속에서 가장 멋진 회사가 된다"는 비전을 바탕으로 지속적인 혁신을 추구하며, 최고의 제품과 서비스 경험 및 기업 운영 효율성을 끊임없이 추구하고 있다. 또한 "항상 감동을 주는 제품과 합리적인 가격의 좋은 제품을 만들어 전 세계 모든 사람이 기술이 가져오는 더 나은 삶을 누릴 수 있도록 한다"는 기업 사명을 실천하고 있다.

Xiaomi는 세계적인 스마트폰 브랜드 중 하나로 스마트폰 출하량이 글로벌 상위 3위권을 꾸준히 유지하고 있다. 2023년 6월 기준 MIUI의 월간 활성 사용자 수는 전 세계적으로 6억 600만 명에 달한다. 동시에 Xiaomi는 세계적으로 선도적인 소비자용 AIoT(인공지능 + 사물인터넷) 플랫폼을 구축했으며, 2023년 6월 30일 기준 Xiaomi AIoT 플랫폼에 연결된 IoT 기기 수(스마트폰·노트북·태블릿 제외)는 6억 5,500만 대에 달한다.

현재 Xiaomi의 사업은 전 세계 100개 이상의 국가와 지역으로 확장되어 있다. 또한 2023년 8월 Xiaomi 그룹은 《포춘》 세계 500대 기업(Fortune Global 500)에 5년 연속 선정되었다.

---

131) 小米科技 https://www.mi.com/about

[그림 22] 샤오미(小米)기업 로고

[그림 23] 샤오미 'CyberOne' 전신 크기 휴머노이드 바이오닉 로봇

 'CyberOne(중문명: 铁大)'[132)]은 샤오미 그룹이 2022년 8월 11일 발표한 최초의 전신 크기 휴머노이드 바이오닉 로봇으로, 레이쥔이 연례 발표 행사에서 공식적으로 공개하였다. 이 로봇은 주로 가정 돌봄 및 동반 서비스 분야를 주요 활용 시나리오로 한다. "제3세대 휴머노이드 로봇

---

132) CyberOne_百度百科 https://baike.baidu.com/item/CyberOne/61846425

CyberOne" 작품 저작권은 베이징 샤오미 로봇기술유한회사가 등록하였으며, 작품 분류는 미술이다.

'CyberOne'은 키 177cm, 무게 52kg이며 은백색 본체와 메탈 블랙 관절을 결합한 디자인을 사용한다. 보행 속도는 시속 3.6km에 달한다. 'CyberOne'은 샤오미가 자체 개발한 바이오닉 감지·인지 기술, 생체기계 융합 기술, 인공지능 기술을 탑재하고 있으며 21개의 자유도 관절 모듈을 통해 0.5밀리초 수준의 실시간 반응을 구현한다.

Mi-Sense 시각 공간 시스템은 샤오미와 오필광(O-Film)이 공동 개발한 기술로 실제 세계의 3차원 재구성을 지원하며, 45종의 인간 감정 의미를 인식하고 85종의 환경 의미를 구분할 수 있다. 또한 고관절 구동 모터의 최대 토크는 300N·m에 달하며 한 손으로 최대 1.5kg의 물체를 잡을 수 있다. 2025년 2월부터 샤오미는 'CyberOne' 로봇을 자사 제조 생산 라인에 단계적으로 적용하는 작업을 추진하고 있다

(3) GAC 그룹[133]

2024년 12월 26일 열린 2024년 중국 로봇망 연례회의에서 GAC 그룹은 자체 개발한 3세대 임바디드 AI 휴머노이드 로봇 'GoMate'를 공개했다. 'GoMate'는 전신 크기의 휠-레그형 휴머노이드 로봇으로, 가변형 휠-레그 이동 구조를 혁신적으로 적용하여 네 바퀴-다리 모드와 두 바퀴-다리 모드를 결합한 것이 특징이다. 이를 통해 정밀한 동작 제어, 정확한 위치 인식 및 자율 의사결정 능력을 구현하며 높은 수준의 항간섭성, 안정성, 신뢰성을 보여준다.

---

133) 行业首创可变轮足，广汽第三代具身智能人形机器人GoMate正式发布 - 广汽集团
　　　https://www.gacgroup.com/cn/news/detail?baseid=18961

[그림 24] GAC 그룹 기업 로고

‘GoMate’는 전신에 38개의 자유도를 갖추고 있으며 업계 최초의 가변형 휠-레그 이동 구조를 채택하였다. 네 바퀴-다리 모드에서는 약 1.4m 높이로 안정적인 이동이 가능하며, 두 바퀴-다리 모드에서는 약 1.75m까지 직립할 수 있다. 네 바퀴-다리 모드에서는 계단 오르내리기, 경사 이동, 단측 장애물 극복 등이 안정적으로 가능하며, 두 바퀴-다리 모드에서는 더욱 유연하고 효율적인 동작과 작은 공간 점유를 실현한다.

‘GoMate’의 등장은 GAC 그룹이 지능형 로봇 분야에서 이룬 중요한 기술적 돌파를 의미하며 동시에 임바디드 AI 휴머노이드 로봇 산업이 새로운 발전 단계에 진입했음을 보여주는 사례로 평가된다.

[그림 25] ‘GoMate’와 단체 사진

(4) China Mobile

China Mobile Communications Group Co., Ltd.는 중국 국가 통신 체제 개혁의 전반적 계획에 따라 2000년에 설립된 중앙 국유기업이다[134]. 중국 공산당 중앙과 국무원의 지도 아래 China Mobile은 정보통신 기술을 통해 경제와 사회발전, 국민 생활에 기여하는 것을 목표로 지속적으로 노력해 왔다. 또한 세계 일류 시범 기업으로 도약하고 과학기술 강국, 네트워크 강국, 디지털 중국 건설의 핵심 주체가 되는 것을 목표로 혁신 중심 발전 전략을 추진하며 지속적인 산업 전환과 업그레이드를 진행하고 있다. 현재 China Mobile은 중국을 대표하는 통신 운영 기업 중 하나로 자리 잡았다.

[그림 26] China Mobile 기업 로고

China Mobile 스마트홈 운영센터 총괄 책임자인 위룽룽은 "우리의 목표는 China Mobile을 세계 최대의 로봇 운영 기업으로 만드는 것"이라고 공개적으로 밝혔다[135]. 2025년 8월 12일 세계 로봇 대회가 아직 진행 중인 상황에서 China Mobile은 이미 '세계 최대 로봇 운영 기업'이라는 목표를 산업화 현장에 가장 먼저 제시하였다.

---

134) 中国移动通信集团有限公司_百度百科
135) 从"连接人"到"运营机器人"——中国移动的硅基生命野心_智能_模型_场景
　　　https://www.sohu.com/a/923130064_120086072

China Mobile은 컴퓨팅 네트워크, 대형 AI 모델, 보안 기술을 기반 인프라로 삼아 네 가지 핵심 지능 기술을 통합적으로 발전시키고 있으며, 임바디드 AI의 범용 능력과 Homibot의 개인화 기능을 결합하여 Homibot 생태계를 확장하고 있다. 이를 통해 China Mobile만의 특징을 가진 Homibot 가정용 로봇 플랫폼을 구축하고 있다.

[그림 27] China Mobile 임바디드 AI 산업혁신센터가 설계한 가정용 서비스 로봇

【네이티브 로봇 제조업체】

(1) TetraBOT[136]

Nanjing Tianchuang Intelligent Technology Co., Ltd.(이 책에서는 "天创机器人(TetraBOT)"로 표기)는 2011년에 설립된 임바디드 AI 로봇 기업으로, 인간의 안전을 향상시키는 것을 목표로 하고 있다. 이 회사

---

136) 기업소개-天创机器人 https://tetrabot.com/lists/82.html

는 전 시나리오 순찰·운영 일체형 지능 로봇, 산업용 AIoT 센서, 장비·환경·인력 결함을 식별하고 고장을 진단하는 멀티모달 알고리즘, AI 데이터 플랫폼 및 산업 인터넷 플랫폼 등 네 가지 핵심 지능형 운영·유지관리 제품을 보유하고 있다. 또한 산업 설비의 전 생애주기 유지관리 솔루션을 제공하며 전력 신에너지, 석유·가스 화학 산업, 금속·광산 산업, 도시 안전 관리 등 다양한 분야에서 활용되고 있다. 현재 약 1,000여 개에 가까운 주요 중앙 국유기업 및 대형 기업 고객에게 전문 서비스를 제공하고 있다.

[그림 28] TetraBOT 기업 로고

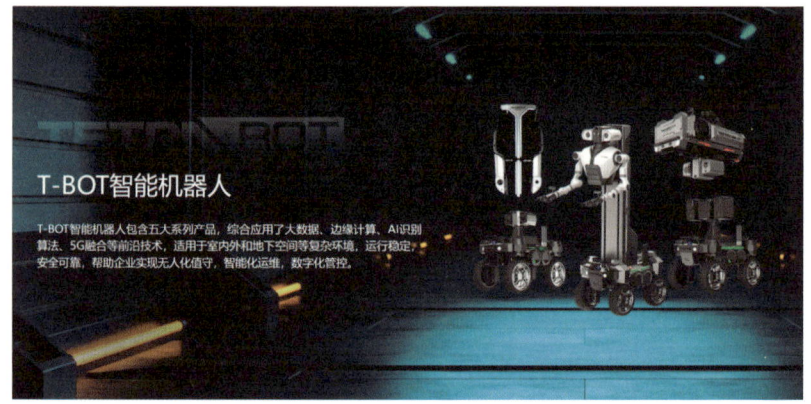

[그림 29] 'T-BOT' 인공지능 로봇

출처: TetraBOT 공식 홈페이지

(2) TOPSTAR [137]

Guangdong Topstar Technology Co., Ltd.(약칭: Topstar, 주식 코드: 300607)는 2007년에 설립된 기업으로 "산업 제조를 더욱 발전시키자"라는 기업 사명을 실천하고 있다. Topstar는 임바디드 AI, 산업용 로봇, CNC 공작기계, 사출 성형기 등 네 가지 핵심 스마트 장비와 제어·서보·비전 기술이라는 세 가지 핵심 기술을 기반으로 AI 기반 스마트 하드웨어 플랫폼을 구축하여 글로벌 선도 임바디드 AI 기술 기업으로 성장하는 것을 목표로 하고 있다.

[그림 30] TOPSTAR 기업 로고

또한 TOPSTAR는 "실제 산업 현장에서 로봇 제품을 정의한다"는 전략을 기반으로, 고급 5축 가공센터와 사출 장비 분야에서 축적된 공정 이해와 산업 적용 경험을 활용하여 직교좌표 로봇, 다관절 로봇, 협동 로봇(모듈형 감지 관절), 휴머노이드 로봇 등 다양한 제품군을 개발하고 있다. 공간 인식, 비전 인식, 촉각·힘 피드백 등 다중 센서 융합 기술을 통해 환경 및 상호작용 데이터를 체계적으로 수집하고, 이를 AI 모델 학습과 지속적인 개선에 활용하여 복잡한 산업 환경에서도 높은 범용성과 적용성을 확보하고 있다.

---

137) 关于拓斯达 https://www.topstarltd.com/lang-cn/about.html#page0

현재 TOPSTAR는 "시나리오 + 로봇 + 데이터 + AI"를 결합한 산업 생태계를 구축했으며 사출 성형 단일 산업 분야에서 시작하여 다양한 산업 분야와 상업 영역으로 응용 범위를 확대해 나가고 있다.

〈표 10〉 TOPSTAR 휴머노이드 로봇 관련 제품

제품명	제품 이미지
TWH020 휠형 휴머노이드 로봇	
TDM020 휴머노이드 양팔 로봇	
TM010 휴머노이드 로봇 팔	

출처: TOPSTAR 공식 홈페이지

(3) DOBOT[138]

Shenzhen Dobot Robotics Co., Ltd.는 2015년에 설립된 기업으로 산둥대학교 대학원 출신인 류페이차오가 창립하였다. 회사는 지능형 로봇의 연구 개발과 응용 혁신에 주력하고 있으며, 스마트 로봇 팔 및 다양한 지능형 하드웨어 제품의 연구 개발·생산·판매·서비스를 주요 사업으로 하고 있다.

[그림 31] DOBOT 기업 로고

DOBOT은 세계 최초의 데스크톱 협동 로봇을 개발했으며, 0.25~30kg 하중 범위를 포괄하는 제품 라인업을 보유한 최초의 로봇 기업이다. 현재 CRA, CR, CRS, MG400, M1Pro, Nova, Magician 등 7개 시리즈의 20여 종 협동 로봇을 출시하였다. 이들 제품은 전 세계 80개 이상의 국가와 지역에 판매되고 있으며 3C 전자, 자동차, 반도체, 화학, 의료, 금속 가공, 식품·음료, 신유통 등 15개 이상의 산업 분야에서 활용되고 있다.

---

138) 关于越疆 - DOBOT 越疆로봇 https://www.dobot.cn/about/about-dobot

〈표 11〉 DOBOT 임바디드 AI형 로봇 관련 제품

제품명	제품 이미지
Atom	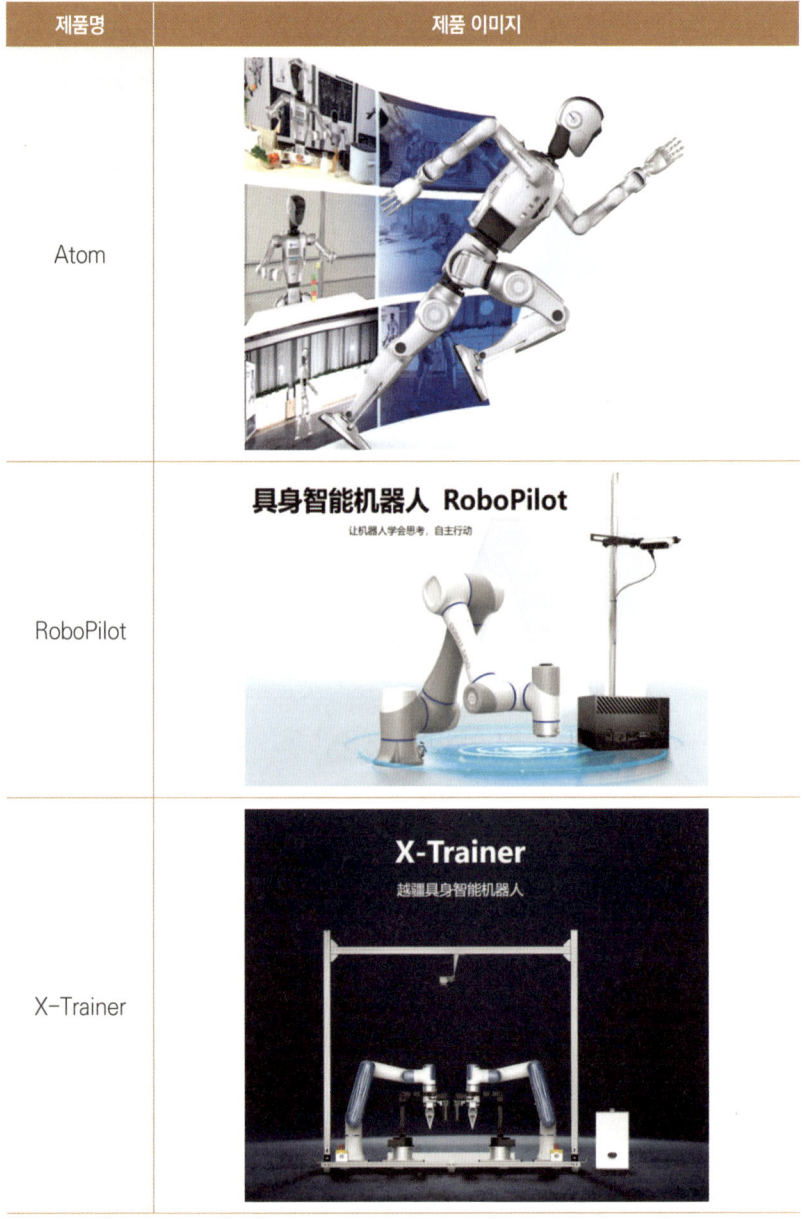
RoboPilot	
X-Trainer	

출처: DOBOT 공식 홈페이지

(4) AUBO [139]

AUBO(Beijing) Intelligent Technology Co., Ltd.(이하 "AUBO Robotics")는 2015년에 설립된 중국 국가급 하이테크 기업으로, 협동 로봇의 연구 개발·생산·판매에 특화된 기업이다. AUBO Robotics는 글로벌 협동 로봇 분야의 선도 기업 중 하나로, 업계에서 가장 완전한 협동 로봇 및 이동형 조작 로봇 제품군을 보유하고 있다.

또한 서보 모터, 감속기, 드라이버 등 핵심부품과 로봇 운영체제 및 알고리즘 라이브러리를 포함한 전 스택 기술을 자체적으로 개발하고 있으며, 여러 해 동안 중국 협동 로봇 시장에서 선두를 유지하고 있다. 기존에 축적된 지능형 로봇 기반 기술을 바탕으로 다수의 임바디드 AI 로봇 제품을 개발하였으며, 스마트 제조와 의료 헬스케어 분야를 중심으로 다중 모달 인식, 정밀 조작, 힘 제어 기술 등을 포함한 임바디드 AI 로봇 산업 생태계를 구축하고 있다.

[그림 32] AUBO 기업 로고

---

139) 遨博智能 | 关于遨博 https://www.aubo-robotics.cn/about

(5) ESTUN CODROID[140]

Nanjing Estun Kuzhuo Technology Co., Ltd.(南京埃斯顿酷卓科技有限公司)는 2022년 7월 설립된 기업으로, 중국 산업용 로봇 선도 기업인 ESTUN이 인큐베이팅하여 설립하였다. 이 회사는 장쑤성 전략적 신흥 산업 모펀드가 최초로 직접 투자한 프로젝트로, 협동 로봇과 휴머노이드 로봇 핵심부품 및 운동 제어 알고리즘 개발에 집중하고 있다. 모회사 ESTUN과의 공동 연구 개발을 통해 감속기 생태계와 비전 인식 시스템을 포함한 기술 지원 체계를 구축하였으며, 이러한 연구 성과는 ESTUN의 스마트 로봇 제품 생태계 구축에 활용되고 있다.

[그림 33] ESTUN 기업 로고

---

140) 南京埃斯顿酷卓科技有限公司_百度百科

제품명	제품 이미지
CODROID 02	**CODROID 02** 具身智能人形机器人
Qimeng C05-U	**启蒙C05-U** 灵巧适配机器人
Panshi C05-L	**磐石C05-L** 柔性全场景机器人

출처: Eston Cool Enterprises 공식 홈페이지

(6) FDROBOT[141]

Sichuan Fude Robotics Co., Ltd.(四川福德机器人股份有限公司)는 2012년에 설립된 하이테크 기업으로 본사는 중국 쓰촨성 몐양시에 위치하며 로봇 기술 연구 개발과 생산에 집중하고 있다. 회사의 주요 제품은 휴머노이드 로봇, 협동 로봇, 자동화 생산 라인 등이다.

[그림 34] FDROBOT 기업 로고

이 회사가 자체 개발한 'Tianlian Humanoid Robot T1'은 71개의 자유도를 갖춘 로봇으로 현재 세계에서 자유도가 가장 높은 휴머노이드 로봇 모델 중 하나이다. 창립자 후톈롄(胡天链)이 이끄는 연구팀은 약 20년 전 전국 로봇 TV 대회에서 우승한 것을 계기로 기술 개발을 이어왔으며, 이후 산업 기술 분야에서 지속적인 혁신을 이루어 왔다. 특히 고출력 밀도 초경량 일체형 관절을 자체 개발하여 핵심부품의 자가 개발·생산 체계를 구축하였다. 또한 하모닉 감속기와 프레임리스 토크 모터 등 핵심 기술을 확보하여 주요 기술 지표가 국제 선진 수준에 도달하였다. 현재까지 총 165건의 특허를 획득하였으며, 제품은 산업, 의료, 전력 등 다양한 분야에서 활용되고 있다.

---

141) 四川福德机器人股份有限公司_百度百科

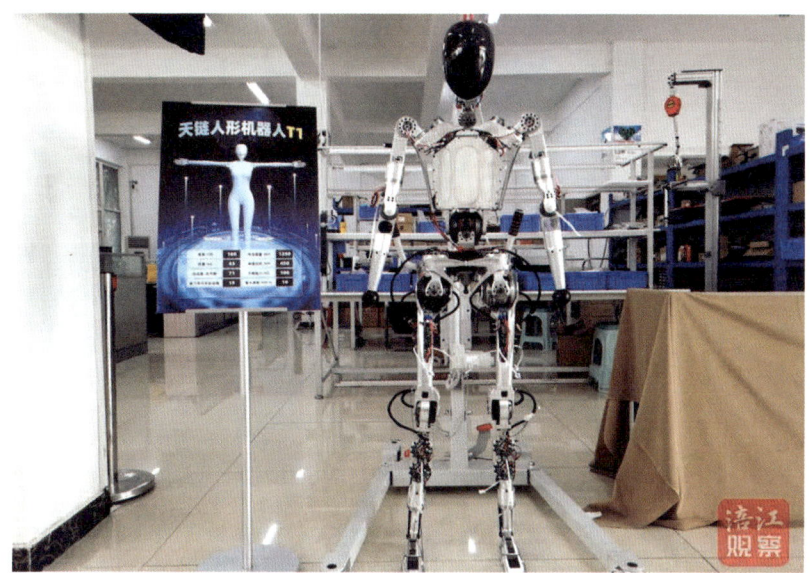

[그림 35] Tianlian Humanoid Robot 'T1' 사진

(7) Tiantai Robotics[142]

Guangdong Tiantai Robotics Co., Ltd.(广东天太机器人有限公司)는 2014년에 설립된 중국 국가급 하이테크 및 전문화·특화 기업으로, 로봇의 핵심 운동 유닛과 운동 기술 솔루션 개발에 집중하고 있다. 본사는 중국 순더(顺德)에 위치하며 상하이에 인공지능 연구 개발 센터를 설립하였다. Tiantai Robotics는 자체 보유한 정밀 전동, 모터, 구동, 운동 제어, 소재 기술을 기반으로 일체형·고성능·저에너지 소비의 모듈형 제품 시리즈를 개발하였다. 현재 200건 이상의 특허를 보유하고 있으며 다수의 중국 국가 표준 제정에 주도적으로 참여하였다. 회사의 제품과 기술 솔루션은 다양한 로봇 응용 분야에서 활용되고 있다.

---

142) 广东天太机器人有限公司公司简介 http://www.gdtiantai.com/list/19.html

天太机器人

[그림 36] Tiantai Robotics 기업 로고

[그림 37] Tiantai Robotics 휠형 휴머노이드 로봇 제품 이미지

(8) BOSHIAC[143]

BOSHIAC은 1997년에 설립된 하이테크 기업으로, 스마트 제조 장비와 산업용 로봇의 연구 개발·생산·판매·서비스를 수행하며 관련 제품을 기반으로 스마트 공장 종합 솔루션을 제공하고 있다. 2012년 BOSHIAC은 중국 선전증권거래소 A주 시장에 상장되었으며 증권 코드는 002698이다. 회사는 기술센터를 보유하고 있으며 중국 국가 선진 제조업과 현대 서비스업 융합 시범 기업, 국가 서비스형 제조 시범 기업, 중국 로봇 TOP10 포럼 회원, 스마트 제조 시스템 솔루션 공급업체 TOP10 기업 등 다양한

---

143) 哈尔滨博实自动化股份有限公司 https://www.boshi.cn/

산업 인증과 평가를 받았다. BOSHIAC의 제품은 화학 산업, 제련 산업, 물류, 식품, 사료, 건축 자재 등 다양한 산업 분야에서 활용되고 있으며 중국 본토 전 지역에 공급되고 있다. 또한 유럽, 아시아, 미주, 아프리카 등 여러 국가로 수출되고 있다.

[그림 38] BOSHIAC 주식회사 로고

로봇공학과 지능형 공장 솔루션 분야의 전문가로서 BOSHIAC은 정보 기술과 제조 기술을 깊이 통합하여 "5G + 산업용 인터넷 + 지능형 제조 장비"라는 종합적인 경쟁 우위를 창출하고, 더 많은 제조업이 디지털, 지능, 고품질 개발로 전환하고 업그레이드할 수 있도록 돕고 있다.

참고 문헌

1. 공업및정보화부 등 15개 부처.제14차 5개년 로봇 산업 발전계획[Z].산업정보화부 연합
   규정 〔2021〕 206호,
   2021-12-21.https://www.gov.cn/zhengce/zhengceku/2021-12/28/content_5664988.htm
2. Turing AM.Computing machinery and intelligence(1950) [J].Mind, 2021, 59(236):33-60.
3. 王晓思, 林家宁, 白琳.임베디드 인텔리전스기술 진화, 산업 응용 실천 및 미래 전망[J].
   전신과학, 2025, 41(7):35-40.doi:10.12045/j.issn.1007-3043.2025.07.006.
4. 刘阳,柏永杰,林倞.인간·기계·사물의 효율적 융합과 협력을 지향하는 임바디드 인텔리전스
   기술체계[J]. 로봇, 2025, 47(04):559-580. DOI:10.13973/j.cnki.robot.250191.
5. 중국정보통신연구원, 베이징휴머노이드 로봇혁신센터유한책임회사. 임바디드 인텔리전스
   발전보고(2024년)
   [R/OL].2024-08.http://221.179.172.81/images/20240827/19241724745944786.pdf.
6. 白辰甲,许华哲,李学龙.대형 모델 기반 임바디드 인텔리전스: 발전 현황과 과제[J].중국과학:
   정보과학, 2024, 54(09):2035-2082.
7. 徐程浩,王耀南,莫洋,등.휴머노이드 로봇 기술 및 산업 발전 연구[J].중국공정과학, 2025,
   27(01):150-167.
8. 산업정보화부.휴머노이드 로봇 혁신 발전 지도 의견[Z].공업및정보화부
   과학기술과 〔2023〕 193号, 2023-10-20.
   https://www.miit.gov.cn/jgsj/kjs/wjfb/art/2023/art_50316f76a9b1454b898c7bb2a5846b79.html.
9. 陶永,万嘉昊,王田苗,등.임바디드 인텔리전스 신패러다임 구축: 휴머노이드 로봇 기술 현황 및
   발전 동향 종합 진술 [J]. 기계공학학보,2025,61(15):121-147.
10. 孙奇正,陆鸣,赵璐,등.휴머노이드 로봇과 임바디드 인텔리전스: 기술 공생 구동의 지능 혁명[J].
    과학기술과 금융 , 2025,(08):24-31.DOI:10.26916/j.cnki.stfmonthly.2025.08.011.
11. 邓三鹏,张香玲,王凯,등.임바디드 인텔리전스 로봇 핵심 기술 및 발전 동향 연구[J].
    장비제조기술, 2024,(06):2-10.
12. 李腾达,朱紫钰,韩子奇.'인공지능+'임바디드 인텔리전스 로봇의 신형태 및 핵심 기술 응용에
    역할 부여[J]. 정보통신기술과 정책, 2025, 51(08):15-25.

13. Zhao WX,Zhou K,Li J,etal.A survey of large language models[J].ar Xiv preprintar Xiv:2303.18223,2023,1(2).

14. Zhang C, Chen J,Li J , etal. Large language models for human–robot interaction:A review[J].Biomimetic Intelligenceand Robotics, 2023, 3(4):100131.https://doi.org/10.1016/j.birob.2023.100131 .

15. 王聪聪,钟新龙,高旖蔚,등.휴머노이드 로봇 발전 동향, 추세 분석 및 관련 제언[J]. 로봇 산업,2024,(04):16-29.DOI:10.19609/j.cnki.cn10-1324/tp.2024.04.003.

16. 공업및정보화부등 17개 부처. "로봇+" 응용 행동 실시 방안 발포에 관한 통지[Z]. 공업및정보화부 련통부 ［2022］ 187호. 2023-01-18.https://www.gov.cn/zhengce/zhengceku/2023-01/19/content_5738112.htm.

17. 章佳.징진지 3지 연동, 세계에 투자 초청 발신[J]. 중국대외무역,2023,(12):88-89.

18. 张杨.휴머노이드 로봇 트랙 추월 기회[J]. 공업및정보화부,2024,(08):36-40.

19. 高旖蔚,钟新龙,王聪聪.휴머노이드 로봇 발전 동향, 추세 분석 및 관련 제언[J]. 로봇 산업, 2025,(05):1-17.

20. 陶永,万嘉昊, 王田苗,등.임바디드 인텔리전스 신패러다임 구축: 휴머노이드 로봇 기술 현황 및 발전 동향 종합 진술[J]. 기계공학학보,2025,61(15):121-147.

21. 沈滨汛.중국 로봇 기업의 해외 진출 전략과 동향[J]. 스마트 제조,2025,(05):7-9.

22. 중국정보통신연구원 태이얼(泰尔)시스템연구소. 『휴머노이드 로봇 산업 발전 연구보고서(2024년)』 [R]. 베이징: 중국정보통신연구원,2024.

23. 창업방(创业邦)&중국이동 지혜가정운영센터. 『2024 휴머노이드 로봇 연구보고서』 [R]. 베이징: 창업방, 2024.

중국 로봇 산업의 발전상과 **피지컬 AI 산업** 전략

휴머노이드
로봇